साहित्य-सहचर

साहित्य-सहचर

हजारीप्रसाद द्विवेदी

लोकभारती प्रकाशन

लोकभारती प्रकाशन
पहली मंजिल, दरबारी बिल्डिंग, महात्मा गाँधी मार्ग
इलाहाबाद-211 001
वेबसाइट : www.lokbhartiprakashan.com
ईमेल : info@lokbhartiprakashan.com

शाखाएँ : 1-बी, नेताजी सुभाष मार्ग, दरियागंज
नई दिल्ली-110 002
अशोक राजपथ, साइंस कॉलेज के सामने
पटना-800 006 (बिहार)
1, अनमोल सोराबजी संतुक लेन, मरीन लाइंस
मुम्बई-400002

प्रथम संस्करण : 1965
प्रथम लोकभारती संस्करण : 2005
चतुर्थ संस्करण : 2024

मूल्य : ₹ 300

जे.के. आर्ट प्रेस
प्रयागराज द्वारा मुद्रित

SAHITYA-SAHCHAR
by Hazari Prasad Dwivedi

ISBN : 978-81-8031-775-0

अनुक्रमणिका

१. साहित्य

†१. 'साहित्य' शब्द का प्रयोग आजकल बड़े व्यापक अर्थ में होने लगा है। किसी खास विषय की समस्त पुस्तकें उस विषय का साहित्य कहलाती हैं। ज्योतिष का साहित्य कहने से ज्योतिष विषय की सब पुस्तकें समझी जायेंगी, और प्रौढ़-शिक्षा विषयक साहित्य से वे सभी पुस्तकें समझी जायेंगी, जिनमें प्रौढ़-शिक्षा के सिद्धान्तों, प्रयोगों आदि की चर्चा हो। परन्तु इस शब्द की व्यापकता केवल पुस्तकों तक ही सीमित नहीं है। 'लोक-साहित्य' वह साहित्य है जो बहुत कम लिपि-बद्ध हुआ है। उसमें जनता के मुख में ही जीवित रहने वाले गानों, कहानियों, मुहावरों और लोरियों आदि का समावेश है। परन्तु इतने व्यापक अर्थ में प्रयोग होते रहने पर भी 'साहित्य' शब्द का प्रयोग एक विशिष्ट अर्थ में भी होता है। अगर समूचे ग्रन्थ-समूह को व्यापक अर्थ में साहित्य मान लें तो स्पष्ट ही उससे तीन श्रेणी की पुस्तकें मिलेंगी :—

(१) कुछ पुस्तकें केवल हमारी जानकारी बढ़ाती हैं, उनके पढ़ने से हम बहुत-सी नई बातों के विषय में सूचना पाते हैं; परन्तु उनसे हमारी बोधन-शक्ति या अनुभूति बहुत कम उत्तेजित होती है। इसे 'सूचनात्मक-साहित्य' कह सकते हैं।

(२) कुछ दूसरी पुस्तकें ऐसी मिलेंगी जो हमारी जानकारी तो बढ़ाती ही हैं, हमारी बोधन-शक्ति को भी निरन्तर जागरूक और सचेष्ट बनाए रहती हैं। दर्शन, गणित और विज्ञान की पुस्तकें ऐसी ही होती है। इन्हें 'विवेचनात्मक-साहित्य के अन्तर्गत माना जा सकता है, क्योंकि इस प्रकार के साहित्य के मूल में हमारी विवेक-वृत्ति है, जो निरन्तर भिन्न वस्तुओं, नियमों और धर्मों की विशिष्टता स्पष्ट करती रहती है।

(३) इन दोनों के अतिरिक्त एक तीसरी श्रेणी भी है। यह आवश्यक नहीं कि इस श्रेणी की पुस्तकों से नयी जानकारी ही प्राप्त हो, वे हमारी जानी हुई बातों को भी नये सिरे से कह सकती हैं और फिर भी हमें बार-बार उन्हीं जानी हुई बातों को पढ़ने के लिए उत्सुक बना सकती है। ये पुस्तकें हमें सुख-दु:ख की व्यक्तिगत संकीर्णता और दुनियाबी झगड़ों से ऊपर ले जाती हैं, और सम्पूर्ण मनुष्य-जाति के—और भी आगे बढ़कर प्राणि-मात्र के—दु:ख-शोक, राग-विराग, आह्लाद-आमोद को समझने की सहानुभूतिमय दृष्टि देती हैं। वे पाठक के हृदय को इस प्रकार कोमल और संवेदनशील बनाती हैं कि वह अपने क्षुद्र स्वार्थ को भूलकर प्राणिमात्र के दु:ख-सुख को अपना

समझने लगता है—सारी दुनिया के साथ आत्मीयता का अनुभव करने लगता है। पुराने शास्त्रकारों ने इस प्रकार के मनोभाव को 'सत्वस्थ' होना कहा है। [दे० † २९] । इससे पाठक को इस प्रकार ऐसा आनन्द मिलता है जो स्वार्थगत दुःख-सुख से ऊपर की चीज है। शास्त्रकार ने इसी को 'लोकोत्तर आनन्द' कहा है। कविता, नाटक, उपन्यास, कहानी आदि की पुस्तकें इसी श्रेणी की हैं। एक शब्द में इस तीसरी श्रेणी के साहित्य को 'रचनात्मक-साहित्य' कहा जा सकता है, क्योंकि ऐसी पुस्तकें हमारे ही अनुभवों के ताने-बाने से एक नये रस-लोक की रचना करती हैं। इस प्रकार की पुस्तकों को ही संक्षेप में 'साहित्य' कहते हैं। साहित्य शब्द का विशिष्ट अर्थ यही है। इस पुस्तक में इस तीसरी श्रेणी की पुस्तकों के अध्ययन करने का तरीका बताना ही हमारा संकल्प है।

† २. 'साहित्य शब्द का व्यवहार नया नहीं है। बहुत पुराने जमाने से लोग इसका व्यवहार करते आ रहे हैं। समय की गति के साथ इसका अर्थ थोड़ा-थोड़ा बदलता जरूर आया है, पर सब मिलाकर इसका अर्थ प्रायः ऊपर बताये अर्थ में ही होता रहा है। यह शब्द संस्कृत के 'सहित' शब्द से बना है जिसका अर्थ है 'साथ-साथ'। 'साहित्य' शब्द का अर्थ इसीलिए 'साथ-साथ' रहने का भाव' हुआ।

दर्शन की पोथियों में एक क्रिया के साथ योग रहने को ही 'साहित्य' कहा गया है। अलंकार-शास्त्र में इसी अर्थ से मिलते-जुलते अर्थ में इसका प्रयोग हुआ है। वहाँ शब्द और अर्थ के साथ-साथ रहने के भाव (साहित्य) को 'काव्य' बताया गया है। परन्तु ऐसा तो कोई वाक्य हो नहीं सकता जिसमें शब्द और अर्थ साथ-साथ न रहते हों। इसीलिये 'साहित्य' शब्द को विशिष्ट अर्थ में प्रयोग करने के लिए इतना और जोड़ दिया गया है कि 'रमणीयता उत्पन्न करने में जब शब्द और अर्थ एक दूसरे से स्पर्द्धा करते हुए साथ-साथ आगे बढ़ते रहें, तो ऐसे 'परस्पर स्पर्द्धी' शब्द और अर्थ का जो साथ-साथ रहना होगा वही साहित्य 'काव्य' कहा जा सकता है।'' ऐसा जान पड़ता है कि शुरू-शुरू में यह शब्द काव्य की परिभाषा बनाने के लिए ही व्यवहृत हुआ था और बाद में चलकर सभी रचनात्मक पुस्तकों के अर्थ में व्यवहृत होने लगा। पुराने जमाने से ही इसे सुकुमार वस्तु समझा जाता रहा है और इसकी तुलना में न्याय, व्याकरण आदि शास्त्रों को 'कठिन' माना जाता रहा है। कान्यकुब्ज राजा के दरबार में प्रसिद्ध कवि हर्ष के विरोधी पण्डित ने वही कहकर नीचा दिखाना चाहा था कि वे 'सुकुमार वस्तु' के ज्ञाता हैं। 'सुकुमार वस्तु' से मतलब साहित्य से था। उत्तर में हर्ष ने गर्वपूर्वक कहा था कि मैं 'सुकुमार' और 'कठोर' दोनों का जानकार हूँ।

† ३. ऊपर जिसे हमने 'रचनात्मक साहित्य' कहा है और आगे जिसे संक्षेप में 'साहित्य' कहते रहेंगे, वह सारी दुनिया में बड़े चाव से पढ़ा जाता है। प्रश्न हो सकता है कि श्रेणी के साहित्य को लोग क्यों इतने आग्रह के साथ पढ़ते हैं। यह प्रश्न बहुत महत्वपूर्ण है, क्योंकि इसके उत्तर के लिए हमें साहित्य को भी ठीक-ठीक समझने का प्रयत्न करना होगा और पढ़ने वाले के मन को भी।

साहित्य मानव-जीवन से सीधा उत्पन्न होकर सीधे मानव-जीवन को प्रभावित करता है। साहित्य पढ़ने से हम जीवन के साथ ताजा और घनिष्ठ संबंध स्थापित करते हैं। साहित्य में उन सारी बातों का जीवन्त विवरण होता है जिसे मनुष्य ने देखा है, अनुभव किया है, सोचा है और समझा है। जीवन के जो पहलू हमें नजदीक से और स्थायी रूप से प्रभावित करते हैं उनके विषय में मनुष्य के अनुभवों को समझने का एकमात्र साधन साहित्य है। वस्तुत: जैसा कि एक पश्चिमी समालोचक ने कहा है—''भाषा के माध्यम से जीवन की अभिव्यक्ति का नाम ही साहित्य है।' इसलिए पश्चिमी पंडितों में से किसी-किसी ने साहित्य को जीवन की व्याख्या कहा है। इस कथन का अर्थ यह हुआ कि जीवन की जहाँ तक गति है वहाँ तक साहित्य का क्षेत्र है। जीवन से दूर हटा हुआ साहित्य अपना महत्व खो देता है।

† ४. लेकिन साहित्य और जीवन का संबंध आये दिन इस प्रकार से बताया जाता है कि यह बात फैशन का रूप धारण कर चुकी है। असल में यह बात-की-बात नहीं बल्कि वास्तविक तथ्य है। इसलिये इसके अन्तर्निहित अर्थ को हमें ठीक-ठीक समझ लेना चाहिए। 'साहित्य जीवन से सीधे उत्पन्न होता है' इस वाक्य का अर्थ यह है कि साहित्य जीवन में ही रहता है और उसके लिखे या पढ़े जाने का कारण भी जीवन में ही खोजना चाहिए। इसे कथन का और भी स्पष्ट अर्थ यह है कि साहित्य का विचार, उसकी अच्छाई या बुराई का निर्णय, और उसकी महत्ता की जाँच के लिए हमें सब समय किसी शास्त्र के या किसी बड़े आदमी के वाक्य को अवलम्ब मानने की जरूरत नहीं (यद्यपि यह बात आवश्यक नहीं है।) यदि जीवन और साहित्य में सचमुच सम्बन्ध है तो हमारे जीवन में ही उसके समझने और ग्रहण करने की शक्ति होनी चाहिए। वस्तुत: ऐसा ही होता है।

हम साहित्य के किसी महान् ग्रंथ को इसलिये महान् नहीं कहते कि किसी व्यक्ति ने उसे महान् कह दिया है, बल्कि इसलिए कि उसके पढ़ने से हम मानव-जीवन को निविड़-भाव से अनुभव करते हैं। या तो हम उसमें अपने को ही पाते हैं या अपने इर्द-गिर्द के अनुभूत अर्थों को गाढ़ भाव से अनुभव करते हैं। पंडितों ने बताया कि मनुष्य सामाजिक प्राणी है, इसीलिए वह जिस प्रकार क्रिया-कलाप में सामाजिक बना रहता है, उसी प्रकार विचार में भी। उसके इस सामाजिकपने का ही परिणाम है कि वह :—

(१) अपने आपको नाना रूपों में अभिव्यक्त करना चाहता है; (2) अन्य लोगों के करने-धरने में रस लेता है, (3) अपने इर्द-गिर्द की वास्तविक दुनिया को समझना चाहता है, तथा (4) कल्पना द्वारा एक ऐसी दुनिया का निर्माण करने में रस पाता है जो वास्तविक दुनिया के दोषों से रहित हो। ये ही वे चार मूल मनोभाव हैं जो मनुष्य को साहित्य की तथा अन्य अनेक प्रकार की रचनाओं के लिए उपयोगी बनाये रहते हैं। इसका अर्थ यह हुआ कि मनुष्य के जीवन में ही वे उपादान मौजूद है जो उसे साहित्य

की सृष्टि के लिए प्रेरित करते हैं। साथ ही उन्हीं मूल मनोभावों का यह परिणाम है कि वह दूसरों की रचना की देखने, सुनने और समझने में रस पाता है।

†५. हम किसी बात में आनन्द क्यों पाते हैं? हमारे देश के मनीषियों ने बताया है कि हम ऊपर से कितने भी खण्डरूप और असीम क्यों न हों, भीतर से निखिल जगत् के साथ 'एक' हैं। हमने ऊपर जो कुछ समझा है उससे स्पष्ट है कि साहित्य में हमें प्राणिमात्र के साथ एक प्रकार की आत्मीयता का अनुभव कराता है **(दे० †१)**। वस्तुत: साहित्य के द्वारा हम अपनी उस 'एकता' का अनुभव करते हैं। कविवर रवीन्द्रनाथ ठाकुर ने इस बात को बड़ी सरलता के साथ समझाया है। वे कहते हैं कि—

'हमारे आत्मा में अखण्ड ऐक्य का आदर्श है। हम जो कुछ जानते हैं वह किसी-न-किसी ऐक्य-सूत्र से जानते हैं। कोई भी जानकारी अपने-आप में एकान्त स्वतन्त्र नहीं है। जहाँ कहीं भी पाने या जानने में अस्पष्टता दिखाई देती है, वहीं मेरी समझ में कारण है, 'मिलाकर न जा सकना'। हमारे आत्मा में, ज्ञान में और भाव में यह जो 'एक' का बिहार है, वही 'एक' जब लीलामय होता है, जब वह सृष्टि के द्वारा आनन्द पाता चाहता है, तब वह उसे 'एक' को बाहर सुस्पष्ट कर देना चाहता है। तब विषय को उपलक्ष करके उपादान को आश्रय करके एक अखण्ड 'एक' व्यक्त हो उठता है। काव्य में, गीत में, शिल्पकला में, ग्रीक शिल्पी द्वारा रचित पूजापात्र में, विचित्र रेखा के आवर्तन में जब हम परिपूर्ण 'एक' को चरम रूप में देखते हैं, तब हमारी अन्तरात्मा के 'एक' के साथ बहिर्लोक के 'एक' का मिलन होता है। जो मनुष्य अरसिक है वह इस चरम 'एक' को नहीं देख पाता, वह केवल उपादान की ओर से, केवल प्रयोजन की ओर से इसका मूल्य आँका करता है—

शरद चंद पवन मंद
विपिने बहल कुसुम-गंध
फुल्ल मल्लि मालति यूथि,
मत्त मधुप भोरनी।—

''यदि इस काव्य में विषय, भाव, कविता और छन्द के निविड़ सम्मेलन से 'एक' का रूप पूर्ण होकर दिखाई दे, यदि उस 'एक' का आविर्भाव ही चरम होकर हमारे चित्त पर अधिकार करे, यदि यह काव्य खण्ड-खण्ड होकर उल्का-वृष्टि-सी करता हुआ हमारे मन पर आघात न करे और यदि ऐक्य-रस की चरमता का अतिक्रम करके और कोई उद्देश्य उग्र न हो उठे, तभी हम उस काव्य में सृष्टि-लीला को स्वीकार करेंगे। गुलाब के फूल से हम आनन्द पाते हैं। वर्ण में, गंध में, रूप में, रेखा में इस फूल के भीतर हम (अखण्ड) 'एक' की सुषमा देखते हैं। इसके भीतर हमारा आत्मा रूपी 'एक' अपनी आत्मीयता स्वीकार करता है, तब फिर इसके और किसी मूल्य की जरूरत नहीं होती।.....गुलाब के फूल में जो सुनिहित, सुविहित, सुषमायुक्त 'ऐक्य' है, निखिल विश्व के अन्तर में भी वही ऐक्य है। समस्त (विश्व के) सुर के

साथ इस फूल के सुर का मेल है। निखिल ने इस सुषमा को अपना मानकर ग्रहण किया है।''

† ६. इस लम्बे उद्धरण का अर्थ यह है कि छोटी-सी-छोटी वस्तु में उसकी विभिन्नता और क्षुद्रता के बावजूद एक ऐसा सत्य है जो सारी वस्तुओं में सामान रूप से पाया जाता है। उसी को रवीन्द्रनाथ 'एक' कहते हैं। जहाँ इस 'एक' के साथ किसी वस्तु का सामंजस्य है वहीं सौन्दर्य है और कला है। जहाँ सामंजस्य न होकर विरोध है, वहाँ स्वार्थ है, कुरूपता है और पीड़ा है। स्वयं रवीन्द्रनाथ ने ही रुपया कमाने का उदारहण देकर इस बात को आसान करके समझाया है। वे लिखते हैं—

''मैं जब रुपया कमाना चाहता हूँ तो मेरे रुपया कमाने की नाना भांति की चेष्टाओं और चिन्ताओं के भीतर भी एक 'एकता' वर्तमान रहती है। विचित्र प्रयास के भीतर केवल एक ही लक्ष्य की एकता अर्थकामी को आनन्द देती है। किन्तु यह ऐक्य अपने उद्देश्य में ही खंडित है, निखिल की सृष्टिलीला से युक्त नहीं है। पैसे का लोभी विश्व को टुकड़े-टुकड़े करके—झपट्टा मारकर—अपनी धनराशि को इकट्ठा करता है। लोभी के हाथ में कामना ही वह लालटेन होती है जो केवल एक विशेष संकीर्ण स्थान पर अपने समस्त प्रकाश को 'संहत' करती है। बाकी सभी स्थानों में उसका असामंजस्य गहरे अन्धकार के रूप में घनीभूत हो उठता है। अतएव लोभ के इस संकीर्ण ऐक्य के साथ सृष्टि के ऐक्य का, रस-साहित्य और ललित-कला के ऐक्य का संपूर्ण प्रभेद है। निखिल को छिन्न करने से लोभ होता है और निखिल को एक करने से रस होता है। लखपती महाजन रुपये की थैली लेकर 'भेद' की घोषणा करता है, गुलाब 'निखिल' का दूत है, वह 'एक' की वार्ता लेकर फूटता है। जो 'एक असीम है, वही गुलाब के नन्हें से हृदय को परिपूर्ण करके विराजता है। कीट्स अपनी कविता में 'निखिल-एक' के साथ एक छोटे से ग्रीक पात्र की एकता की बात बता गये हैं; कह गये हैं कि 'हे नीरव मूर्ति! तुम हमारे मन को व्याकुल करके समस्त चिंता को बाहर ले जाते हो, जैसा कि असीम ले जाया करता है।' क्योंकि अखण्ड 'एक की' मूर्ति, किसी आकार में ही क्यों न रहे, 'असीम को' ही प्रकाश करती है; इसलिये वह अनिर्वचनीय है, मन और वाक्य उसका कोई कूल-किनारा न पाकर लौट आया करते हैं'' **['विश्व-भारती पत्रिका', चैत्र-१९९९, पृ० ११०-१११]।**

† ७. ऊपर-ऊपर से यह बात हमें कठिन या दुर्बोध्य लगेगी। हम आगे सदा इस विषय को नाना भाव से समझने का अवसर पाते रहेंगे। परन्तु साहित्य के विद्यार्थी मात्र को शुरू में ही यह बात समझ लेनी चाहिए कि साहित्य की साधना निखिल विश्व के साथ एकत्व करने की साधना है। इससे वह किसी भी अंश में कम नहीं है। जो साहित्य-नामधारी वस्तु लोभ और घृणा पर आधारित है वह साहित्य कहलाने योग्य नहीं है। यह हमें विशुद्ध आनन्द नहीं दे सकती।

आहार, निद्रा, भय आदि मनोभाव समस्त प्राणियों के समान हैं। मनुष्य जब इनकी पूर्ति का प्रयत्न करता है तो वह अपने उस छोटे प्रयोजन में उलझा रहता है जो पशुओं

के समान ही है। बहुत प्राचीन काल से इन पशु-सामान्य प्रवृत्तियों को मनुष्य ने तिरस्कार के साथ देखा है। वह इन तुच्छताओं से ऊपर उठ सका है, यही उसकी विशेषता है। जो बातें हमें इन तुच्छताओं का दास बना देती हैं; या इन तुच्छताओं को ही मनुष्य का असली रूप बताती हैं, वे मनुष्य के चित्त में उसके महत्त्व को, उसके वैशिष्ट्य को और उसके वास्तविक रूप को हटा देती हैं। वे लोभ और मोह का पाठ पढ़ाती हैं। साहित्य वे नहीं हो सकतीं, क्योंकि उनकी शिक्षा से मनुष्य खंड की साधना करता है, विभेद और तुच्छता को बड़ा समझने लगता है और सारे विश्व के साथ एकत्व की अनुभूति से विरत हो जाता है।

२.

साहित्यकार

† ८. हम साहित्य की कोई भी पुस्तक उठा लें—तीन बातें हमारे सामने अपने-आप उपस्थित हो जायेंगी। प्रथम तो यह कि उस पुस्तक का कोई लेखक है जिसने संसार के कुछ व्यापारों को अपने ढंग से देखा, समझा और अनुभव किया है। दूसरी यह कि उसने जो कुछ भी देखा, समझा और अनुभव किया है, उन्हीं बातों को इस पुस्तक में कहा है। अर्थात् जिस प्रकार पुस्तक का कोई वक्ता है उसी प्रकार उसका वक्तव्य भी है। तीसरी यह की वक्ता ने वक्तव्य को कहने के लिये किसी विशेष ढंग को पसंद किया और उसी ढंग से वह हमें सुना रहा है। उदाहरणार्थ, वह अपनी बात कहानी के रूप में कहना चाहता है, या पद्य-बद्ध करके कहना चाहता है, या दो या अधिक पात्रों में बात-चीत करा के कहना चाहता है या फिर सीधे-युक्ति-तर्क देकर प्रतिपादन कर रहा है। ये तीन बातें हम पुस्तक में रहती हैं। अगर हम इन तीनों को ठक ढङ्ग से समझ लें तो आलोच्य पुस्तक की जाँच आसानी से हो सकती है। एक चौथी बात भी है जो या तो लेखक के मन में रहती है या वक्तव्य-वस्तु स्वयं उसकी आवश्यकता समझकर अपनी ओर से तैयार कर लेती है। वह है लक्ष्यीभूत श्रोता या पाठक। इस प्रकार किसी पुस्तक की विवेचना करते समय चार बातों का विचार परम आवश्यक है—(१) कौन कह रहा है (लेखक), (२) क्या कह रहा है-(वक्तव्य-वस्तु), (३) कैसे कह रहा है (कारीगरी), और (४) किससे कह रहा है (लक्ष्यीभूत श्रोता या पाठक)।

† ९. पहले लेखक का ही विचार किया जाय। साहित्य-ग्रंथ के पढ़ने का प्रथम अर्थ होता है ग्रन्थकार के साथ घनिष्ठ योग। शुरू में ही कहा गया है कि साहित्य जीवन से सीधे उत्पन्न होता है। तो जिस व्यक्ति के जीवन से आलोच्य ग्रंथ निकला है उसके विषय में जानकारी प्राप्त कर लेने से हमें अनेक सुविधायें मिल जाती हैं। यदि ऐसा हम शुरू में ही कर लेंगे तो ग्रंथ के अनेक अस्पष्ट अंशों को समझ सकेंगे और ग्रंथ का रस-गाढ़े भाव से अनुभव कर सकेंगे।

एक ही लेखक कई पुस्तक लिख सकता है, ऐसा भी देखा गया है कि इन पुस्तकों में परस्पर विरोधी बातें भी रहती हैं, और कभी-कभी तो एक ही ग्रंथ में परस्पर विरोधी बातें मिल जाती हैं। वस्तुतः महान् लेखक की महान् रचना उसके जीवन के विभिन्न अनुभवों का जीवन्त रूप है। एक पश्चिमी आलोचक ने कहा है कि ग्रन्थकार के लिखे सभी ग्रंथों को एक ही ग्रन्थ मानकर आलोचना होनी चाहिए। तभी हम ग्रंथकार

के वास्तविक रूप को समझ सकते हैं। आजकल यह प्रथा चल पड़ी है कि किसी ग्रन्थकार की रचनाओं के अध्ययन के लिए रचनाओं का काल-क्रम से वर्गीकरण किया जाता है और ग्रंथकार के व्यक्तिगत जीवन के साथ उन रचनाओं का सम्बन्ध स्थापित किया जाता है। ऐसा करने से ग्रंथकार को समझने में आसानी होती है। पर इस ढङ्ग में कुछ दोष भी हैं। आगे हम इस पर विचार करेंगे।

† १०. ग्रंथकार के अध्ययन के लिए चार बातों की जानकारी आवश्यक है:—(१) वह किस काल में पैदा हुआ; (२) वह किस जाति और समाज में पैदा हुआ; (३) उसके सामयिक और पूर्ववर्ती अन्य प्रसिद्ध ग्रंथकार कौन-कौन थे, और उनसे उसका कोई सम्बन्ध था या नहीं; तथा (४) उसका व्यक्तिगत जीवन क्या और कैसा था?

(१) प्रथम बात की जानकारी इसलिए आवश्यक है कि प्रत्येक काल का एक अपना विशेष गुण है। जिस युग में कवि पैदा होता है उस युग की राजनीतिक, सांस्कृतिक और अन्य परिस्थितियाँ उस युग के प्रत्येक लेखक में एक सामान्य गुण भर देती है। हिन्दी में सत्रहवीं-अठारहवीं शताब्दी में जो लेखक हुए उन सब में रीति-ग्रन्थों के एक खास पहलू का प्रभाव है। उस युग में मुस्लिम-शासन पूर्ण रूप से प्रतिष्ठित हो चुका था और कितने ही मुस्लिम शिष्टाचार समाज में घुल-मिलकर भारतीय हो चुके थे। कवि तात्कालिक समाज की रीति से प्रभावित रहता था।

कवि के काव्य के विषय में जिज्ञासा का अर्थ यह है कि हम उस ऐतिहासिक शक्ति की जानकारी प्राप्त करना चाहते हैं जो मनुष्य-समाज को प्रत्येक युग में विशेष-विशेष रूप दे रही है। कालिदास जिस युग में पैदा हुए थे उस युग की मूर्ति, स्थापत्य, धर्म और राजनीति आदि को जाने बिना हम न तो कालिदास को ठीक-ठीक समझ ही सकते हैं और न उसका महत्त्व-निर्णय कर सकते हैं। कालिदास के ग्रन्थ में कालिदास का युग प्रतिफल है। उस युग के सभी लेखकों में उस युग की छाप पाई जायेगी। कालिदास जिस युग में पैदा हुए थे उस युग में भारतवर्ष ब्राह्मणधर्मानुमोदित पुनर्जन्म कर्मवाद और कर्मफल प्राप्ति की व्यवस्था को मानता था। इसलिये सब कुछ को एक सामंजस्यपूर्ण व्यवस्था के भीतर से देखना उनके लिए स्वाभाविक और सहज था। जो कुछ घट रहा है उसका एक उचित कारण है—इस विश्वास ने उस युग के साहित्यकारों में एक सन्तोष का भाव भर दिया था, और कालिदास के समान ही उस युग का प्रत्येक कवि और नाटककार संसार को एक सामंजस्यपूर्ण विधान मानता था। उस युग के किसी कवि में बीसवीं शताब्दी के आधुनिक साहित्यिकों की भाँति समाज की व्यवस्था के प्रति तीव्र असन्तोष का भाव नहीं पाया जा सकता।

(२) दूसरी बात अर्थात् लेखक के समाज और जाति की जानकारी भी आवश्यक है, क्योंकि :—

(क) प्रत्येक जाति का अपना एक जातीय गुण होता है जो उस जाति के व्यक्तियों में प्राय: सामान्य रूप से पाया जाता है। प्राचीन काल से ही भारत-वर्ष में नाना संस्कृतियों के संघर्ष और समन्वय से एक विशेष प्रकार की विचार-पद्धति, विश्वास

और रीति-नीति बन गई है। उपनिषद्-काल के बाद जब लौकिक संस्कृति का साहित्य भारतवर्ष में बनने लगा उस समय से लेकर हजारों वर्ष बाद तक इस देश में वेद की प्रामाणिकता में विश्वास, अध्यात्मवाद, पुनर्जन्मवाद आदि का बोलबाला रहा। मैक्समूलर ने इस युग के भारतवासी के बारे में लिखा है कि :—"उनसे इस शांत जगत् की बात कहो, वह कहेगा कि अनन्त के बिना शांत जगत् निरर्थक है, असंभव है; उससे मृत्यु की बात कहो, वह तुरन्त उसे जन्म की पूर्वावस्था कह देगा; उससे काल की बात कहो, वह इसे सनातन परम तत्त्व की छाया बता देगा। हमारे (यूरोपियनों के) निकट इन्द्रियाँ साधन हैं, शस्त्र हैं, ज्ञानप्राप्ति के शक्तिशाली इञ्जिन हैं; किन्तु उसके निकट वे अगर सचमुच धोखा देने वाले नहीं तो कम-से-कम सदैव जबर्दस्त-बंधन तो अवश्य हैं, वे आत्मा की स्वरूपोपलब्धि में बाधक हैं। हमारे लिए यह पृथ्वी, यह आकाश, यह जो कुछ हम देख, छू और सुन सकते हैं निश्चित है; हम समझते हैं, यहीं हमारा घर है, यहाँ हमें कर्त्तव्य करना है, यहीं हमें सुख-सुविधा प्राप्त है, लेकिन उसके लिए यह पृथ्वी एक ऐसी चीज है जो किसी समय थी ही नहीं और ऐसा भी एक समय आयेगा जब यह नहीं रहेगी; यह जीवन एक छोटा-सा सपना है जिससे शीघ्र ही हमारा छुटकारा हो जायेगा, हम जाग जायेंगे। जो वस्तु औरों के लिए नितांत सत्य है उससे अधिक असत्य उसके निकट और कुछ है ही नहीं और जहाँ तक उसके घर का सम्बन्ध है वह निश्चित जानता है कि वह और चाहे जहाँ कहीं भी हो, इस दुनिया में नहीं है।" भारत-वर्ष का यह परिचय आदिकवि वाल्मीकि से लेकर रवीन्द्रनाथ तक ज्यों-का-त्यों चला आया है। इस देश का घोर-से-घोर विषयी कवि भी इस दुनिया से परे एक अचिन्त्य अव्यक्त सत्ता की ओर इशारा किये बिना नहीं रहता। परन्तु :—

(ख) सारी भारतीय जाति एक ही सतह पर सदा नहीं रही है, यद्यपि समूची भारतीय जाति के भीतर उक्त प्रकार के सामान्य विश्वास किसी मात्रा में सदा पाये जाते हैं। आर्थिक और राजनीतिक कारणों से कोई उपजाति सुविधा भोग करती है, कोई दूसरी उपजाति औरों की सेवा करती है और कोई तीसरी श्रेणी उपेक्षित और अपमानित ही रहती है। भारतवर्ष में धार्मिक कारणों से भी ऐसा हुआ है। इन नाना स्तरों में शिक्षा, संस्कार और संवेदन एक ही तरह के नहीं होते। मध्य युग में आचार्य रामानन्द की दीक्षा भिन्न-भिन्न स्तर के कवियों में एकदम अलग-अलग रूप में व्यक्त हुई है। हाल के शोधों में पता चलता है कि कबीरदास एक ऐसी जाति में पैदा हुए थे जो नाथ-योगियों से भ्रष्ट होकर गृहस्थ बनी थी और ब्राह्मण-व्यवस्था की कायल नहीं थी। उस जाति में योगियों के संस्कार पूरी मात्रा में विद्यमान थे। फिर बाद में वह धीरे-धीरे मुसलमान भी होने लगी थी, इसलिए मुसलमानी संस्कार भी उसमें आने लगे थे। फिर भी सब मिलाकर उस जाति की सामाजिक मर्यादा निचले स्तर की थी। इसी समाज के संस्कारों के कारण आचार्य रामानन्द द्वारा प्रचारित भक्ति कबीर में एक ऐसे पौधे के रूप में अंकुरित हुई जो अपनी मिसाल आप ही है। कबीर एक ही साथ योगियों का अक्खड़पन, निचले स्तर में वर्तमान छोटी समझी जाने वाली जातियों का

तीव्र असन्तोष-भाव मुसलमानी उत्साह और भक्तगण की निरीहता के सम्मिलित रूप थे।

उधर दूसरी ओर तुलसीदास हुए जो रामानन्द के साक्षात् शिष्य तो नहीं थे पर उनकी शिष्य-परम्परा में ही पड़ते थे। वे ब्राह्मण-वंश में किन्तु गरीब घर में पैदा हुए थे। उस श्रेणी में योग-मार्ग का नहीं बल्कि पौराणिक मत का प्रचार था। तुलसीदास कबीर से बहुत भिन्न हैं। इतना अवश्य याद रखना चाहि कि इन दोनों महान् साहित्यकारों की भिन्नता का कारण उनका अपना व्यक्तित्व भी था (जिसकी चर्चा हम आगे करेंगे)। परन्तु इस बात में कोई संदेह नहीं कि दोनों को उत्पन्न करने वाली भिन्न-भिन्न सामाजिक भिन्नता भी इनकी भिन्नता के लिए पूर्ण रूप से जिम्मेदार है। इस प्रकार यह स्पष्ट है कि जिस तरह यह जानना परम आवश्यक है कि ग्रन्थकार किस देश या जाति में पैदा हुआ, उसी प्रकार यह जानना भी जरूरी है कि वह समाज के किस स्तर से आया था। इन दोनों बातों को एक शब्द में कवि का 'जातीय रूप' कह सकते हैं।

(३) कवि के पूर्ववर्ती और समसामयिक ग्रन्थकारों का जानना भी आवश्यक है। उनकी परस्पर तुलना करके हम आलोच्य कवि या लेखक के काल, समाज और देश की बात ठीक-ठीक समझ सकते हैं कि कवि का अपना व्यक्तित्व क्या था। बिहारी और मतिराम की सतसइयों में बहुत-सी बातें एक ही जैसी हैं। नायिकाओं का वही रूप, वही अलंकरण-भंगिमा, वही प्रेम और विरह-सम्बन्धी उक्तियाँ, अलंकारों का वही कौशल, गुणों की वैसी ही योजना और दोषों का वर्जन का वैसा ही प्रयत्न दोनों ही कवियों में मिलेगा। दोनों की तुलना करने से हम आसानी से उस युग की रुचि, संस्करण, रीति-रस्म, शिष्टाचार और सामाजिकता आदि का पता लगा सकते हैं। और फिर भी यह समझने में देर नहीं लगेगी कि बिहारी हाव-भाव और विव्वोक-विलासों से अधिक रस पाते हैं और अंगज अलंकारों पर विशेष जोर देते हैं, जबकि मतिराम अयत्नज अलंकारों से अधिक रस लेते हैं। [दे० † ३०]

कवि की पूर्ववर्ती और समसामयिक कवियों की तुलना में रख कर देखने का अर्थ है कि हम मानते हैं कि संसार में कोई घटना अपने-आप में स्वतन्त्र नहीं है, पूर्ववर्ती और पार्श्ववर्ती घटनाएँ वर्तमान घटनाओं को रूप देती रहती हैं; इसलिये जिस किसी रचना या वक्तव्य-वस्तु का हमें स्वरूप-वर्णन करना हो उसे पूर्ववर्ती और पार्श्वर्ती घटनाओं की अपेक्षा में देखना चाहिए। भास कवि का चारुदत्त नाटक, शूद्रक कवि के मृच्छकटिक से पुराना है। चारुदत्त ही मृच्छकटिक का आधार है। दोनों में केवल कथानक का ही साम्य नहीं है कई श्लोक तक एक ही पाये गये हैं। फिर भी शूद्रक मृच्छकटिक भास के चारुदत्त से विशेष है। यदि यह सिद्ध हो जाता है कि चारुदत्त मृच्छकटिक के बाद की रचना है तो उसका कोई महत्व नहीं रहता है, पर चूँकि वह पूर्ववर्ती रचना है इसलिए उसका महत्त्व बहुत अधिक है। दोनों नाटकों को साथ पढ़ने वाला व्यक्ति शूद्रक के व्यक्तित्व और महत्व को ठीक-ठीक समझ सकता है।

(४) कवि का व्यक्तिगत जीवन भी साहित्य के विद्यार्थी के लिए बहुत आवश्यक है। भारतवर्ष में इस ओर काफी उदासीनता दिखाई गई है। अपने महान् ग्रन्थकार में से बहुत कम के व्यक्तिगत जीवन की हमें ठीक-ठीक जानकारी है। उत्सुक पाठक -मंडली की किम्वदन्तियों पर संतोष करना पड़ता है। उधर यूरोप में कवि के जीवन की प्रत्येक छोटी-छोटी घटना को लिपिबद्ध करने और आलोचना करने की परिपाटी की सीमा तक पहुँच चुकी है। इस देश में भी यह हवा बहने लगी है। ग्रन्थकारों के खाँसने-डकारने तक की खबर लेने के लिए पन्ने-के-पन्ने रँग जाने लगे हैं। जिसे भी सस्ते तौर पर साहित्य में नाम कमाने की इच्छा है वही किसी बड़े कवि की पैदाइश का कोई नया गाँव खोज निकालता है, उसके ससुराल की ढही दीवारों का पता बता देता है, उसकी भौजाई की बहू के भतीजे का हस्तक्षेप निकाल लाता है और पत्रों और पुस्तकों में बहस छिड़ जाती है। ऐसी बात साहित्य के समझने में बाधक ही होगी।

यहाँ वह कह रखना जरूरी है कि बड़े-बड़े ग्रंथकार के जीवन में दो प्रकार की दिलचस्पी पाई जाती है, ऐतिहासिक और साहित्यिक। हमारा प्रधान आलोच्य साहित्यिक दिलचस्पी है। हमें कवि के साहित्य को पढ़ने के लिए उसके जीवन की जानकारी प्राप्त करनी होती है। यदि हम बेकार बातों में समय बर्बाद करने लगेंगे तो यह बात हमारे साहित्यिक अध्ययन में बाधक ही साबित होगी। परन्तु यदि हम कवि के जीवन से परिचित हों, उसके अनुभवों के चढ़ाव-उतार के जानकार हों तो बहुत-सी साहित्यिक उलझनें सुलझ जाती हैं। वस्तुत: कोई भी महान् ग्रन्थ अपने लेखक के दिमाग से, हृदय से और रक्त-मांस से बना होता है।

महान् ग्रन्थकार अपने अनुभव से सजीव सृष्टि करता है। वह कल्पना और बुद्धि के सहारे गढ़े हुए जीवों में आस्था नहीं रखता। स्वर्गीय प्रेमचन्द जी ने कहा था कि "कल्पना से गढ़े हुए आदमियों में हमारा विश्वास नहीं है। उनके कार्यों और विचारों से हम प्रभावित नहीं होते। हमें इसका निश्चय हो जाना चाहिए कि लेखक ने जो सृष्टि की है वह प्रत्यक्ष अनुभवों के आधार पर की है, या अपने पात्रों की जबान में वह खुद बोल रहा है।"

किसी रचना का संपूर्ण आनंद पाने के लिए रचयिता के साथ हमारा घनिष्ठ परिचय और सहानुभूति मनुष्यता के नाते भी आवश्यक है। हमें आलोचक होने के पहले आलोच्य ग्रन्थकार का विश्वासपरायण मित्र बनना चाहिए। तभी हम उसके वक्तव्य के उचित श्रोता हो सकेंगे; क्योंकि उस हालत में ही उसके व्यक्तिगत सुख-दुख के साथ गम्भीर सहानुभूति का भाव रख सकते हैं। सूरदास, तुलसीदास, रसखान और घनानन्द आदि कवियों के बारे में जो किम्वदन्तियाँ प्रसिद्ध हैं उनसे सिद्ध होता है कि जीवन की छोटी-छोटी घटनाएँ भी कभी-कभी महान् पुरुषों को इस प्रकार झटका देती हैं कि उससे उनके जीवन की दिशा ही बदल जाती है। कवि का जीवन उसकी कृतियों के समझने का प्रधान सहायक है।

† ११. ग्रन्थकार की शैली उसके व्यक्तित्व का ही अंग है। आधुनिक साहित्य के पारखी पंडितों ने साहित्य का विश्लेषण करके देखा है कि एक लेखक की रचना दूसरे लेखक की रचना से तीन कारणों से भिन्न हो जाया करती है :—

(१) पहला कारण तो यह है कि एक व्यक्ति का स्वभाव, संस्कार और शिक्षण दूसरे से कभी हू-ब-हू नहीं मिलता। फलतः एक व्यक्ति सदा दूसरे से भिन्न हुआ करता है। और इसलिए एक व्यक्ति की रचना स्वभावतः ही दूसरे से भिन्न हो जाया करती है। उसकी शैली, जैसा कि अंग्रेज कवि पोप ने कहा था, "उसके विचारों की पोशाक" हुआ करती है, पर केवल 'पोशाक' कहना उसे ठीक-ठीक कहना नहीं हुआ। इसलिए सुप्रसिद्ध मनीषी कारलायल ने उक्त वक्तव्य का संशोधन करते हुए कहा था कि "शैली लेखक के विचारों की पोशाक नहीं है बल्कि चमड़ा है"। वह मँगनी नहीं माँगी जा सकती, उधार भी नहीं दी जा सकती। साधारण सहृदय भी किसी व्यक्ति की रचना को देखकर कह सकता है कि ऐसी रचना तो अमुक व्यक्ति की हो सकती है। प्रसाद और महावीर प्रसाद द्विवेदी के गद्य दूर से ही अपने लेखक का नाम कह देंगे। इस बात को शैली का व्यक्तिगत पहलू कह सकते हैं। पर व्यक्तिगत पहलू ही शैली का सब कुछ नहीं है। उसका एक दूसरा महत्वपूर्ण अंग भी है।

(२) एक खास युग के लेखक एक ढंग की चीज लिखते हैं। बिहारी का जन्म यदि आज हुआ होता तो सतसई की शैली में अपना वक्तव्य नहीं उपस्थित करते। उन्हें प्रेम और सौन्दर्य की प्रेरणा भी अन्य प्रकार से प्राप्त होती है। लेखक की शैली पर समय का प्रभाव अमिट रूप से पड़ता है। परन्तु इस दूसरे पहलू के कारण शैली का पूर्वकथित व्यक्तिगत पहलू मद्धिम नहीं पड़ता। अगर पं० महावीर प्रसाद द्विवेदी बीसवीं सदी में पैदा हुए होते तो कविता तो शायद लिखते ही नहीं और लेख भी दूसरे किस्म के लिखते। यह बात निश्चित है, परन्तु जितना निश्चित यह है उतना ही निश्चित यह भी है इनका व्यक्तिगत गुण अर्थात् विचारों की परुष स्पष्टता, भाषा की सफाई और वक्तव्य के प्रति कठोर ईमानदारी उस समय भी होती।

(३) शैली का तीसरा महत्वपूर्ण अंग उसका शास्त्रीय उपस्थापना है। इसमें वक्तव्य-वस्तु के भावावेशमूलक और सामंजस्यबोधक उपकरण शामिल हैं। अर्थात्—

[क] उपयुक्त शब्दों का उपयुक्त व्यवहार, विचारों के अनुकूल वाक्यों को रूप ग्रहण कराने की क्षमता या लचीलापन, और औचित्य-ज्ञान,

[ख] वक्तव्य-वस्तु को हृदयंगम कराने के लिए ज्ञान को बढ़ा-चढ़ाकर कहना ही नहीं बल्कि पाठक को उत्कृष्ट करने की अनन्य-साधारण क्षमता; और

[ग] विविध शास्त्रीय तत्वों को उचित सामंजस्य।

शास्त्रकार लोग इन बातों को काव्य-गुणों के अन्तर्गत मानते हैं। यहाँ यह कह रखना आवश्यक है कि 'उत्तम और साफ शैली' लेखक का एक प्रधान गुण होने पर भी केवल उसी के बल पर कोई लेखक महान् नहीं हो जाता। किसी ने किसी विषय को **कैसे** लिखा है, यह जानने के पहले यह जानना आवश्यक है कि उसने '**क्या** लिखा'

है। यदि वक्तव्य-वस्तु में सार है तो वह जिस ढंग से भी क्यों न लिखा गया हो, ग्रहणीय हो जाता है। समय-समय पर कोई-कोई लेखक अपनी शैली के बल पर भी साहित्य में श्रेष्ठ स्थान अधिकार करते देखे गये हैं। पर यह नियम नहीं, अपवाद है। महावीर प्रसाद द्विवेदी ऐसे ही अपवाद थे। वे एक ऐसे संक्रांतिकाल में उत्पन्न हुए जिसमें भाषा की निर्मम सफाई प्रधान गुण हो गई थी। उनसे कम परुष, कम बुद्धिवृत्तिक और अधिक भावावेशी व्यक्ति का नेतृत्व मिला होता तो संक्रांतिकालीन भाषा में एक ऐसा ढीलापन आ गया होता जिसके सुधारने के लिए हम अब भी अवतारी पुरुष की बाट जोहते होते। इस प्रकार शैली भी कभी-कभी साहित्य में प्रधान स्थान ग्रहण कर लेती है।

† १२. ग्रन्थकार के व्यक्तित्व का थोड़ा और भी विचार कर लिया जाय। आधुनिक विचारकों ने ग्रंथकार का अध्ययन प्राणि-जगत् की विशाल पट-भूमिका पर रखकर लिया है। ग्रंथकार मनुष्य है, मनुष्य जीव। संसार में जितने भी जीव हैं वे सभी एक विकास के प्रवाह में होकर आये हैं। प्रत्येक नई पीढ़ी पुरानी पीढ़ी के गुण-दोषों को लेकर पैदा होती है और पारिपार्श्विक परिस्थितियों के कारण नई शारीरिक या मानसिक परिस्थितियों को प्राप्त करती है। मनुष्य इसका अपवाद नहीं हो सकता। उसके शरीर और मन भी न तो पूर्ववर्ती पीढ़ियों के गुणदोष से मुक्त हो सकते हैं और न पारिवार्श्विक परिस्थितियों के प्रभाव से बच ही सकते हैं। इसका अर्थ यह है कि कालिदास एक खास जाति और खास काल में ही हो सकते थे। एस्किमों जाति के बच्चे को चाहे जितनी भी संस्कृत रटा दीजिए वह कालिदास नहीं बन सकता और नहीं इस युग की बड़ी-से-बड़ी शक्ति वाला संस्कृतज्ञ ही कालिदास-सा हो सकता है। कालिदास उसी समय में, उसी परिस्थिति में और उसी जाति में हो सकते थे जिसमें हुए थे।

न दो व्यक्तियों के सोचने का रास्ता एक है न सोचने की वस्तु ही एक है। प्रसिद्ध फ्रांसीसी समालोचक टेन ने कहा था कि किसी भी व्यक्ति का निर्माण तीन निर्वैयक्तिक उपादानों से होता है—

(१) उसकी वंश-परंपरा;

(२) उसकी पारिपार्श्विक परिस्थिति; और

(३) उसके युग की विचार-धारा और विश्वास।

इसका स्पष्ट अर्थ यह हुआ कि प्रत्येक व्यक्ति जैसा ही उसे होना था, वह अपनी इच्छा से अपने को और अपने इर्द-गिर्द की परिस्थिति को बदल नहीं सकता। इस विचार से आंशिक सत्य अवश्य है पर सम्पूर्ण सत्य नहीं माना जा सकता।

† १३. वस्तुतः परिस्थितियों पर विजय पाने वाले मनुष्यों ने ही प्रत्येक युग में संसार को आगे बढ़ाया है। जातियों का इतिहास व्यक्तियों का इतिहास है। महापुरुष एक अपूर्व शक्ति लेकर आते हैं और देश का नक्शा बदल देते हैं। क्रामवेल न होता तो इंग्लैण्ड का इतिहास और तरह से लिखा गया होता। नैपोलियन न हुआ होता तो फ्रांस की कहानी ही और तरह की होती। ऐसा देखा गया है कि एक-एक शक्तिशाली

महापुरुष जाति को एक खास दिशा में अग्रसर करते समय रास्ते में ही चल बसा और वह जाति अपने समस्त जातिगत तथा ऐतिहासिक परम्पराओं और अनुकूल पारिपार्श्विक परिस्थितियों के बावजूद उभय-विभ्रष्ट छिन्न मेघ-खंड की भाँति विलीन हो गयी।

महापुरुष ही जातियों को बनाते हैं। वे देश को विशेष दिशा की ओर मोड़ देते हैं, साहित्य के स्रष्टा और विज्ञान से विधाता होते हैं। कबीरदास योगियों की अक्खड़ता, भक्तों की निरीहता और भारतीय साधकों की सामान्य विशेषता—आध्यात्मिक दृष्टि के साथ ही अपना एक मस्ताना व्यक्तित्व लेकर पैदा हुए थे। सब कुछ को छोड़कर चल देने की घरफूँक मस्ती और फक्कड़ाना लापरवाही ने कबीरदास को भारतीय साहित्य का सबसे आकर्षक महापुरुष बना दिया है। अपने इसी अनन्य-साधारण व्यक्तित्व के कारण कबीरदास नवयुग की सृष्टि कर सके थे। कौन कह सकता है कि तुलसीदास केवल परिस्थितियों की उपज थे और वे न भी होते तो क्या किसी क. ख. ग. ने वैसा ही राम-चरितमानस लिख दिया होता? वस्तुतः ग्रन्थकार केवल परिस्थितियों की ही देन नहीं है, उसका व्यक्तित्व वह महत्वपूर्ण वस्तु है, जो समाज में यथा प्राणदान करती है और परिस्थितियों को अपनी अभीष्ट दिशा में मोड़ देती है।

† १४. अब तक के वक्तव्य को कबीर के उदाहरण से इस प्रकार समझा जाय—

कबीरदास

१. कालगत वैशिष्ट्य	भाषा और धर्म की लोकाभिमुखता, दो धर्म-संस्कृतियों का संघर्ष, हिन्दुओं का सांस्कृतिक उतार, ईश्वर पर अविचलित विभाग, योग और तन्त्र-प्रभाव इत्यादि।
२. देशगत वैशिष्ट्य	
(१) भारतीय	आध्यत्मिकता, पुनर्जन्म, नामजप, गुरुवाद, कर्म-फल वाद।
(२) योग-प्रभाव	समाधि, प्राणायाम, काया-साधना की विविध बातें।
(३) निचला सामाजिक स्तर	जातिगत वैषम्य की तीव्र अनुभूति, समाज-व्यवस्था पर कठोर आक्रमण।
(४) भक्त प्रभाव	निरीहता, नम्रता, प्रेम।
(५) मुसलमानी प्रभाव	बेधड़क खंडन, हीनता-ग्रंथि का अभाव, सामाजिक समता में विश्वास।
३. पूर्ववर्ती और समसामयिक (१) पूर्ववर्ती	नागपंथी और सहजयानियों की अक्खड़ता, आक्रमण-वृत्ति, पहेलियों की भाषा।
(२) समसामयिक	सूफीमत, मुल्लों और पंडितों का बाह्याचार, निरंजन पंथ से साम्य आदि।
४. जीवन	जुलाहे का काम, गरीबी, गृहस्थ धर्म।
५. व्यक्तित्व	फक्कड़, मस्त, आत्मविश्वासी, निरीह, बेपरवाह दृढ़।

† १५. लेखक का इस प्रकार अध्ययन हम इसलिये करते हैं कि उसने जो कुछ लिखा है उसे ठीक-ठीक समझ सकें और उस वक्तव्य का सम्पूर्ण आनन्द ग्रहण कर सकें। इसलिए प्रधान बात तो वह वक्तव्य ही है जिसके लिए लेखक के व्यक्तिगत जीवन का अध्ययन आवश्यक साधन समझते हैं। वस्तुतः लेखक का वक्तव्य साहित्य का प्रधान विवेच्य है। अगर उसके पास कहने योग्य कोई वस्तु है और उस वक्तव्य में नवीनता, ताजगी और सार है, तो अन्यान्य सारी बातें गौण हो जाती हैं। प्रतिभाशाली लेखक नये-नये साहित्यांगों और नये-नये साहित्यिक सम्प्रदायों को जन्म दिया करते हैं। कर्म शक्तिशाली लेखक उनका अनुकरण करके रूढ़ि-पालन किया करते हैं।

लेखक के वक्तव्य का रसास्वादन कराना ही साहित्यिक समालोचक का कर्त्तव्य है। इनका अवश्य स्मरण रखना चाहिए कि लेखक की वक्तव्य-वस्तु सब समय कोई नयी सूचना या तर्क-युक्ति नहीं होती। दुनिया की दृष्टि से उसका वाच्यार्थ (दे० † ३८) कभी-कभी नितान्त मामूली वस्तु हो सकती है। पर ऊपर-ऊपर से दीखने वाले अर्थ असल में महाकवि की वाणी को किसी बड़े सत्य को और इशारा करने के उद्देश्य से प्रयुक्त होते हैं (दे० † ४१)। इस प्रकार वक्तव्यवस्तु का रसस्वादन कराना ही साहित्य-समालोचक का मुख्य कर्त्तव्य है, फिर भी इसके अतिरिक्त और उद्देश्यों से भी साहित्य का अध्ययन किया जाता है। हम संक्षेप में उसी का विवरण उपस्थित करते जा रहे हैं।

† १५ क. परन्तु सच्चा साहित्यकार वही है जो महान् साहित्य की रचना करे। साहित्य के मूल प्रेरणास्रोतों की खोज निकालते और समूचे साहित्य को मानव-कल्याण के लिए नियोजित करने की चेष्टा आज जितनी प्रबल है उतनी कभी नहीं थी, परन्तु साथ ही साहित्य-विचारक आज जितना साहित्यिक गतिरोध से चिंतित हुआ है उतना कभी नहीं हुआ था। छोटी-छोटी बातों में उलझना आज के साहित्यिक जीवन का महान् कार्य मान लिया गया है। साहित्य के लक्ष्य और उद्देश्य, आलोचक के कौशल और चातुर्य, साहित्यकार के सिद्धांत और उद्देश्य आदि स्पष्ट बातों को लेकर दलबंदियाँ हो रही हैं, एक दूसरे पर कटाक्ष करने, असत् अभिप्राय के आरोप करने और व्यक्तिगत स्तर पर छिद्रान्वेषण करने की प्रवृत्ति निरंतर उग्र होती जा रही है। पर जो बात भुला दी गयी है वह यह है कि इन वादों से साहित्य आगे नहीं बढ़ता। प्रायः देखा जाता है कि सिद्धांतों की बात करते समय अत्यन्त ऊँचे और भव्य आदर्शों की बात करने वाला लेखक वास्तविक साहित्य-रचना के समय ढुल-मुल चरित्रों, गंदी और घिनौनी परिस्थितियाँ, असंतुलित बकवास के आवरण में आच्छादित वादानुवादों और मनुष्य के भीतर छिपे हुए पशु के विस्तारित विवरणों में रस लेता है। यह सत्य है कि साहित्य नीतिशास्त्र की सूचियों का संग्रह नहीं होता, पर यह और भी सत्य है कि मनोविज्ञान और प्राणि-विज्ञान की प्रयोगशालाओं से उधार लिये हुए प्राणियों का मेला भी नहीं होता। जो साहित्य अविस्मरणीय दृढ़चेता चरित्रों की सृष्टि नहीं कर सकता, जो मानव-चित्त को मथित और चलित करने वाली परिस्थितियों की उद्भावना नहीं कर

सकता और मनुष्य के दु:ख-सुख को पाठक के सामने हस्तामलक नहीं बना देता वह बड़ी सृष्टि नहीं कर सकता। जीवन के हर क्षेत्र में यह सिद्धान्त समान रूप से मान्य है कि छोटा मन लेकर बड़ा काम नहीं होता। बड़ा कुछ करना हो तो पहले मन को बड़ा करना चाहिए। हमारी साहित्यिक आलोचना के अत्यंत बौद्धिक और उद्देश्यान्वेषी वाद-विवादों में यही बात भुला दी जाती है। 'साहित्य' नामक वस्तु साहित्यकार से एकदम अलग अन्य निरपेक्ष पिण्डतुल्य पदार्थ नहीं है। 'जो साहित्यकार अपने जीवन में मानव-सहानुभूति से परिपूर्ण नहीं है और जीवन के विभिन्न स्तरों को स्नेहार्द्र दृष्टि से नहीं देख सका है वह बड़े साहित्य की सृष्टि नहीं कर सकता। परन्तु केवल इतना ही आवश्यक नहीं है, उनमें प्रेमपूर्ण हृदय के साथ अनासक्त बनाये रहने वाली मस्ती भी होनी चाहिए। मानव-सहानुभूति से परिपूर्ण हृदय और अनासक्तिजन्य मस्ती साहित्यकार को बड़ी रचना करने की शक्ति देती है। हमारा साहित्यिक आलोचक बड़ी-बड़ी विदेशी पोथियों और स्वदेशी ग्रंथों से संग्रह करके जितनी भी विवेचनाओं का वाग्जाल क्यों न तैयार करे वह साहित्यिक गतिरोध दूर नहीं कर सकता। साहित्यिक गतिरोध दूर करते हैं विशाल हृदय वाले साहित्यिक। कुछ ऐसी हवा बही है कि साहित्यिक टाँय-टाँय तो बहुत बढ़ गई है पर सच्चा साहित्यकार उपेक्षित हो गया है।

सैद्धांतिक वाद-विवाद आवश्यक है। पर उन्हीं में उलझ जाना ठीक नहीं है। वास्तविक साहित्यिक दुनिया में क्या हो रहा है और किन कारणों से ऐसा हो रहा है, इस ओर भी हमारे आलोचकों का ध्यान जाना चाहिए। क्या कारण है कि हमारे मँजे हुए साहित्यिक प्रभावहीन ढुलमुल चरित्रों का निर्माण करते जा रहे हैं, होटलों की दुनिया में सीमित हो गये हैं, पारिवारिक पवित्र प्रेम की उपेक्षा कर रहे हैं, उच्च शिक्षा-प्राप्त युवतियों की असंतुलित जीवन-विकृतियों को महत्व दे रहे हैं। और तथा-कथित यथार्थवादी भावधारा से बुरी तरह आतंकित दिखाई दे रहे हैं। क्या साहित्य का लेखक सब प्रकार के सामाजिक उत्तरदायित्व से बरी हो गया है? क्या ज्ञान की अनुसंधित्सा और शिक्षा के सभ्य दिखनेवाले वातावरण से सचमुच ही हमारे सामाजिक जीवन में विकृत दृष्टि उत्पन्न कर दी है?

साहित्य प्रभावशाली होकर सफल होता है। साहित्य प्रकाश का रूपान्तर है। कुछ आग केवल आँच पैदा करती है। जीवन के लिए उसकी भी आवश्यकता होती है। हमारे स्थूल जीवन के अनेक पहलू हैं। हमें नाना शास्त्रों की जरूरत होती है। परन्तु दीप-शिखा स्थूल प्रयोजनों के लिये व्यवहृत होने योग्य आँच नहीं देती। वह प्रकाश देती है। साहित्यकार जो कहानी लेता है, जिन जीवन-परिस्थितियों की उद्‌भावना करता है वह दीप-शिखा के समान आँच के लिए नहीं होती, बल्कि प्रकाश के लिए होती है। प्रभाव ही वह प्रकाश है। समूचे बाजार की ब्योरेवार घटनाएँ भी वह प्रभाव नहीं उत्पन्न कर सकतीं, जो एक-दो चरित्रों को ठीक से चित्रित करके उत्पन्न किया जा सकता है। उसी प्रकार बहुत-सी लकड़ियाँ जलकर भी उतना प्रकाश नहीं उत्पन्न कर

पातीं जितना एक छोटी-सी मोमबत्ती कर देती है। संसार के बड़े-बड़े साहित्यकारों ने यथार्थवादी कौशलों को इसलिये अपनाया था कि उनके सहारे वे पाठक को अपने नजदीक ले आते थे और उसके चित्त में यह विश्वास पैदा करते थे कि लेखक उनसे कुछ भी छिपा नहीं रहा है। यही बात मुख्य नहीं हुआ करती। परन्तु बाद के अनुसरण करने वालों ने उन कौशलों को ही लक्ष्य समझ लिया। स्थानीय दृश्यों के व्योरेवार चित्रण सामाजिक रीति-रस्मों का और उनकी प्रत्येक छोटी-बड़ी बातों का सिलसिलेवार निरूपण, वक्तव्य-वस्तु के लिए अत्यन्त अनावश्यक और नगण्य दिखने वाली बातों का विस्तारित वर्णन, स्थान-कालोपयुक्त बोलियों, गालियों, मुहावरों आदि का प्रयोग, व्यावसायिक और पेशेवर लोगों के प्रसंग में उनकी भाषा और भंगियों का उल्लेख, सनदों, दलीलों, डायरी, समाचारपत्रों का उपयोग—ये सब यथार्थवादी नहीं है। यथार्थवादी कौशल है। इनके द्वारा लेखक पाठक के हृदय में अपने प्रति विश्वास उत्पन्न करता है और अपने वक्तव्य की सच्चाई के सम्बन्ध में आस्था उत्पन्न करता है। ये ही लक्ष्य नहीं हैं लक्ष्य है मनुष्य-जीवन के प्रति सहानुभूति उत्पन्न करके मनुष्यता के वास्तविक लक्ष्य तक ले जाने का संकल्प, मनुष्य के दु:खों को अनुभव करा सकने वाली दृष्टि की प्रतिष्ठा और ऐसे दृढ़चेता आदर्श चरित्रों की सृष्टि जो दीर्घकाल तक मनुष्यता को मार्ग दिखाते रहे। जो साहित्य ऐस नहीं कर पा रहा है उसमें कहीं-न-कहीं कोई त्रुटि है। बड़े साहित्य का रचयिता ही बड़ा साहित्यकार है। कभी-कभी उल्टे रास्ते सोचने का प्रयास किया जाता है। हमारी साहित्यिक आलोचना में हवाई बातों को छोड़कर ठोस रचनाओं को लेकर चर्चा चले तो अच्छा हो, व्यर्थ की दलबंदियों और आरोप-प्रत्यारोपों के वाग्जाल में कोई सार नहीं है। इनसे हमारी चित्तगत दरिद्रता का ही प्रदर्शन होता है। **(दे० † ७७ क)**

३.

जातीय (राष्ट्रीय) साहित्य

† १६. समूची जाति (राष्ट्र) भी एक व्यक्ति मनुष्य की भाँति है। जिस प्रकार व्यक्ति मनुष्य कभी सोता है, कभी जागता है, कभी सोचता-विचारता है, कभी आनन्द के तराने छेड़ देता है उसी प्रकार सारी जाति (राष्ट्र) भी अपने जीवन में भिन्न-भिन्न अवस्थाओं में से गुजरती है। जिस प्रकार किसी से रवींद्रनाथ के विचार जानने के लिए हम यह नहीं पूछते कि वे सपने में क्या बड़बड़ाते थे, या अपने बच्चों को क्या कहकर डाँट रहे थे, या छुटपन में तोतली बोली में कौन-सा शुद्ध या अशुद्ध उच्चारण कर रहे थे—यद्यपि मनुष्य रवीन्द्रनाथ को निविड़ भाव से अनुभव करने के लिए इन बातों के प्रति हमारी जिज्ञासा उचित है—परन्तु किसी खास विषय पर उनके विचार को जिज्ञासा के समय हम इन बातों को नहीं जानना चाहते बल्कि उनकी प्रौढ़ विचारधारा, नाप-तौलकर लिखे हुए वक्तव्य और सँवार-बनाकर कहे हुए वाक्यों का अध्ययन करते हैं। ठीक वही बातें जाति के विचारों के बारे में भी सत्य हैं।

यदि हमसे कोई पूछे कि भारतीय जाति ने क्या सोचा-विचारा है, उसकी बहुमूल्य चिन्ताराशि क्या है, तो हम उसे उस संपूर्ण साहित्य के उत्तम ग्रंथों का निचोड़ सुनायेंगे जो वैदिक ऋषि से लेकर प्रेमचंद तक महान् विचारकों ने रचा है।

महान् विचारक जाति की चिन्ताशील अवस्था के द्योतक हैं। इसीलिए किसी ग्रंथकार के ग्रंथ-विशेष को हम केवल उसी तक सीमित रखकर अध्ययन नहीं करते बल्कि उसे समूचे भारतीय साहित्य रूपी विराट ग्रंथ के एक अध्याय के रूप में भी देखते हैं। कालिदास और तुलसीदास भारतीय मनीषा की दो भिन्न तहों के परिचायक हैं।

इसीलिए जब हम किसी साहित्य के इतिहास को पढ़ने बैठते हैं तो वस्तुत: उस जाति की संपूर्ण चिन्ताराशि, अनुभूति-परम्परा और संवेदनशीलता का परिचय पाना चाहते हैं। कालिदास, भवभूति, तुलसीदास और बिहारी परस्पर जितने भी भिन्न क्यों न हों वे वस्तुत: संपूर्ण भारतीय जाति (राष्ट्र) की भिन्न अवस्था और अनुभूति-परम्परा के परिचायक हैं।

† १७. (क) हमने ऊपर देखा कि ग्रन्थकार के अध्ययन के लिये उसके काल की जानकारी आवश्यक है। परन्तु विरोधाभास यह है कि बिना ग्रन्थकारों के हम विभिन्न

काल-धर्म की जानकारी प्राप्त ही नहीं कर सकते। गुप्त-कालीन ग्रंथों के आधार पर ही मुख्यतया हम गुप्त-काल को समझ सकते हैं। इसीलिए जाति के भिन्न-भिन्न काल की रीति-नीति, आचार-विचार, वेष-भूषा, ज्ञान-विज्ञान, धर्म-कर्म समझने के लिए भी साहित्य का अध्ययन करते हैं। ऐसा करके हम उस युग के प्राचीन मनुष्य को आमने-सामने पाते ही हैं अपने-आपको भी ठीक-ठीक समझते हैं।

हम पहले ही देख चुके हैं कि साहित्य की रचना और उसके अध्ययन दोनों ही कार्यों के लिए मूल मनोभाव हमें बराबर सचेष्ट करते रहते हैं। कालिदास के ग्रंथों से हम जानते हैं कि—उन दिनों नागरिक लोग किस बात में रस पाया करते थे? नगर की सुन्दरियाँ कैसा शृंङ्गार करती थीं। प्रकृति की किन वस्तुओं से कौन-सी सौन्दर्य-वर्धक सामग्रियाँ संग्रह की जाती थीं? राजपुरुष कैसे होते थे? राजा और प्रजा का सम्बन्ध कैसा था? और उस समय के सामाजिक लोग किस प्रकार नाच-गान, उत्सव आदि का आनन्द लेते थे? कालिदास हमारे सामने अपने जमाने के स्त्री-पुरुषों को प्रत्यक्ष उपस्थित कर देते हैं। हम उनके सुख-दुख, आनन्द-मंगल और आचार-विचार को निविड़ भाव से अनुभव करते हैं। कालिदास के सरस ग्रन्थों में उस युग को हम जिस जीवन्त रूप में पाते हैं उतने जीवित रूप में हम उस युग की किसी राजकीय विवरण-पुस्तिका (जो कदाचित् कहीं से मिल जाय) में नहीं पा सकते।

(ख) जाति का ठीक-ठीक परिचय केवल औत्सुक्य की शान्ति के लिए ही आवश्यक नहीं है, जिस युग में हम वास कर रहे हैं उसमें शांतिपूर्वक वास करने के लिये भी हमें विभिन्न जातियों की जानकारी ठीक-ठीक होनी चाहिए। राजनीतिक और आर्थिक स्वार्थवश और अपने संस्कारों के कारण एक जाति दूसरी को गलत समझती है। आजकल यह बात बहुत जटिल रूप धारण कर गयी है। यद्यपि वैज्ञानिक उन्नति ने देश और काल के व्यवधान को कम कर दिया है परन्तु मानसिक संकीर्णता उसी अनुपात में कम नहीं हुई है, जिसका परिणाम पारस्परिक अविश्वास, युद्ध, विग्रह, कलह और रक्तपात होता है।

हम पहले ही देख चुके हैं कि उत्तम ग्रन्थ जाति के ठीक-ठीक परिचायक हैं। उसकी आशा-आकांक्षा, गुण-दोष, आचार-विचार आदि को उसके महान् ग्रन्थ ही ठीक-ठीक उपस्थित करते हैं। इसलिए जातीय (राष्ट्रीय) साहित्य के उत्तम ग्रंथों का अध्ययन और प्रचार मानव-समाज की भावी सुख-शान्ति के लिये भी आवश्यक है। शेक्सपियर को पढ़कर हम अंग्रेज जाति की जिस भीतरी सहृदयता का परिचय पाते हैं वह विदेशी लेखकों की लिखी हुई सैकड़ों यात्रा-विवृत्तियों से भी नहीं पा सकते हैं।

परिचय-ग्रंथ किसी खास प्रयोजन से लिखे जाते हैं या किसी खास सिद्धांत के प्रतिपादन के लिए लिखे जाते हैं। इसलिये उनमें दृष्टा के विचार ही प्रधान हो उठते हैं। इस श्रेणी के लेखक उस जाति का परिचय कराने के बदले उस जाति संबंधी अपने विचारों पर ही अधिक जोर देते हैं। फलतः उससे गलतफहमी पैदा होने या बढ़ने की आशंका रहती है। मिस मेयो की 'मदर इण्डिया' में इस देश को इतने भद्दे रूप में

उपस्थित किया गया था कि उससे सारे संसार में भारतवर्ष के प्रति घृणा का भाव बढ़ जाता।

(ग) ऊपर जो बात परिचय-ग्रन्थ के लेखक को लक्ष्य करके कही गई है वह थोड़ी-बहुत मात्रा में कवि, नाटककार और उपन्यास-लेखक में भी अवश्य रहती है। परन्तु उससे हमारे अध्ययन में विशेष बाधा नहीं पड़ती। हम जानते हैं कि लेखक का अपना विशेष दृष्टिकोण है और वह भी उस विशेष दृष्टिकोण से देखने पर ही निरन्तर जोर देता रहता है। फिर भी वह जीवित मनुष्य को दिखाता है। उनकी छाया या कंकाल को नहीं। इसीलिए यद्यपि उसके विशेष दृष्टिकोण से हम द्रष्टव्य के विशेष पहलू को देखते हैं। परन्तु फिर भी हम निष्प्राण ठठरियों के समस्त पहलुओं को देखने की अपेक्षा सच्ची और काम की चीज देखते हैं। एक काम की चीज का देखना सौ बेकार और बेजान ठठरियों को देखने की अपेक्षा निश्चय ही अधिक महत्त्वपूर्ण है।

१८. ऊपर की बात को एक उदाहरण से समझा जाय—

हिन्दी के प्रसिद्ध औपन्यासिक प्रेमचंद शताब्दियों से पददलित और अपमानित कृषकों की आवाज थे। पर्दे में कैद, पद-पद पर लांछित और अपमानित असहाय नारी जाति की महिमा के जबर्दस्त वकील थे और गरीबों और बेकसों के महत्त्व के प्रचारक थे। व्यक्तिगत रूप से वे मनुष्य की सद्वृत्तियों में विश्वास रखते थे और उसकी दुर्वृत्तियों को अजेय तो मानते ही नहीं थे, उन्हें भावरूप में स्वीकार भी नहीं करते थे। वे मानते थे कि जड़ोन्मुखी सभ्यता ने हमें जड़ता को ही प्रधान और संग्रहणीय मानने की ओर प्रवृत्त किया है। इसी की बदौलत हम आज भीड़-भभ्भड़ को, दिखाव-बनाव और टीम-टाम को महत्त्व देने लगे हैं। ये वस्तुएँ मनुष्य को महान् नहीं बनातीं बल्कि उसके मन को दुर्बल और आत्मा को सशंक बना देती हैं।

व्यक्ति का आत्मबल उसकी जड़-पूजा से अवरुद्ध हो जाता है। जिसके पास ये जड़-बंधन जितने ही कम होते हैं वह उतनी ही जल्दी सत्यपरायण हो जाता है। रंगभूमि का गरीब सूरदास धनी विनय की तुलना में शीघ्र प्राप्य और स्थायी आत्मबल का अधिकारी हो जाता है। यह प्रेमचन्द्र का अपना दृष्टिकोण है। इस विशेष दृष्टि से दुनिया को देखने के लिये ही वे अपने पाठक को निमंत्रित करते हैं, परन्तु फिर भी उनकी रची हुई दुनिया सत्य है। अगर कोई उत्तर भारत की समस्त जनता के आचार-विचार, भाव-भाषा, रहन-सहन, आशा-आकांक्षा, दुःख-सुख और सूझ-बूझ को जानना चाहे तो प्रेमचन्द से अधिक उत्तम परिचायक इस युग में नहीं पा सकेगा। झोपड़ियों से लेकर महलों तक, खोमचों से लेकर बैंकों तक, ग्राम-पंचायतों से लेकर धारा-सभाओं तक उसे इतने कौशलपूर्वक और प्रामाणिकता के साथ कोई दूसरा नहीं ले जा सकता।

कोई भी जिज्ञासु, प्रेमचन्द की अँगुली पकड़ कर बेखटके मेंडों पर गाते हुए किसान को, अन्तःपुर की मानवती बहू को, कोठे पर बैठी हुई बार-विलांसनी को, रोटियों के लिए ललकते हुए भिखमंगे को, कूट-परामर्श में लीन गोयन्दों को, ईर्ष्यापरायण प्रोफेसरों को, दुर्बल-हृदय बैंकरों को, साहसी चमारों को, ढोंगी पंडित को, फरेबी

पटवारी को और नीचाशय अमीर को देख सकता है और निश्चिन्त होकर विश्वास कर सकता है कि जो कुछ उसने देखा है वह गलत नहीं है। इससे अधिक सच्चाई के साथ दिखा सकने वाले परिदर्शक को हिन्दी और उर्दू की दुनिया नहीं जानती। पर सर्वत्र ही वह लक्ष्य करेगा कि जो संस्कृतियों और संप्रदाओं से लद नहीं गये हैं, जो अशिक्षित और निर्धन हैं, जो गँवार और जाहिल समझे जाते हैं वे उन लोगों की अपेक्षा अधिक आत्मबल दिखाते हैं जो शिक्षित हैं, जो सम्पन्न हैं, जो चतुर हैं, जो दुनियादार हैं।

यह प्रेमचंद का अपना विशेष दृष्टिकोण है। इससे हम उत्तर भारत की जनता को देखने की एक विशेष दृष्टि पाते हैं, परन्तु यह दृष्टि हमें उस जनता के वास्तव रूप को समझने में बाधक नहीं है। यह वास्तव में परिचय के अतिरिक्त हमारा अधिक लाभ है। परन्तु जब भारतवर्ष का कोई परिचय-लेखक अपनी विशेष उद्देश्य-सिद्धि के लिए ग्रन्थ लिखता है और बताता है कि इस प्रकार के वायुमंडल और तापमान में रहने वाले आदमी आलसी, कल्पनाशील और कामचोर होंगे ही तो बहुत कुछ छोड़ देता है, बहुत कुछ जोड़ देता है और बहुत-कुछ अपने मन में गढ़ लेता है। हम सब समय उसका विश्वास नहीं कर सकते।

४.

नया दृष्टिकोण

† १८ क. इस युग में ज्यों-ज्यों भिन्न-भिन्न समुदायों की चिन्ताएँ एक-दूसरे के निकट आती गई हैं, त्यों-त्यों प्राचीन रूढ़ियों से उनका छुटकारा होता गया है। जिस प्रकार अन्यान्य शास्त्रों में, उसी प्रकार कविता, चित्रकला, मूर्तिकला आदि में भी, एक सार्वभौम भित्ति पर सारे संसार के मनीषियों का ध्यान केन्द्रित होता रहा है। नये वैज्ञानिक आविष्कार इसमें बहुत अधिक सहायक हुए हैं। एकदेशी कल्पनाएँ और उनकी पोषक परम्पराएँ टूट गई हैं; जहाँ नहीं टूटी हैं, वहाँ टूटने की ओर बढ़ रही हैं। काव्य को समझने का भौगोलिक दृष्टिकोण जो उन्नीसवीं शताब्दी के यूरोपियन पण्डितों में एक बार अत्यधिक प्राधान्य लाभ कर गया था, आज बुरी तरह गलत साबित हुआ है। यद्यपि भारतवर्ष के सद्यः प्रबुद्ध समालोचक अब भी इस व्याख्या का स्वप्न देखते रहते हैं—विशेषकर धार्मिक क्षेत्रों में—तथापि वह अपनी गतिशीलता खो चुकी है। इस दृष्टि से संसार के इतिहास को देखनेवालों ने मनुष्य के काव्य-नाटकादि ललित-कलाओं से लेकर आचार-विचार-आहार-निद्रा आदि क्रियाओं तक को देश-विशेष की भौगोलिक परिस्थिति की उपज बताया था। भारतवर्ष जैसे उष्णकटिबन्धीय देश में रहने वाले आदमी स्वभावतः ही आलसी, केवल कल्पनाशील, कामचोर और परलोकप्रवण होंगे, पर साइबेरिया में रहने वाले का जीवन प्रकृति से लड़ाई करने में बीतेगा। उसके सामने वास्तविकताएँ इतना कठोर रूप लेकर उपस्थित होंगी कि वह कल्पनाविहार का अवकाश ही नहीं पा सकेगा। उसका साहित्य भी वैसा हो होगा। इसमें कोई सन्देह नहीं कि भौगोलिक कारण जाति को विशेष रूप देने में बहुत कुछ कारण बन जाते हैं, पर यही सब-कुछ नहीं है। भारतवर्ष में इस दृष्टि से देखने का सर्वाधिक विकृत रूप साम्प्रदायिक सभा-मंचों के उपदेशकों के मुख से सुनाई देता है। जब वे भारतवर्ष की सती-साध्वियों में, यहाँ की धर्म-प्राण जनता में, यहाँ के धर्म पर कुर्बान होने वाले धर्मवीरों में कुछ ऐसी विशेषता बताया करते हैं, जो यहीं हैं और कहीं हो ही नहीं सकती। इस दृष्टिकोण से जिन्होंने भी दुनिया देखी है, उन्होंने मनुष्य की अपेक्षा उसकी रूढ़ियों को अधिक देखा है। अब जबकि रूढ़ियाँ टूटने लगी हैं, भारत की सती-साध्वियों में कोई ऐसी विशेषता नहीं दीखती जो यूरोप की सती-साध्वियों में न हो। यहाँ की धर्मप्राण जनता कभी भी ऐसी हड़ताल नहीं करती, जो रूस या इङ्गलैंड के कारखाने में काम करने वाली जनता ने न की हो।

रीतिकाल की रूढ़ियां जब बीसवीं शताब्दी के कवियों के अज्ञान, उपेक्षा और विरोध के कारण टूट गई, तो हिन्दी में भी अंग्रेजी के 'रोमांटिक' कवियों का स्वर सुनाई देने लगा। असहयोग आन्दोलन के बाद यह उत्तरोत्तर साफ होता गया। इन कवियों ने बाह्य जगत् को अपने अन्तर के योग से उपलब्ध किया; अपनी रुचि, कल्पना और सुख-दु:ख में गूँथकर, संसार को देखा; हिन्दी-कविता में सैकड़ों वर्ष जिस वैयक्तिकता (Individuality) का प्रवेश नहीं हुआ था—जो भौगोलिक व्याख्या के अनुसार भारतीय मनीषी की विशेषता होनी चाहिये भी—वह एक ही धक्के में दरवाजा तोड़कर सामने आ खड़ी हुई। पिछले पन्द्रह वर्षों में भारतीय कवि की वैयक्तिकता ही प्रधान प्रतिपाद्य काव्य-सामग्री रही है। पर लक्षणों से जान पड़ता है कि उसके भी दिन गिने जा चुके हैं। अब तक कवि चाहे कल्पना के द्वारा इस जगत् की विसदृशताओं से मुक्त एक मनोहर जगत् की सृष्टि कर रहा हो, या चिंता द्वारा किसी अज्ञात रहस्य के भीतर प्रवेश करने की चेष्टा कर रहा हो, या अपनी अनुभूति के बल पर पाठक के वासनान्तर्विलीन मनोभावों को उत्तेजित कर रहा हो,—सर्वत्र उसकी वैयक्तिकता ही प्रधान हो उठती रही है। अत्यन्त आधुनिक कवि इस भावुकता को पसन्द नहीं करता। वह वस्तु को आत्म-निरपेक्ष भाव से देखने को ही सच्चा देखना मानता है। यह बात उसके निकट सत्य नहीं है कि वस्तु को उसने कैसा देखा, बल्कि यह कि वस्तु उसके बिना भी वैसी है। इस वैज्ञानिक चित्तवृत्ति का प्रधान आनन्द कौतूहल में है, उत्सुकता में है, आत्मीयता में नहीं। और जैसा कि इस विषय के पण्डितों ने बताया है, विश्व को व्यक्तिगत आसक्त भाव से न देखकर तद्गत और अनासक्त भाव से देखना ही आधुनिक दृष्टिकोण से जगत् को देखने का प्रयत्न करना है। यद्यपि इस दृष्टि को अधिक विनियोग आर्थिक परिस्थिति को समझने में किया गया है, या यों भी कहा जा सकता है कि समाज की वर्त्तमान परिस्थिति को आर्थिक दृष्टि से देखने का प्रयत्न किया गया है, तथापि यही उसका वास्तविक स्वरूप नहीं है। हमारी विचार-धारा की वास्तविक नवीनता इस बात में नहीं है कि हमने संसार को व्यक्तिगत रुचि-अरुचि की दृष्टि से देखा है या आर्थिक दृष्टि से—वस्तुत: व्यक्तिगत दृष्टि और आर्थिक दृष्टि का विरोध नहीं भी हो सकता है—बल्कि यह कि हमने संसार को अपने सत्-असत् के संस्कारों की दृष्टि से नहीं, बल्कि इन संस्कारों से मुक्त बुद्धि के द्वारा देखने का प्रयास किया है। दोनों का अन्तर दोनों दृष्टिकोणों के विकास से समझा जा सकता है।

† १८ ख. यह मानने में कोई संकोच नहीं होना चाहिये कि हमारी आधुनिक दृष्टि-भंगी यूरोपियन संसर्ग का फल है। इसके पहले हमारी दुनिया एक प्रकार से तय हो चुकी थी। हमारी सत्-असत् सम्बन्धी धारणाएँ हमेशा के लिए मानो स्थिर हो चुकी थीं। यूरोप में भी ऐसा ही एक युग था। परन्तु वैज्ञानिक आविष्कारों ने वहाँ के सोचने वाले आदमियों के मस्तिष्क में एक प्रकार की अशान्ति ला दी। किसी ने कहा है कि ज्योतिष का यह आविष्कार कि पृथ्वी समस्त गृहनक्षत्र-मंडल के केन्द्र में नहीं है, यूरोपियन मस्तिष्क के ऊपर सबसे पहली और सबसे जोरदार चोट थी। उसकी समस्त

धार्मिक और आध्यात्मिक कल्पना, सारा पौराणिक विश्वास, समस्त रूढ़ियाँ इस चोट से तिलमिला गईं। विज्ञान प्रसारित होता गया, धर्मविश्वास संकुचित। प्रत्येक वैज्ञानिक आविष्कार अठारहवीं शताब्दी में ईश्वर और धर्म को पीछे ढकेलता गया, अन्त में उन्नीसवीं शताब्दी में ये दोनों वस्तुएँ—'कहियतु भिन्न-न-भिन्न—' सम्पूर्णतया पृष्ठ-भूमि में आ गई। पर मनुष्य अपने-आप अत्यधिक विश्वास-परायण हो गया। उन्नीसवीं शताब्दी जिस प्रकार नास्तिकता-प्रधान युग है उसी प्रकार आत्म-विश्वास परायण भी। इस काल में सारे संसार में आदर्शवादियों का प्राधान्य था। आज भी जहाँ कहीं बड़े-बड़े आदर्शवादी दीख रहे हैं, वे उसी शताब्दी के भग्नावशेष हैं। इन आदर्शवादियों ने संसार की वास्तविकता की तरफ नहीं ध्यान दिया, बल्कि अपना सारा ध्यान एक आदर्श दुनिया को गढ़ने मे केन्द्रित रखा। जहाँ मनुष्य क्षुद्र स्वार्थ का शिकार न होकर सेवा का विधाता होगा, जहाँ धर्म मनुष्य का मार्ग-दर्शक न होकर मनुष्य द्वारा परिचालित होगा, जहाँ का सबसे बड़ा सत्य मनुष्य है। इस आदर्श के उन्नयन के साथ-ही-साथ आत्मसापेक्ष दृष्टि अपने-आप अनजान में ही, प्राधान्य लाभ करती गई। अपनी भावनाओं के रंग में दुनिया को रँगकर देखने का अभ्यास बढ़ता गया। हिन्दी का वैयक्तिकताप्रधान साहित्य उसी का अन्तिम प्ररोह था। पहले वह समाज-सुधार के क्षेत्र में दिखाई दिया और बाद में उसने अन्यान्य क्षेत्रों को भी बुरी तरह से अच्छादित कर लिया। न जाने किस अमूलदर्शा ने कविता में उसका नाम छायावाद चला दिया।! परन्तु विचार की दुनिया में एक बार जो अशान्ति घुस गई थी वह फिर भी अशान्ति बनी रही। वैज्ञानिक अग्रगति ने बेचैनी बढ़ाने का ही काम किया। जीवन को देखने के दृष्टिकोण में फिर जबर्दस्त परिवर्तन हुआ। मार्क्स और फ्रायड ने समाज और व्यक्ति को देखने का नया चश्मा दिया। समाज का जो अंश सर्वाधिक उपेक्षित रहा वह तेजी से प्रधान स्थान प्राप्त करता गया। व्यक्ति को समझने के लिए भी उसके चेतन मन की अपेक्षा अवचेतन मन की प्रधानता स्थापित हो गई। आदर्शवाद को इन दोनों बातों से चोट पहुँची। फ्रायड ने कहा है कि मनुष्य वस्तुत: वैसा नहीं है जैसा कि वह स्पष्ट ही दीख रहा है, प्रत्युत वह वैसा है जैसा कि अपने को चेष्टापूर्वक नहीं दिखाना चाह रहा। चेतन के द्वारा नहीं, अवचेतन के द्वारा मनुष्य को पहचाना जा सकता है। इस प्रकार मनुष्य के समस्त काव्य, समस्त कला, समस्त धर्माचरण एक नये रूप में प्रकट हुए। हम दुनिया को जैसा देख रहे हैं, जितने सदाचार हैं, जितने कायदे-कानून हैं, जो कुछ नैतिकता-विधान हैं, सब वस्तुत: वैसे नहीं हैं। मार्क्स ने कहा कि इन विधानों का कारण कोई वास्तव सत्य नहीं है बल्कि आर्थिक परिस्थिति है। दोनों दृष्टियों से आपातत: साधु दृश्यमान आदर्शवाद थोथा ही दीखने लगा। इस प्रकार मानवीय चिन्ता दूसरी बार अपने संस्कारों को झाड़कर देखने का प्रयास करने लगी। काव्य को, समाज को, धर्म, को राजनीति को—सबको उसने तद्गत और अनासक्त भाव से देखने का प्रयास किया। पहली चिन्ता में व्यक्ति प्रधान था, दूसरी में दृश्य प्रधान हो गया। पहली का दृश्य द्रष्टा के मन से विमुक्त होकर सामने जाता था, दूसरी का द्रष्टा दृश्य के पीछे छिप जाता है। यही नया दृष्टिकोण है। इस दृष्टि से जैसा कि एक रूसी आलोचक ने

हाल ही में कहा है, अब तक कलाकार की वैयक्तिकता के प्रकाशन में, रीति-ग्रन्थों में, निजी कल्पनाओं में और रूपहीन (Abstract) चिन्ताओं में कला का बाँझपन ही प्रकट हुआ है। और जैसा कि मैंने अन्यत्र कहा था, दो कारणों से इस कविता की भाषा और शैली में भी परिवर्तन हुआ है। एक तो विषय को जब अनासक्त और तद्गत भाव से देखा जाता है, तब स्वभावतः ही भावुकता को स्थान नहीं रह जाता। ऐसी अवस्था में कवि वैज्ञानिक जैसी गद्यमय भाषा लिखता है। दूसरे विषय की नवीनता को सम्पूर्ण रूप से अनुभव करने के लिए वह जान-बूझकर ऐसी भाषा और शैली का व्यवहार करता है तो पाठक के मन को इस प्रकार झकझोर दे कि उस पर से प्राचीनता के संस्कार झड़ जायँ। वे ऐसी उपमाओं, ऐसे रूपकों और ऐसी वक्रोक्तियों का व्यवहार करते हैं जो केवल नवीन ही नहीं अद्‌भुत भी जँचे। ऐसे काव्य में मेंढक और कुकुरमुत्ते केवल इसलिए व्यवहृत हो सकते हैं कि पाठक के चित्त को जोर से झकझोर दें, यद्यपि उसका अन्तर्निहित तत्त्व यह भी हो सकता है कि समुद्र और सूर्य अपनी महत्ता में जितने सत्य हैं उतने ही सत्य मेंढक और कुकुरमुत्ते भी हैं। जब तक द्रष्टा अपनी रुचि-अरुचि से सान कर सृष्टि को देखेगा तब तक वह इस महत्ता का अनुभव नहीं कर सकेगा।

परन्तु इस दृष्टिकोण का बहुत ही व्यापक प्रभाव स्वयं दृश्य या द्रष्टव्य पर पड़ा है। अब तक काव्य, साहित्य, नृत्य आदि ललित और धर्मात्मक कलाएँ अपने-आप में अध्येतव्य थीं। अन्यान्य ज्ञान-विज्ञान के साधन से हम इन्हें समझने का प्रयत्न करने थे। अब समझा जाने लगा है कि वस्तुतः ये स्वयं अध्येतव्य विषय नहीं हैं, साक्ष्य भी नहीं हैं, ये साधन हैं। इनके द्वारा हम किसी और को समझ सकते हैं। पदार्थ-विज्ञान और भूगर्भ-विद्या की भाँति ये भी अपने-आप में सम्पूर्ण नहीं हैं। वह साध्य वस्तु क्या है, जिसकी साधना के लिये काव्य, नाटक और नृत्य-चित्र-मूर्ति-कलाएँ साधन हैं। यह जीवन है। जीवन समझने के लिए ही यह सारा टंटा है। जीवन जिसकी उद्दाम लहरें नाना स्तरों में प्रवाहित होकर किसी अज्ञात दिशा की ओर भागी जा रही हैं। 'अपारे काव्य-संसारे' का प्रजापति कवि उन सैकड़ों स्तरों में से एक स्तर है, जिसके रूप में जीवन-महासमुद्र की तरंगें प्रकट हो रही हैं। उनसे हम समुद्र की गम्भीरता और उसके विस्तार की खोज पा सकते हैं। वह स्वयं ज्ञातव्य, गंभीर्य या विस्तार नहीं है। विश्व उस प्रकार गठित नहीं हो रहा है, जैसा कवि को रुचता है बल्कि विश्व को जैसा रुचता है वह वैसा ही उसके भीतर प्रतिफलित हो रहा है।

५.

साहित्य का व्याकरण

† १९. कोई भी पुस्तक कुछ शब्दों का संघात है। शब्दों के समूह ही तो पुस्तक कहलाते हैं। परन्तु वे शब्द सजाकर इस प्रकार रखे गये होते हैं कि उनसे हम एक अर्थ पाते रहते हैं। इनमें कुछ संज्ञा शब्द हैं, कुछ क्रियापद हैं, कुछ विभक्तियाँ हैं, कुछ उपसर्ग हैं, कुछ प्रत्यय हैं और फिर इन सब का एक सामंजस्यपूर्ण सम्बन्ध है। यह सम्बन्ध ही बड़ी चीज है, क्योंकि यह न रहे तो शब्दों से कुछ अर्थ निकलना असंभव हो जाय। इस सम्बन्ध को बताने वाले शास्त्र को व्याकरण कहते हैं।

साहित्य का भी अपना व्याकरण है। इसे अलंकार-शास्त्र कहते हैं और इस शास्त्र के आचार्यों को आलंकारिक। यह शास्त्र शब्दों के प्रकृति-प्रत्यय को लेकर सिर नहीं पाता बल्कि शब्द और अर्थ की मनोहारिणी व्याख्या करता है। इस शास्त्र में शब्द की शक्तियाँ, उसका अर्थ, रस, गुण, दोष और अलंकार की विवेचना होती है। साहित्य के विद्यार्थी को इन बातों की जानकारी जरूर होनी चाहिए और उसे यह भी मालूम होना चाहिये कि साहित्य के रसास्वादन में इस शास्त्र की मर्यादा का क्या महत्व है। यह बहुत जरूरी बातों की चर्चा हम यहाँ संक्षेप में कर लें तो अच्छा रहेगा। यह विषय बहुत शास्त्रीय है पर यहाँ चर्चा करते समय इसे कम-से-कम शास्त्रीय ढंग से कहेंगे। सहज करके कहना ही हमारा उद्देश्य है।

† २०. 'शेर' शब्द के सुनते ही हमारे सामने जो एक विशेष प्राणी का रूप उपस्थित हो जाता है उसका कारण क्या है? आलंकारिक लोग कहते हैं कि शब्द की एक विशेष शक्ति होती है जिसके द्वारा 'शेर' शब्द का अर्थ एक विशेष प्रकार का जीव होता है, नाव या महल नहीं। इस शक्ति का नाम अभिधावृत्ति है। यह शक्ति शब्द के उस अर्थ को बताती है जो कोष और व्याकरण से प्राप्त है, जो परंपरा से एक आदमी दूसरे से सुनता और सीखता आ रहा है। आलंकारिक लोग इस बात को कहने के लिए एक बड़ा लम्बा-सा शब्द व्यवहार करते हैं। यह शब्द है 'साक्षात् संकेतित' अर्थात् 'शेर' शब्द कहने से एक जीवविशेष का ज्ञान होता है, बीच में कोई बाधा नहीं पड़ती। यह साक्षात्-संकेतित अर्थ कोष से, व्याकरण से और व्यवहार से तथा विश्वसनीय व्यक्ति से जाना जा सकता है। इस शक्ति के द्वारा जो अर्थज्ञान होता है उसे अभिधेय या वाच्य अर्थ (वाच्यार्थ) कहते हैं।

† २१. लेकिन जब कहा जाय कि 'लड़का शेर है' तो स्पष्ट ही 'शेर' शब्द का वाच्यार्थ काम नहीं दे सकता। दुनिया जानती है कि लड़का आदमी है, शेर नहीं; फिर

भी भाषा में ऐसे प्रयोग बराबर ही होते हैं और समझने वाले समझ भी लेते हैं। जब कहा जायेगा कि लड़का शेर है तो समझदार आदमी समझेगा कि लड़का वीर है, साहसी है; निर्भीक है। सारे हिन्दी शब्द-सार को खोजने पर भी शेर शब्द का यह अर्थ नहीं मिलेगा। तो फिर निश्चय ही अभिधा के सिवा और भी कोई शक्ति शब्द में अवश्य है जो शेर के मुख्य अर्थ को दबाकर एक दूसरे अर्थ को प्रकाशित करती है। इस शक्ति को लक्षणा कहते हैं। जब मुख्यार्थ का बोध होता है तो उस मुख्यार्थ से संबद्ध किसी और अर्थ को यह शक्ति प्रकट करती है। जब वक्ता इस शक्ति का सहारा लेता है उसके सामने कोई-न-कोई प्रयोजन रहता है, या फिर उस अर्थ में शब्द रूढ़ हो गया होता है। जब रूढ़ हो गया होता। जब वक़्ता कहता है कि लड़का शेर है तो उसके मन में लड़के की बहादुरी बढ़कर कहने का प्रयोजन जरूर होता है। इस शक्ति से जो अर्थ पाया जाता है उसे लक्ष्य-अर्थ (लक्ष्यार्थ) कहते हैं। ऊपर की बात मन में विचारें तो मालूम होगा कि लक्षण में तीन बातें आवश्यक हैं—

(१) मुख्यार्थ का बोध

(२) मुख्यार्थ और लक्षणार्थ का सम्बन्ध; और

(३) प्रयोजन।

आलंकारिक पंडित बिना प्रयोजन वाली एक लक्षणा भी मानते हैं। 'पत्र' का मुख्य अर्थ पता है। अब उसका अर्थ चिट्ठी और अखबार हो गया है। इस प्रकार पत्र शब्द चिट्ठी के अर्थ में रूढ़ हो गया।

२२. साहित्य में इस शक्ति की बड़ी प्रबलता है। इसीलिये इसके प्रधान भेदों की जानकारी आवश्यक है। (१) कभी-कभी मुख्यार्थ एकदम छूट जाता है। जैसे 'अमेरिका धनी है' इस वाक्य में अमेरिका शब्द का मुख्यार्थ देश-विशेष है। वह एकदम छूट गया है और उसका अर्थ हो गया है, उस देश के आदमी। ऐसे स्थानों पर जो लक्षणा होती है उसे 'लक्षण-लक्षणा' कहते हैं। (२) कभी-कभी शब्द का मुख्यार्थ भी बना रहता है और उससे संबद्ध कोई दूसरा अर्थ भी सूचित होता है। जब कहा जाता है कि 'टैङ्क बड़ी तेजी से बढ़ रहे हैं' तो इस वाक्य में टैङ्क शब्द का अर्थ होता है टैङ्क और उसके चलाने वाले सैनिक दोनों। टैङ्क का मुख्यार्थ तो एक जड़ वस्तु है, वह कैसे चलेगा? इस प्रकार मुख्यार्थ बाधिक है। यहाँ शब्द अपने मुख्यार्थ को छोड़ नहीं देता। ऐसे स्थलों पर जो लक्षणा होती है उसे 'उपादान-लक्षणा' कहते हैं.। (३) फिर ऐसा भी होता है कि एक शब्द का अर्थ दूसरे पर आरोप कर दिया जाता है। 'ब्राह्मण गाय है' का अर्थ है ब्राह्मण निरीह है। यहाँ गाय की निरीहता ब्राह्मण पर आरोपित है। ऐसे स्थलों पर जो लक्षणा होती है उसे 'सारोपा-लक्षणा' कहते हैं। (४) कभी-कभी एक विचित्र ढंग का प्रयोग होता है। जब हम कहते हैं कि 'घी आयु है' तो सारोपा-लक्षणा से अर्थ कर लेते हैं, लेकिन कोई कहे कि 'यह आयु घी है' और घी का नाम ही लें तो ऐसे स्थलों पर जो लक्षणा होगी उसे 'साध्यवसाना-लक्षणा' कहेंगे। इस प्रकार का प्रयोग आरोप का आधार आरोप होने वाले अर्थ में अपनी सत्ता ही खो देता है। तो इस प्रकार

मुख्य रूप से लक्षणा चार प्रकार की हुई :—(१) लक्षण-लक्षणा, (२) उपादान लक्षणा, (३) सारोपा-लक्षणा, और (४) साध्य-बसाना-लक्षणा।

अंतिम दो लक्षणाओं में आरोप के आधार और आरोप्यमाण में कोई-न-कोई सम्बन्ध होता है। 'ब्रह्मण गाय है' इस वाक्य में ब्राह्मण और गाय में निरीहता नामक गुण का सादृश है। गुणों का सादृश जिनमें होता है उन लक्षणाओं को 'गौड़ी-लक्षणा' कहते हैं। किन्तु गुण सादृश्य के अतिरिक्त और किसी संबंध से लक्षणा हुई तो उसे शुद्ध कहते हैं। इस प्रकार अन्तिम दो लक्षणाओं में से गौणी और शुद्धा नाम से दो-दो भेद होते हैं। अर्थात् सब मिलाकर छः प्रकार की लक्षणाएँ हुईं—लक्षण-लक्षणा, उपादान-लक्षणा, गौणी सारोपा-लक्षणा, शुद्धा सारोपा-लक्षणा, गौणी साध्यवसाना-लक्षणा और शुद्धा साध्यवसाना-लक्षणा।

नीचे के कोष्ठक से प्रयोजनवती लक्षण के ६ भेद स्पष्ट होंगे—

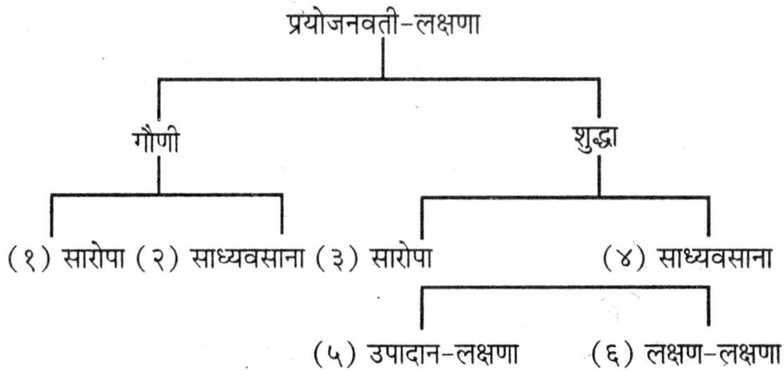

इस प्रकार गौणी के दो और शुद्धा के चार ये कुल ९ लक्षणाएँ हैं। लक्षणा के प्रसंग में हम बराबर 'प्रयोजन' की बातें करते आ रहे हैं। यह प्रयोजन न तो वाच्यार्थ होता है और न लक्ष्यार्थ। वह वस्तुतः व्यंग्यार्थ है। व्यंग्यार्थ भी आचार्यों ने दो प्रकार के बताये हैं—(१) गूढ़ और (२) अगूढ़। गूढ़ व्यंग्य को वही समझ सकता है जो मर्मज्ञ हो, पर अगूढ़-व्यंग्य सहज की समझ में आ जाता है। ऊपर बताई हुई लक्षणा के छहों भेदों में से प्रत्येक लक्षणा गूढ़-व्यंग्य और अगूढ़-व्यंग्य भेद से दो-दो प्रकार की बताई गई है। इनके उदाहरणादि लक्षण ग्रन्थों में देखने चाहिए।

† २३. अभिधा और लक्षणा के अतिरिक्त शब्द की तीसरी एक शक्ति भी आलंकारिक आचार्य मानते हैं। इन आलंकारियों के सिवा अन्य शास्त्रकार इस तीसरी वृत्ति को मानना चाहते हैं। इस तीसरी शक्ति का नाम व्यंजना है। इससे जो अर्थ सूचित होता है उसे व्यंग्यार्थ कहते हैं। पहले जिन दो वृत्तियों की चर्चा हुई है उनसे यह भिन्न प्रकार की है। अभिधा और लक्षणा केवल शब्द के बल पर ही काम करती है, यह अर्थ के बल पर भी। इसीलिये इनके दो भेद किये गये हैं—शाब्दी और आर्थी। यह व्यंजना अभिधामूलक भी होती है, लक्षणा-मूलक भी होती है और व्यंजनामूलक भी होती है।

सास ने बहू से कहा—'सूर्य अस्त हो गया।' बहू ने इसका अर्थ समझा कि दीपक जलाओ। यह अर्थ वाच्य नहीं हो सकता, क्योंकि सूर्य का दीपक अर्थ अस्त होने का जलाना अर्थ किसी प्रकार साक्षात्-संकेत नहीं है। फिर यह अर्थ लक्ष्य नहीं भी है। क्योंकि लक्षणा की पहल शर्त मुख्यार्थ में बाधा। सो सूर्य का मुख्यार्थ जो आसमान में चलता दिखने वाला उज्ज्वल नक्षत्र-पिंड है वही यहाँ भी है। इसका अस्त होना ठीक ही प्रयोग है। कहीं कोई बाधा नहीं है। इसीलिए इस अर्थ को न तो बाध्य ही कह सकते हैं और न लक्ष्य ही।

(१) कई बार ऐसा होता है कि एक ही शब्द के अनेक साक्षात्-संकेतित अर्थ होते हैं। प्रसंग देखकर कोई एक अर्थ नियत कर लिया जाता है। सैन्धव घोड़े को भी कहते हैं, नमक को भी। भोजन के प्रसंग पर सैन्धव माँगने वाले को नमक ही दिया जायेगा, घोड़ा नहीं। प्रसंग से सैन्धव का अर्थ नियत हो गया है। अभिधा द्वारा जब कोई एक अर्थ नियत हो जाता है और फिर भी उस अर्थ से यदि दूसरा अर्थ प्रतीत होता तो वहाँ अभिधामूला-व्यंजना समझनी चाहिए। हम ऊपर देख आये हैं कि लक्षणा में एक प्रयोजन रहा करता है। प्रयोजन को व्यंग्य-अर्थ ही समझना चाहिए। क्योंकि प्रयोजन न तो वाच्य ही है और न लक्ष्य ही। इसलिये निश्चय ही किसी तीसरी शब्द-शक्ति का विषय है।

इस प्रयोजन की प्रतीति कराने वाली शक्ति को लक्षणामूला-व्यंजना कहते हैं। लक्षण-ग्रन्थों में बताया गया है कि अभिधा-मूला और लक्षणा-मूला शाब्दी-व्यंजनाओं के अतिरिक्त आर्थी-व्यंजना भी होती है। इन दोनों को शाब्दी-व्यंजना इसीलिए कहते हैं कि अभिधा-मूला तो अनेकार्थक शब्दों पर निर्भर है और लक्षणा-मूला लाक्षणिक शब्दों पर।

(२) आर्थी व्यंजना वहाँ होती है जहाँ निम्नलिखित १० बातों में से किसी एक या अधिक के वैशिष्ट्य से व्यंग्यार्थ की प्रतीति होती है। ये दस बातें ये हैं—(१) वक्ता या कहने वाला, (२) बोधव्य या सुनने वाला, (३) काकु या कंठध्वनि की विशिष्ट भंगी, (४) वाक्य, (५) वाच्य, (६) अन्य-सन्निधि अर्थात् कहने वाले और सुनने वाले के अतिरिक्त किसी तीसरे की उपस्थिति, (७) प्रकरण, (८) देश, (९) काल और (१०) चेष्टा। काव्य पढ़ने वाले को नित्य ही ऐसे प्रसंग मिलते रहते हैं जहाँ इन दसों में से किसी भी एक की विशिष्टता से और-का और अर्थ प्रतिभासित हो जाता है। सीता जी ने अयोध्या से जरा बाहर निकलते ही कहा—'पिय पर्णकुटी करिहौं कित ह्वै!' यहाँ वक्ता की विशिष्टता से तुरंत पता चल जाता है कि कभी घर से बाहर पैदल चलने का अभ्यास न होने से सीताजी थक गई हैं। यहाँ वक्ता की विशिष्टता से ही व्यंग्यार्थ की प्रतीति होती है।

अन्य-सन्निधि का भी एक उदाहरण लिया जाय। एक लड़की किसी लड़के से प्रेम करती है। उससे मिलने को व्याकुल है, पर उसे कोई खबर भी नहीं भिजवा सकती। अचानक एक दिन वह लड़का दिख गया, पर उस समय लड़की की सखी मौजूद थी।

लड़की ने होशियारी के साथ अपनी सखी से कहा—'क्या बताऊँ सखी, दिन भर काम में जुती रहती हूँ। सिर्फ शाम को थोड़ी फुरसत मिलती है तब कहीं नदी-किनारे पानी लाने जाती हूँ, पर उस समय कोई चिड़िया का पूत भी नहीं होता। क्या करूँ लाचार हूँ।' इस साधारण वाक्य का अर्थ उस लड़के के नजदीक रहने से यह हो जाता है कि तुम शाम को नदी किनारे मिलो। यह सब आर्थी-व्यंजना के उदाहरण हैं।

† २४. इस प्रकार शब्द तीन प्रकार के हुए—वाचक, लक्षक और व्यंजक। अर्थ भी तीन प्रकार के हुए—वाच्य, लक्ष्य और व्यंग्य। जब व्यंग्यार्थ का चमत्कार उतना शक्तिशाली हो वह वाच्यार्थ और लक्ष्यार्थ के चमत्कार को दबा दे तो उसे व्यंग्यार्थ की ध्वनि कहते हैं। इसी ध्वनि को उत्तम काव्य की आत्मा कहा गया है। जब उसका चमत्कार वाच्यार्थ या लक्ष्यार्थ से कुछ दबकर हो या बराबर-बराबर हो, काव्य मध्यम हो जाता है, और जब यह एकदम हो ही नहीं या अत्यन्त फीका हो तो काव्य अवर या चित्र कहा जाता है। व्यंग्य की प्रधानता ही काव्य की जान है।

पुराने आलंकारिक आचार्यों ने ध्वनि के अनेक भेद-उपभेद गिनाये हैं हमने पहले ही लक्ष्य किया है कि अन्यान्य शास्त्रकार अभिधा और लक्षणा के अतिरिक्त व्यंजनात्मक किसी तीसरी शक्ति को नहीं मानते (दे † २३)। वस्तुतः आलंकारिक पंडित भी व्यंजना के लिये मूल रूप से इन दो शक्तियों को आधार मानते ही हैं। इसीलिए ध्वनि तो लक्षणामूलक होती है या अभिधामूलक। लक्षणामूला-ध्वनि से वाच्यार्थ या तो दूसरे अर्थ में संक्रमित हो गया होता है या अत्यन्त तिरस्कृत होता है। वर्षाकाल में सीता के वियोग से अत्यन्त व्याकुल होकर रामचन्द्र ने कहा कि 'मैं राम हूँ, सब सह लूँगा। पर हाय जानकी कैसे सहेगी। इसमें 'राम' शब्द का अर्थ है नाना दुःखशोक को सहने वाला कठोर-हृदय व्यक्ति। यहाँ 'राम' शब्द 'क्रूर और कठोर हृदय' इस दूसरे अर्थ संक्रमित हो गया है। कभी-कभी वाच्यार्थ अत्यन्त तिरस्कृत होता है। जैसे कोई अपने शत्रु से कहे कि 'वाह, आपकी भलमनसाहत का क्या कहना!' तो भलमनसाहत का वाच्यार्थ एकदम छूटकर दुर्जनता अर्थ हो जायेगा और अत्यधिक अपकार करने की ध्वनि निकलेगी। इस प्रकार लक्षणामूला-ध्वनि या अर्थान्तर-संक्रमित-वाच्य होती है या अत्यन्त-विरस्कृत-वाच्य।

पर अभिधामूला-ध्वनि में वाच्यार्थ तिरस्कृत नहीं होता। यहाँ वाच्यार्थ विवक्षित या वांछित रहता अवश्य है, पर अन्यपरक हो जाता है। इसीलिये इसे 'विवक्षितान्यपर-वाच्य' जैसा लम्बा नाम दिया गया है। पंडितों ने इसके अनेक भेद-उपभेद किये हैं। मोटे-मोटे भेद भी अनेक हैं। पर मुख्य रूप से दो भाग हैं। कभी-कभी वाच्यार्थ और व्यंग्यार्थ का क्रम समझ में आ जाता है। उन स्थलों पर 'संलक्ष्यक्रम-व्यंग्य होता है, पर कहीं-कहीं उनको लक्ष्य करना कठिन है। उसे 'असंलक्ष्यक्रम-व्यंग्य' कहते हैं। यह अन्तिम भेद रस, भाव रसाभाव, भावादि में होता है। आगे की आलोचनाओं के लिए इतना जानना ही पर्याप्त है। विशेष जानकारी के लिये किसी लक्षण-ग्रन्थ को पढ़ना चाहिए।

२५. हम नीरस चर्चा में लगे हुए है। व्याकरण साहित्य का भी हो तो व्याकरण ही है, वह नीरस होगा ही। परन्तु अलङ्कार-शास्त्र के आचार्य व्याकरण लिखते समय भी कुछ सरसता जरूर बनाये रखते थे। भीतर से प्राय: सभी कवि थे। कविता उनकी दृष्टि में एक सुन्दरी स्त्री के समान है। हमने ऊपर देखा है कि उसकी आत्मा का नाम ध्वनि है। बहुत ठीक है। आत्मा का पता तो चल गया, परन्तु केवल आत्मा का तो कोई रूप नहीं हो। उस सुन्दर स्त्री के कुछ हाथ-पैर होंगे—इन सबके बिना सुन्दर रूप की कल्पना ही कैसे हो सकती है? सो, आलंकारिक पंडितों ने इन बातों को भी गिना दिया है :—शब्द और अर्थ ही उस कविता सुन्दरी के शरीर हैं; शब्दों और अर्थों के नाना प्रकार के हृदयग्राही कौशल जिन्हें साहित्यशास्त्र में 'अलङ्कार' कहा जाता है, वे ही कविता-सुन्दरी के गहने हैं; मधुरता आदि धर्म जिस प्रकार मनुष्य के गुण हैं, उसी प्रकार इस कविता-सुन्दरी के भी कुछ 'गुण' हैं। शास्त्र में उसका नाम भी 'गुण' दिया हुआ है। जिस प्रकार कानापन, लँगड़ापन, लूलापन आदि दोष मनुष्य के हुआ करते हैं उसी प्रकार शब्द और अर्थ का कानापन, लँगड़ापन भी हुआ करता है, कविता-सुन्दरी के ही दोष हैं। इस प्रकार यह कविता-सुन्दरी सब प्रकार से मनुष्य-जैसी ही है। जिस प्रकार कोई मानव-सुन्दरी सब प्रकार से मनुष्य-जैसी ही है। जिस प्रकार कोई मानव-सुन्दरी सब अलङ्कार पहन ले, परन्तु उसमे आत्मा हो नहीं तो वह भद्दी निर्जीव जड़-पिंड के सिवा और कुछ नहीं होती; उसी प्रकार जिस कविता में अलंङ्कार तो अनेक हों, पर ध्वनि हो ही नहीं, वह निर्जीव और भद्दी है।

लेकिन किसी में आत्मा हो किन्तु इसमें आत्मिक ज्योति न हो, केवल बनाव-सिंगार को, केवल बाहरी वस्तुओं को इतना महत्व दे रही है कि उसके भीतर की ज्योति दब गई हो; वह स्त्री यद्यपि सजीव कही जायेगी परन्तु उसे कोई अच्छी स्त्री नहीं कहेगा। उसी प्रकार कविता में यदि ध्वनि कमजोर हो और अलंकार ही प्रधान हो तो कविता मध्यम मानी जायेगी।

जिस प्रकार बिना गहने के भी शौर्य-माधुर्यवती और सती-साध्वी स्त्री सब की श्रद्धा आकृष्ट करती है, उसी प्रकार कविता भी यदि उत्तम ध्वनि वाली हो उसमें एक भी अलंकार न हो तो भी सहृदयों की श्रद्धा आकृष्ट करती है। जिस प्रकार हम उस स्त्री को भक्तिपूर्वक स्मरण करते हैं जो सीधी-सादी साफ हो और देश पतनोन्मुख युवक-युवतियों को अपनी तेजोमयी वाणी से आत्म-त्याग और बलिदान का मार्ग दिखाती हो, उसी प्रकार हम उस कविता को भक्तिपूर्वक स्मरण करते हैं जो सहज और सीधी होती है और हमें आत्म-त्याग और बलिदान का मार्ग सिखाती है। भोग और पतन की ओर ले जाने वाली कविता भी उत्तम नहीं है और स्त्री भी नहीं। स्त्री जिस प्रकार संसार की त्राणकारिणी है, स्थित-रक्षिका है, धर्म है, धर्म और त्याग की मार्ग-दर्शिका है, सेवा और बलिदान की शिक्षा-दात्री है, उसी प्रकार कविता भी है। जिस प्रकार निर्जीव आदमी में कोई गुण नहीं रह सकता क्योंकि शूरता, मधुरता आदि गुण आत्मा में रहते हैं; उसी प्रकार निर्जीव ध्वनि-हीन कविता में कोई गुण नहीं होते। जिस प्रकार गहने बाहरी चीज हैं उसी प्रकार काव्य में अलंकार भी बाह्य वस्तुएँ हैं।

† २६. 'काव्य की आत्मा ध्वनि है' यह सिद्धान्त यद्यपि काफी पुराना है, परन्तु फिर भी बहुत पुराना नहीं कहा जा सकता। जिन दिनों यह सिद्धान्त प्रतिष्ठालाभ करने लगा था, उन दिनों काव्य नाम से ऐसी बहुत-सी बातें परिचित हो चुकी थीं जिन्हें इस सिद्धान्त के माननेवालों को छोड़ देना पड़ता। ध्वनि के सिद्धान्त को मानने वालों ने बहुतेरी बातों को उत्तम काव्य मानने से इनकार कर दिया पर बहुत-कुछ को उन्होंने स्वीकार भी किया। ध्वनि को ही उन्होंने तीन श्रेणियों में विभक्त किया—(१) वस्तु-ध्वनि, (२) अलंकार ध्वनि और (३) रस-ध्वनि। जहाँ कोई वस्तु या अर्थ ध्वनित होता हो वहाँ 'वस्तु-ध्वनि', जहाँ कोई अलंकार ध्वनित हो वहाँ अलंकार-ध्वनि' और जहाँ कोई रस ध्वनित हो वहाँ 'रस-ध्वनि'। ऐसा जान पड़ता है कि व्यवहार में ये सभी ध्वनिवादी रस-ध्वनि को ही काव्य ही आत्मा मानते थे। प्रथम दो प्रकार की ध्वनियाँ प्राचीन आचार्यों से समझौता करने के लिए मान ली गई थीं। रस को उत्तम ध्वनि तो माना ही गया है, विश्वनाथ नामक आचार्य ने तो रसात्मक वाक्य को काव्य कहा है अर्थात् उनके मत से काव्य की आत्मा रस है, बाकी दो ध्वनियाँ नहीं। हमने दूसरी पुस्तक में यह दिखाने का प्रयत्न किया है कि जब ध्वनिवादी आचार्य ध्वनि को काव्य की आत्मा कहते हैं तो वस्तुत: उनका अभिप्राय रस-ध्वनि से ही होता है।

† २७. रस नौ हैं। नाटक में आठ ही रस बताये गये हैं। भरत मुनि ने अपने नाट्य-शास्त्र में कहा है कि 'विभाव, अनुभाव और संचारी भाव के योग से रस की निष्पत्ति होती है।' यह बात सूत्र-रूप में कही गई है। इसके प्रत्येक शब्द की व्याख्या आवश्यक है।

(१) विभाव दो प्रकार के होते हैं—आलम्बन और उद्दीपन। आलम्बन जैसे नायक और नायिका; उद्दीपन जैसे चाँदनी, उद्यान, मलयपर्वत इत्यादि। (२) कटाक्ष, रोमांच आदि शरीर संबंधी विकारों को अनुभाव कहते हैं। (३) संचारी भाव वे हैं जो मन में उठते-पड़ते हैं और आते-जाते हैं। शास्त्रकारों ने बताया है कि संचारी-भाव कुल तैंतीस हैं। (४) काव्य या नाटक में कुछ ऐसे भाव होते हैं जो शुरू से अन्त तक रहते हैं, इनको स्थायी-भाव कहते हैं। ये ही स्थायी-भाव रस-रूप में परिणत होते हैं। नौ रसों के स्थायीभाव भी नौ हैं—

रस	**स्थायी-भाव**	**रस**	**स्थायी-भाव**
शृङ्गार	रति या लगन	वीर	उत्साह
हास्य	हास	भयानक	भय
करुण	शोक	वीभत्स	जुगुप्सा
रौद्र	क्रोध	अद्‌भुत	विस्मय
		शान्त	निर्वेद

† २८. नाटक में शांत को रस नहीं मानते। अब हम भरत मुनि के सूत्र को समझ सकते हैं। उसमें जो अनुभाव, विभाव और संचारी-भाव शब्द हैं उनके अर्थ हमें मालूम हो गये। बाकी रहा 'निष्पत्ति' शब्द। इस निष्पत्ति का क्या अर्थ है? हमने ऊपर लक्ष्य

किया है कि काव्य या नाटक में कोई एक स्थायी-भाव जरूर रहता है जो शुरू से आखिर तक बना रहता है। हमने ऊपर यह भी लक्ष्य किया है कि नायक-नायिका आदि को आलम्बन कहा जाता है। वस्तुत: यों कहना चाहिए कि जब नायिका के चित्त में प्रेम का प्रादुर्भाव होता है तो आलम्बन नायक होता है, और जब नायक के चित्त में प्रेम का प्रादुर्भाव होता है तो आलम्बन नायिका होती है। जिसके चित्त में प्रेमभाव आविर्भूत होता है वह आश्रय कहा जाता है। तो स्थायी-भाव आश्रय के चित्त में आलम्बन के सहारे प्रवृत्त होता है और उद्दीपन द्वारा उद्दीप्त होता है।

इस प्रकार उद्दीपित किये जाने के बाद आश्रय के शरीर में कुछ विकार होते हैं, वे अनुभाव कहे जाते हैं। स्थायी-भाव आदि से अन्त तक वर्तमान रहता है पर बीच में कभी शंका, कभी असूया, कभी लज्जा, कभी भय आदि संचारी-भाव आते-जाते रहते हैं। नाट्य-शास्त्र में बताया गया है कि स्थायी ही राजा है, अन्यान्य भाव उसके सेवक हैं। उसी शास्त्र में यह भी बताया गया है जिस प्रकार गुड़ आदि द्रव्य, सौंफ आदि मसाले वगैरह के संयोग में छ: रस निष्पन्न होते हैं उसी प्रकार नाना भावों से उपहित स्थायी-भाव रसत्व को प्राप्त होता है।

जान पड़ता है कि स्वयं भरत मुनि निष्पत्ति शब्द का अर्थ आस्वाद ही समझते थे। उन्होंने अनेक बार भोज्य वस्तु के रस के साथ उसकी तुलना की है। अब ध्यान से विचार कर देखा जाय कि नींबू, चीनी आदि के संयोग से शर्बत का जो आस्वाद होता है वह न तो नींबू ही है न चीनी ही, न पानी है, न इन सबका योगफल ही है और न इसके बिना रह ही सकता है। वह रस इन सब से भिन्न है और फिर भी इन्हीं वस्तुओं से निष्पन्न या अभिव्यक्त हुआ है। ठीक इसी प्रकार विभाव-अनुभाव आदि के योग से जो रस निष्पन्न होता है वह न तो विभाव ही है, न अनुभाव ही है, न संचारी-भाव ही है, न स्थायी-भाव ही है, न इन सब का योगफल ही है और न इसके बिना रह सकता है। यह रस भी इन सब वस्तुओं से भिन्न है और फिर भी इन्हीं से निष्पन्न हुआ है। इसीलिये कवि का उद्देश्य इन सभी वस्तुओं का सूक्ष्म रूप से वर्णन करना नहीं है, बल्कि इन सारी बातों को साधन बनाकर उस अलौकिक चमत्कार वाले रस को व्यंग्य करना है।

ऊपर के कथन का स्पष्ट अर्थ यह हुआ कि रस के साथ विभाव, अनुभाव आदि का सम्बन्ध व्यंग्य व्यंजक संबंध है। अर्थात् विभाव, अनुभाव आदि व्यंजक हैं और रस व्यंग्य है।

† २९. नाटक देखने वाले या काव्य सुनने वाले सहृदय के चित्त में स्थायी-भाव नाना प्रकार के पूर्व अनुभवों के कारण पहले से ही वासना-रूप में स्थित होता है। काव्य, नाटक आदि से वह स्थायीभाव (रति आदि) उद्‌बुद्ध और आस्वादित होता है। काव्य में एक ऐसी साधारणीकरण की शक्ति होती है जो राम में से रामत्व, सीता मे से सीतात्व और सहृदय श्रोता में से श्रोतृत्व आदि हटाकर साधारण स्त्री-पुरुष के रूप में उन्हें उपस्थित करती है। जब काव्यार्थ इस प्रकार उपस्थित होता है तो उसके

फलस्वरूप सत्त्वगुण का उद्रेक होता है—मनुष्य दुनिया की संकीर्णता से ऊपर उठता है, उसका चित्त प्रकाशमय और आनन्दमय हो जाता है। प्रकाश और आनन्द सत्त्वगुण के ही धर्म कहे जाते हैं, इसलिए जिस अवस्था में मनुष्य छोटे-मोटे स्वार्थ के अन्धकार से बाहर निकल आता है, संकीर्णता के भाव से हल्का हो जाता है और एक आनन्द की अवस्था में आ जाता है, उस समय सत्त्वगुण का उद्रेक हुआ रहता है।

रस की अनुभूति के समय ऐसा ही होता है। रस विश्वजनीन होता है। उसमें कोई वैयक्तिक राग-द्वेष नहीं होता। रस-बोध के समय सहृदय विभावों के साथ अपना अभेद अनुभव करता है। अभेद की अनुभूति में कोई आधा पड़े तो रसानुभव असम्भव हो जाता है। वह लौकिक भय-प्रीतिजनक व्यापारों से भिन्न होता है, क्योंकि उसमें व्यक्तिगत सुख-दुःख का स्वार्थ नहीं होता। लोक में एक स्त्री एक पुरुष के प्रति जब अभिलाषा प्रकट करती है तो उस अभिलाषा में व्यक्तिगत सुख-दुःख का भाव रहता है, पर काव्य में जब यह बात होती है तो कवि का शब्द-विन्यास मनुष्य को एक ऐसी अवस्था में पहुँचा देता है जहाँ वैयक्तिक सुख-दुःख का भाव नहीं रहता। वहाँ सहृदय एक निर्वैयक्तिक अलौकिक आनन्द का अनुभव करता रहता है। यहाँ आनंद उस आनंद के समान ही है जो योगियों को अनुभव होता है। यद्यपि अपने ही चित्त का पुनः पुनः अनुभूत स्थायी-भाव अपने आकार के समान ही अभिन्न है, तथापि काव्य-नैपुण्य से वह गोचर किया जाता है, आस्वादन ही इसका प्राण है विभावादि के रहने पर ही यह रहता है, नाना प्रकार के मीठे-खट्टे पदार्थों से बने हुए शरबत की भाँति यह आस्वादित होता है, मानो सामने परिस्फुटित होता हुआ, हृदय में प्रवेश करता हुआ, सर्वाङ्ग को आलिंगन करता है, अन्यत्व को तिरोहित करता हुआ ब्रह्मानंद को अनुभव कराने वाला यह रस अलौकिक चमत्कारकारी है—ऐसा शास्त्रकारों का मत है।

जो बात इस प्रसंग में विशेष रूप से लक्ष्य करने की है वह यह है कि (१) रस व्यंग्य होता है, वाच्य नहीं; (२) रस निर्वैयक्तिक और अलौकिक होता है; (३) रस आस्वादयिता के बाहर नहीं होता, और इन्हीं बातों के कारण यदि (४) कोई कवि रस को वाच्य करे या वैयक्तिक आसक्ति का कारण बना दे तो वह कवित्व से हीन समझा जाना चाहिये।[१]

† ३०. यदि हम रस के विभाग को ध्यान से देखें तो स्पष्ट ही मालमू होगा कि वे मनुष्य के मनोरागों को आश्रय करके और उसी के मनोरागों को अवलंबन करके कल्पित किये गये हैं। पुरुष और स्त्री में जो प्रेम है उसको आश्रय करके ही शृङ्गार रस है, परन्तु पुरुष का प्रेम यदि किसी देवता से होगा, प्रकृति से हो तो वह कौन-सा रस होगा? पुराने आचार्य इसे रस नहीं भाव कहते थे। सो देवादि-विषयक प्रेम को 'भाव' नाम दिया गया

---

१. रस के बारे में कुछ और विस्तृत चर्चा के लिये आगे 'रस का व्यावहारिक अर्थ' लेख देखिए † १२१ और † १२२।

है। बीच में एक ऐसा समय आ गया है जब प्रेम के नाम पर केवल पुरुष और स्त्री के प्रेम का ही चित्रण किया गया है। प्रकृति को या उन प्राकृतिक शक्तियों को जिन्हें देवता कहा गया था, जैसे मेघ, विद्युत, उषा, सूर्य, चन्द्र आदि—केवल उद्दीपन के रूप में वर्णन किया गया था।

हम आगे देखेंगे († ५०-५१) कि वह प्रवृत्ति इन दिनों कम हो गई है और कवि लोग प्रकृति को आलंबन-विभाव के रूप में यथेष्ट भाव से देखने लगे हैं। परन्तु रस को मानवीय मनोरागों पर आश्रित समझने का एक परिणाम यह हुआ कि मनुष्य की प्रकृति का खूब सुन्दर विश्लेषण किया गया है। नायक कितने प्रकार के हो सकते हैं, नायिकायें कितने प्रकार की हो सकती हैं, उनकी परिचारिकायें कितनी तरह की हो सकती हैं, इन बातों का बड़ा विस्तृत विवेचन किया गया है। स्त्रियों का उनकी अवस्था, वय, मनोभाव और सामाजिक परिस्थितियों के आधार पर सूक्ष्म भेद किया गया है। यहीं से उन विचित्र और शक्तिशाली साहित्य का आरंभ होता है जिसे नायिका-भेद कहते हैं।

इन नायिकाओं के स्वाभाविक और अयत्नसाध्य अलंकारों का विस्तृत विवेचन किया गया है। इस प्रसंग में लक्ष्य करने की बात यह है कि यद्यपि स्त्री और पुरुष के स्वाभाविक प्रेम की व्यंजना में रसानुभूति होती है, तथापि यह माना गया है कि यदि यह प्रेम ऐसे पुरुष और स्त्री के बीच हो जिनका संबंध सामाजिक मर्यादा के प्रतिकूल हो, या एकतरफा हो तो 'रस' न होकर रसाभास हो जाता है। पराई स्त्री से जो प्रेम है वह सामाजिक मर्यादा का उल्लंघन करता है, उसके श्रवण मात्र से सहृदय के चित्त में विक्षेप होता है और रसानुभूति में बाधा पहुँचती है। आचार्यों ने पशु-पक्षियों की शृङ्गार-चेष्टाओं को भी रसाभाव ही कहा है, क्योंकि पशु-पक्षी आदि के साथ सहृदय अपने को अभिन्न नहीं समझ पाता। परवर्ती कवियों ने ऐसे प्रसंगों का भी यथेष्ट वर्णन किया है, पर है यह रसाभास ही। इस प्रकार 'भाव' भी जब अनुचित होता है तो भावाभास कहा जाता है।

कभी-कभी ऐसा भी हेता है कि एक दूसरे का अंग होकर केवल मुख्य रस को अलंकृत करने के लिये आता है। उस अवस्था में अंग बना हुआ 'रस' रस के बदले 'रसवत्' कहा जाता है। जैसे कोई शोकाभिभूत स्त्री अपने मृत पति के हाथ को लेकर कहे कि यही वह हाथ है जिसने अमुक-अमुक शृङ्गार-चेष्टायें की थीं तो शृङ्गार-रस करुण रस का अलंकरण होकर 'रसवत्' कहा जायेगा।

† ३१. व्यावहारिक जगत् की भीड़-भक्कड़ के कारण साधारणतः मनुष्य की संवेदनायें भोथी हो गयी होती हैं। प्रत्येक वस्तु का ठीक-ठीक बिंब ग्रहण करना उसके लिये संभव नहीं होता। दुनिया की अधिकांश बातें साधारणतः सामान्य सत्य द्वारा ही प्रकट की जाती हैं। कवि जब किसी वस्तु को रसास्वाद का साधन बताता है तो उस सामान्य सत्य से उसका काम नहीं चलता। वह उसको निविड़भाव से अनुभव करना चाहता है। भाषा के साधारण प्रयोग से उसका उद्देश्य सिद्ध नहीं होता। उस हालत में

वह अलंकारों का आश्रय लेता है। वह शब्दों में झंकार पैदा करता है। ध्वनि-साम्य श्रोता का मन गलाता है और अपने वक्तव्य की ओर उसे उत्सुक बना देता है। इसी को शब्दालंकार कहते हैं। परन्तु केवल शब्दालंकार से भी कवि का उद्देश्य सिद्ध नहीं होता। शब्दालंकार पाठक को उत्सुक बनाते हैं और साधारण-सी बात को असाधारण के समान बनाकर उपस्थित करते हैं। ''भौंरे जगह-जगह आम के बौरों की ओर लपक रहे हैं'' यह एक मामूली-सी खबर है, लेकिन ''ठौर-ठौर झम्पत झपत भौर मौर मधु अंध'' शब्दों में जो झंकार है, उसने उसे मामूली से बड़ा बनाकर श्रोता के सामने रखा है।

† ३२. परन्तु कवि जब वक्तव्य-वस्तु के किसी गुण-क्रिया या रूप की गाढ़ भाव से अनुभव कराना चाहता है तो वह 'अप्रस्तुत' का विधान करता है। अप्रस्तुत अर्थात् अप्रासंगिक। जो बात प्रासंगिक नहीं होती उसे कौशल-पूर्वक ले आकर कवि अपना उद्देश्य सिद्ध करता है। 'मुख सुन्दर है' इतना कहने से मुख की कोई विशेषता नहीं मालूम हुई। सुन्दर एक सामान्य बात है। सैकड़ों वस्तुओं को हम सुन्दर कहा करते हैं। अब मुख कैसा सुन्दर है?—हमारी यह जिज्ञासा बनी ही रहती है। इस विशेषता को अनुभव कराने के लिए कवि कहता है, 'मुख प्रफुल्ल कमल के समान सुन्दर है' प्रफुल्ल कमल का कोई प्रसंग नहीं है, प्रस्ताव तो मुख का चल रहा था। इसीलिये प्रस्तुत (= प्रस्तावित) विषय तो सुख ही है, कमल अप्रस्तुत वस्तु है। वह मुख के विशेषत्व को गाढ़-भाव से अनुभव करा देने के लिये आया है।

साहित्य-शास्त्री इस बात को अनेकानेक भेद करके समझाते हैं। अप्रस्तुत का विधान अर्थालङ्कारों में होता है। उसमें भी अधिकतर सादृश्य बताने वाले अर्थालंकारों में। जैसे शब्दों के अलंकार श्रोता को वक्तव्य की ओर उत्सुक बनाते हैं, वैसे ही अर्थों के अलंकार उस वक्तव्य को गाढ़-भाव से अनुभव करने में सहायक होते हैं। ये अर्थालांकार नाना प्रकार के हैं। कुछ सादृश्यमूलक हैं, कुछ विरोधमूलक हैं, शृंखलामूलक हैं, कुछ न्यायमूलक हैं और कुछ गूढ़ार्थ-प्रतीति मूलक हैं। किसी भी अलङ्कार-ग्रन्थ में उन्हें खोज लिया जा सकता है।

† ३३. सबसे मुख्य हैं सादृश्यमूलक अलङ्कार। इनमें कुछ अभिधामूलक हैं, कुछ लक्षणामूलक हैं और कुछ व्यंजनामूलक हैं। अभिधामूलक अलङ्कारों में भेद और अभेद दोनों की प्रधानता होती है। जब कहा जाता है कि मुख कमल के समान सुन्दर है तो स्पष्ट ही मुख और कमल को भिन्न-भिन्न माना जाता है; यद्यपि सुन्दरता दोनों में एक ही है। अर्थात् जहाँ तक सुन्दरता का संबंध है दोनों मे कोई भेद नहीं है। इस प्रकार अभिधामूलक अलङ्कारों में भेद और अभेद दोनों की प्रधानता होती है। लक्षणामूलक अलङ्कार अभेदप्रधान होते हैं। जब कवि कहता है कि मुख-कमल से निःश्वास-सुरभि निकल रही है तो मुख और कमल को अभिन्न मान लेता है। मुख और कमल दो चीजे हैं। उसमें अभेद लक्षण द्वारा आता है। व्यंजनामूलक अलङ्कारों से सादृश्य व्यंग्य होता है। जब कहा जाता है कि जो ऋषि इस बालक में तप कराना चाहता है वह कमल की

पंखड़ी की धार से बबूल का पेड़ काटना चाहता है, तो कमल की पंखड़ी और बालिका में तथा बबूल के पेड़ और तप में जो सादृश्य है वह व्यंग्य होता है।

इस प्रकार अप्रस्तुत का विधान तीन प्रकार का हुआ :—(१) अभिधामूलक या भेदाभेद-प्रधान, (२) लक्षणामूलक या अभेद-प्रधान और (३) व्यंजना-मूलक या गम्योपगम्याश्रय।* इन तीनों ही प्रकार के अप्रस्तुत विधानों से कवि वक्तव्य के रूप, गुण

---

* कुछ मुख्य अलङ्कारों का वर्गीकरण इस प्रकार हो सकता है :—

अर्थालंकार—१. सादृश्यगर्भ
२. विरोधगर्भ
३. शृखंलामूल
४. न्यायमूल
५. गूढार्थ-प्रतीतिमूल

१. सादृश्यगर्भ-अलंकार

(क) भेदाभेद-प्रधान—
उपमा (१)
उपमेयोपमा (२)
अनन्वय (३)
स्मरण (४)

(ख) अभेद-प्रधान—
(i) आरोपमूल—
रूपक (५)
संदेह (६)
उल्लेख (७)
भ्रान्तिमान् (८)
अपह्नुति (९)
(ii) अध्यवसायमूल
उत्प्रेक्षा (१०)
अतिशयोक्ति (११)

(ग) गम्यौपगम्याश्रय—
(i) पदार्थगत:
दीपक (१२)
तुल्ययोगिता (१३)

(iv) विश्लेषण-विच्छित्ति मूलम :—
समासोक्ति (१९)
परिकर (२०)
(v) विशेषण-विंशेष्य विच्छित्याश्रय :—
शेष (२१)

२. विरोधगर्भ—
विरोधाभास (२२)
विभावना (२३)
विशेषोक्ति (२४)
विषम (२५)
अधिक (२६)
असंगति (२७)

३. शृंखलामूल—
कारणमाला (२८)
एकावली (२९)
सार (३०)

४. न्यायमूल—
अर्थान्तरन्यास (३१)
काव्यलिंग (३२)
अप्रस्तुत-प्रशंसा (३३)

या क्रिया को गाढ़ भाव से अनुभव कराता है। यदि वह अप्रस्तुत विधान करे भी किन्तु वक्तव्य वस्तु के रूप, गुण या क्रिया को गाढ़ भाव से अनुभव न करा सके तो अप्रस्तुत विधान गलत और बेकार होगा।

† ३४. भारतवर्ष का अलंकार-शास्त्र बहुत सूक्ष्म और गहन है। संसार के किसी देश ने ऐसा सुन्दर काव्य-विवेचन नहीं लिखा। हिन्दी में उस शास्त्र के नाना अंग पर अनेक पुस्तकें लिखी गई हैं; इसलिए हम यहाँ उन्हें तूल नहीं देना चाहते। अपने पाठक को यह स्मरण दिला देना चाहते हैं कि यह एक सावधानी के साथ, अनेक तर्क-युक्तियों से परिमार्जित विचार-शास्त्र है। काव्य की विवेचना करते समय इसकी मर्यादा का सदा ध्यान रखना चाहिए।

(ii) वाक्यार्थगत :—
- दृष्टान्त (१४)
- प्रतिवस्तूपमा (१५)
- निदर्शना (१६)

(iii) भेद प्रधान—
- व्यतिरेक (१७)
- सहोक्ति (१८)

- अर्थापत्ति (३४)
- उदात्त (३५)
- परिवृत्त (३६)

५. **गूढ़ार्थ प्रतीतमूल—**
- वक्रोक्ति (३७)
- व्याजस्तुति (३८)
- भाविक (३९)

६.

कविता

† ३५. अभी हम कविता की परिभाषा बनाने के फेर में नहीं पड़ेंगे। साहित्य का व्याकरण पढ़ते-पढ़ते हमने कविता के बारे में भी थोड़ा पढ़ लिया है :—पंडितों ने नाना भाव से कविता की परिभाषा करने का प्रयत्न किया है। पर ऐसा बराबर हुआ है कि परवर्ती काल के पंडित उन परिभाषाओं को काट कर नयी परिभाषायें बनाते रहे हैं। असल बात यह है कि काव्य अनुभव करने की चीज है। परिभाषा में उसे बांधना कठिन है। पुराने आचार्यों ने गद्य और पद्य दोनों में काव्यत्व माना है, किसी-किसी ने तो गद्य को ही कवियों की कसौटी कहा है। गद्य के विषय में विचार करने का अवसर हमें अन्यत्र मिलेगा। यहाँ पद्यबद्ध काव्य पर ही विचार किया जाय। साधारणत: 'कविता' कहने से पद्यबद्ध रचना ही समझी जाती है। परन्तु, साधारण बात-चीत में भी जब कोई वक्ता, भावावेग-पूर्वक, शब्दों में लालित्य लाकर और सरस बनाकर उड़ती-उड़ती बातें करने लगता है तो लोग कहने लगते हैं—अब इनकी कविता शुरू हुई या 'कविता रहने दीजिये, कुछ काम को बातें कीजिये।'

यदि हम ध्यान से इन बातों पर विचार करें तो जान पड़ेगा कि भावावेग, कल्पना और पद-लालित्य को कविता कहा जाता है। साधारण बात-चीत में यह भी प्रकट होता है कि कविता काम की चीज नहीं है, वह केवल कल्पना का विलास है! यह बात ज्यों-की-त्यों नही मानी जा सकती, क्योंकि साधारण बुद्धि के आदमी जिसे काम की चीज कहते हैं उसकी सीमा बहुत संकीर्ण होती है। पर इतना सत्य है कि कविता का क्षेत्र वहाँ से आरम्भ होता है जहाँ दुनियाबी प्रयोजन की सीमा समाप्त हो जाती है। इसका मतलब यह नहीं कि कविता निष्प्रयोजन वस्तु है। इसका मतलब यह नहीं कि कविता निष्प्रयोजन वस्तु है। इसका मतलब सिर्फ यह है कि कविता उस आनंद का प्रकाश है जो प्रयोजन की संकीर्ण सीमा के अतिरिक्त होता है। वह प्रयोजन को छोड़कर नहीं रह सकता पर प्रयोजन के अतिरिक्त है।

लोक में प्रसिद्ध है 'घी का लड्डू टेढ़ा भी भला होता है, क्योंकि जहाँ तक लड्डू का प्रयोजन है—अर्थात् उसकी मिठास, उसके पेट भरने वाले गुण इत्यादि का संबंध है—वहाँ तक उसके गोल या अन्य सुन्दर आकार में ढलने की कोई जरूरत नहीं। प्रयोजन टेढ़े से भी सिद्ध हो जाता है, फिर भी हलवाई उसे गोल और सुन्दर बनाने का प्रयत्न करता है। यह बात प्रयोजन के अतिरिक्त है, यहाँ वह कला और आनन्द के क्षेत्र

में आता है। प्रश्न हो सकता है कि क्या आनन्द या सौंदर्यानुभूति का मनुष्य को कोई प्रयोजन ही नहीं है, क्या ये बेकार बातें हैं?—हर्गिज नहीं। आनन्द भी प्रयोजनीय है। पर जैसा कि मैंने शुरू में ही कहा है साधारण बुद्धि के आदमी प्रयोजन का अर्थ बहुत संकीर्ण समझते हैं। यहाँ हम साधारण लोक-विश्वास की चर्चा कर रहे हैं। ये बातें कविता की परिभाषा नहीं हैं, इनसे केवल इतना ही समझा जा सकता है कि साधारण बुद्धि के आदमियों में 'कविता' शब्द का क्या अर्थ समझा जाता है। परन्तु चूँकि साधारण जनता का विश्वास किसी-न-किसी सच्चाई पर आश्रित होता है इसलिए इस विश्वास के सहारे हम कविता के मूल रूप का आभास पाने का भी प्रयत्न कर रहे हैं सो, कविता का लोक-प्रचलित अर्थ वह वाक्य है जिसमें भावावेग हो, कल्पना हो, पद-लालित्य हो और प्रयोजन की सीमा समाप्त हो चुकी हो।

† ३६. हमारे इस देश का इतिहास बहुत पुराना है। न जाने किस अनादि काल से हमारे पूर्वज इन विषयों की चर्चा करते रहे हैं। इन्होंने काव्य को समझाने के अनेक रास्ते सुझाये हैं। परन्तु जैसे-जैसे समाज में नये-नये उपादान के साथ मनुष्य की कल्पना और भाव-प्रवणता भी नया-नया रूप धारण करती गई। जिन विद्वानों ने इस देश के साहित्य का अध्ययन किया है उनमें से कई लोगों का अनुमान है कि शुरू-शुरू में नाटक के प्रसंग में ही रस की चर्चा होती थी। अर्थात् 'रस' की उपयोगिता नाटक के क्षेत्र में ही स्वीकार की जाती थी, काव्य में अलंकारों का होना परम आवश्यक समझा जाता था। इस मत को सर्वांश में सत्य नहीं माना जा सकता तो इतना सही है कि काव्य में चमत्कार को बड़ी चीज माना जाता था।

मैंने अपनी दूसरी पुस्तक में इस विषय की विस्तृत आलोचना की है। यहाँ इतना ही प्रसंग है कि काव्य में उत्तम उक्तियों और अलंकारों का होना आवश्यक माना जाता था। परन्तु शीघ्र ही आचार्यों ने इस मत में सुधार किया। वे कहने लगे कि शब्द और अर्थ की परस्पर स्पर्द्धी चारुता के साहित्य (अर्थात् सम्मिलित भाव) को काव्य कहते हैं। फिर ध्वनि का संप्रदाय प्रबल हुआ। ध्वनि को ही काव्य की आत्मा बताया गया। मम्मट नाम के प्रसिद्ध ध्वनिवादी आचार्य ने और भी आगे बढ़कर कहा है कि वे ही शब्द और अर्थ काव्य हो सकते हैं जो दोष-रहित हों, गुणयुक्त हों और कुछ अलंकार हों या न हों कोई बात नहीं। अब, गुण रस के उत्कर्ष-विधायक होते हैं सो, काव्य में गुण का होना आवश्यक मानकर मम्मट ने वस्तुतः रस को आवश्यक बताया। सो, ध्वनि को काव्य की आत्मा मानकर भी उन्होंने वस्तुतः रस को ही अपनी आत्मा कहा। इसी बात को विश्वनाथ नाम के आचार्य ने यों कहा कि 'रसात्मक वाक्य ही काव्य है, सो धीरे-धीरे इस देश में रस को ही काव्य का प्रधान वस्तु मान लिया गया।

यह रस मुँह से कहकर नहीं प्रकट किया जाता बल्कि नाना भाव से छंद के संयोग से, अलंकार की सहायता से, व्याकरण के भीतर से, और इसी प्रकार के नाना इशारों से—ध्वनित किया जाता है। किसी लड़की ने यदि यह कह दिया कि 'मेरा प्रिय इस ओर आया है इसलिए मैं बहुत खुश हूँ, तो यह एक व्यक्तिगत संवाद मात्र है और सो

भी इतना मामूली कि कोई मामूली-से-मामूली अखबार भी इसे नहीं छापना चाहेगा। परन्तु यदि उसने कहा—

नाचि अचानक हूँ उठे बिनु पावस वन मोर।
जानत हौं नंदित करी यहि दिसि नंद किशोर॥'

तो यह एक उत्तम कविता हो जायेगी। क्योंकि उपमा के भीतर से, लक्षणा के भीतर से और समस्तपद-योजना के भीतर से एक ऐसा रस ध्वनित हुआ है, जो किसी एक का व्यक्तिगत प्रेम न होकर समस्त मानव-जाति के मनोराग को प्रकट करता है।

† ३७. कविता क्या है, यह समझने के पहले, कविता क्या नहीं है, यह समझ लेना ज्यादा अच्छा है, क्योंकि उस हालत में हम कविता के लक्षण को आसानी से परीक्षा की कसौटी पर कस सकते हैं। हमने पहले ही लक्ष्य किया है कि कविता कहते ही हमारे मन में सबसे पहली बात यह आती है कि वह पद्य है। परन्तु पद्य में ऐसी बहुत-सी बातें हो सकती हैं जो किसी प्रकार कविता नहीं कही जा सकतीं। पद्य में ज्योतिष और वैद्यक की पुस्तकें भी लिखी गई हैं परन्तु उन्हें कोई कविता नहीं कहता। पद्य में लिखे जाने मात्र से कोई चीज कविता नहीं हो सकती। बहुत से शास्त्र ऐसे हैं जो कविता नहीं परन्तु वे जीवन को समझने के उत्तम साधन हैं। विज्ञान काव्य नहीं है। दर्शन भी काव्य नहीं है, इतिहास काव्य नहीं है और पुराण भी काव्य नहीं है। काव्य की अधिकांश व्याख्यायें इन शास्त्रों के आधार पर की गई हैं, परन्तु ये सभी शास्त्र अकेले-अकेले और मिलकर भी कविता या काव्य नहीं कहे जा सकते।

(१) विज्ञान तथ्य की जानकारी पर आश्रित होता है। वैज्ञानिक का काम यह है कि वह वस्तुओं को उस रूप में ही अध्ययन करे जिस रूप में वे हैं। वह उन वस्तुओं का विश्लेषण करता है, परीक्षा करता है और अन्त में नाना वस्तुओं के विश्लेषण और परीक्षण के बाद उसके सामान्य धर्मों का पता लगाता है। इस प्रकार विज्ञान तथ्यों के भीतर से उनके सामान्य धर्मों का पता लगाता है, फिर उन सामान्य धर्मों में भी सामान्यता खोजता है—इस प्रकार वह जागतिक प्रपंच के भीतर के सामान्य सत्यम या 'ऐक्य' खोज निकालता है। इस प्रकार विज्ञान भौतिक जगत् के कारण, कार्य और सामान्य धर्म के अध्ययन के द्वारा इस जगत् की एक युक्तिसंगत और बुद्धिगम्य व्याख्या उपस्थित करता है। काव्य ऐसा नहीं करता। वह कार्य कारण-परम्परा की खोज में सिर नहीं खपाता, और फिर भी इस जगत् के अन्तर्निहित सत्य को उससे समझा जा सकता है। विज्ञान काव्य नहीं है।

(२) तत्व-मीमांसा या फिलासफी भी काव्य नहीं है, क्योंकि उसका प्रधान उत्स है संदेह। तत्व-मीमांसा जगत् की प्रत्येक वस्तु को जैसा है वैसा ही नहीं मानता। वह प्रत्येक वस्तु को संदेह की दृष्टि से देखता है। जो कुछ दिख रहा है उसके पीछे कोई रहस्य है, जैसा कुछ दिख रहा है। वही चरम सत्य नहीं है, इस पर्दे के पीछे कोई और व्यापार है। उस बात को दार्शनिक अपनी सहज बुद्धि से समझता है, विज्ञान उसका साधन हो सकता है, परन्तु वह विज्ञान को ज्यों-का-त्यों नहीं मान लेता। वैज्ञानिक और

दार्शनिक निरीक्षा-पद्धतियों में विशेष अन्तर यह है कि वैज्ञानिक कुछ भी पहले से नहीं मान लेता। वस्तुओं का स्वभाव अध्ययन करते-करते वह सामान्य सत्य तक पहुँचने का प्रयास करता है। जहाँ अपने अध्ययन में बाधा पाता है वहाँ रुक जाता है और स्पष्ट रूप से घोषणा करता है कि अब इसके आगे विज्ञान की गति बाधित है। दार्शनिक कहीं नहीं रुकता, उसको अपनी सहज-बुद्धि से निर्णीत सत्य ही मार्ग दिखाता है। जहाँ विज्ञान की सहायता उसे नहीं मिलती वहाँ वह अपनी तर्क-बुद्धि से अग्रसर होता है। लेकिन काव्य ऐसा नहीं करता है। इसलिए दर्शन भी काव्य नहीं है।

(३) इसी तरह इतिहास भी काव्य नहीं है। उसका कार्य भी तथ्यों की दुनिया है। वह अपने अस्तित्व के लिए पद-पद पर बाह्य प्रमाणों का आश्रय चाहता है। इतिहास उन तथ्यमूलक घटनाओं की व्याख्या है जो काल के भीतर से मानव-जीवन के संबंध में अग्रसर होती रही हैं। काव्य में ऐतिहासिक व्यक्तियों की चर्चा हो सकती है, परन्तु वे सब समय तथ्य की ही उपज होंगी ऐसा नहीं कह सकते।

(४) पुराण मनुष्य की उन कल्पनाओं का जातीय रूप है जो जगत् के व्यापारों को समझने में बुद्धि के कुंठित होने पर उद्भूत हुई थीं और दीर्घ काल तक जातीय चिन्ता के रूप में संचित होकर विश्वास का रूप धारण कर गई हैं। काव्य की कल्पना, कल्पना ही रहती है, वह सत्य को ग्रहण करने में सहायक होती है। कल्पना ने जहाँ विश्वास का रूप धारण किया वहाँ वह पुराण हो गई, काव्य नहीं रही। काव्य की कल्पना सदा सत्य को गाढ़ भाव से अनुभव कराने का साधन बनी रहती है, स्वयं सत्य को आच्छादित करके प्रमुख स्थान नहीं अधिकार कर लेती है। सो, काव्य पुराण से भिन्न वस्तु है।

† ३८. कुछ लोगों ने कविता को जगत् के व्यापारों को अभिव्यक्त करने का साधन बताया है। यह गलत बात है, कवि जो कुछ संसार में घटता हुआ देखता है उसकी रिपोर्ट नहीं लिखा करता और जैसा कि कविवर रवीन्द्रनाथ ठाकुर ने कहा है, "कविता का विषय कुछ भी क्यों न हो, यहाँ तक कि वह कोई दैनिक तुच्छ व्यापार भी हो, तो भी उस विषय को ही शब्द-चित्र में नकल करके व्यक्त करना उसका उद्देश्य कदापि नहीं है। विद्यापति ने लिखा है :

जब गोधूलि समय बेलि
धनि मन्दिर बाहिर भेलि
नव जलधरे विजुरि-धहा द्वन्द्व पसारि गेलि।

सायंकाल गोधूलि बेला में पूजा समाप्त करके बालिका मन्दिर से निकलकर घर को लौटती है—हमारे देश में सांसारिक काज-कर्म में यह घटना नित्य ही घटती रहती है। यह कविता क्या शब्द-रचना द्वारा उसी की पुनरावृत्ति है? जीवन-व्यापार में जो बातें घटा करती हैं; उन्हीं को व्यवहार की जवाबदेही से मुक्त करके कल्पना-द्वारा उपभोग करना ही क्या इस कविता का लक्ष्य है? मैं यह बात कभी स्वीकार नहीं कर सकता। वस्तुतः बालिका मन्दिर से निकलकर घर को चली है, यह विषय इस कविता की

प्रधान प्रतिपाद्य वस्तु नहीं है। इस विषय को केवल उपलक्ष्य करके छंद से, पद-संघटना से, वाक्य-विन्यास से, उपमा संयोग से जो एक समग्र वस्तु तैयार हुई है, वही असली चीज है। वह वस्तु मूल विषय के अतीत है, वह अनिर्वचनीय है।'' रवीन्द्रनाथ के उपर्युक्त उद्धरण से जो बात अत्यन्त स्पष्ट हुई है यह वह है कि कविता के आपातत: दिखने वाले शब्द या अर्थ बड़ी बात नहीं है; उनको उपलक्ष्य करके कवि किसी अखण्ड या समग्र वस्तु को ध्वनित करता है। पुराने आचार्यों की भाषा में कहना होता तो हम कहते कि अभिधा या लक्षणा द्वारा जो अर्थ प्राप्त होता है वह कविता की बड़ी बात नहीं है। शब्द से, अर्थ से, पद-विन्यास से, छंद से, अलंकार से एक अनिर्वचनीय रस-वस्तु व्यंग्य होती है। रस-ध्वनि ही काव्य का प्राण है।

† ३९. कवि के विषय में नाना प्रकार की लोकोक्तियाँ प्रचलित है, जिनसे मालूम होता है कि कवि कोई असाधारण मनुष्य होता है। निस्संदेह वह सौ-पचास मामूली आदमियों से भिन्न होता है, परन्तु इस विषय में किसी को कोई शंका नहीं है कि कवि है इसी दुनिया का ही जीव। वह जिन वस्तुओं से अपना काव्य रचता है वह भी इस दुनिया की ही होती हैं, फिर भी हम उसमें 'अलौकिक रस का' साक्षात्कार करते हैं। वस्तुत: अलौकिक शब्द का व्यवहार हम इसलिए नहीं करते हैं कि वह इस लोक में न पाई जाने वाली किसी वस्तु का द्योतक है बल्कि इसलिए करते हैं कि लोक में जो एक नपी-तुली सच्चाई की पैमाइश है उससे काव्यगत आनन्द को नापा नहीं जा सकता। बाबू श्यामसुन्दर दास ने इसीलिए कहा है कि ''काव्य के सत्य से हमारा अभिप्राय यह है कि काव्य में उन्हीं बातों का वर्णन नहीं होना चाहिए, और न होता ही है, जो वास्तव में सत्यता की कसौटी पर कसी जा सकती हैं, पर उनका भी वर्णन होता है और हो सकता है जो सत्य हो सकती हैं।''

† ४०. ऊपर हम बराबर तथ्य और सत्य की बात करते रहे हैं। दोनों में क्या अन्तर है, यह समझ लिया जाय। ''हमारा मन जिस ज्ञान-राज्य में विचरण कर रहा है वह दोमुँहा पदार्थ है। उसके एक ओर है तथ्य और दूसरी ओर सत्य। जैसा है वैसे ही भाव को तथ्य कहते हैं और वह तथ्य जिसे आश्रय करके टिका है वह सत्य है। मुझमें जो 'मैं' बँधा हुआ है वही मेरा व्यक्तिरूप है। यह तथ्य अंधकार का वाशिंदा है, वह अपने को स्वयं प्रकाश नहीं कर सकता। जभी इसका परिचय पूछा जायगा तभी वह (परिचय) एक ऐसे बड़े सत्य के द्वारा दिया जायेगा जिसे आश्रय करके वह टिका हुआ है। उदाहरणार्थ, कहना होगा मैं हिन्दुस्तानी हूँ। लेकिन हिन्दुस्तानी है क्या चीज? वह तो एक अविच्छिन्न पदार्थ है, जो न छुआ जा सकता है, न पकड़ा जा सकता है। तथापि उस व्यापक सत्य के द्वारा ही उसका परिचय दिया जा सकता है। तथ्य खंडित और स्वतन्त्र है, सत्य के भीतर ही वह अपने वृहत् ऐक्य को प्रकाशित करता है। मैं व्यक्तिगत 'मैं' हूँ इस छोटे से तथ्य के भीतर 'मैं मनुष्य हूँ', इस सत्य को जब मैं प्रकाश करता हूँ तभी उस विराट् एक के आलोक से नित्यता के भीतर में उद्भासित होता हूँ।

तथ्य के सत्य का प्रकाश ही प्रकाश है। चूँकि साहित्य और ललित-कला का काम ही प्रकाश करना है, इसलिये तथ्य के पात्र को आश्रय करके हमारे मन को सत्य का स्वाद देना ही उसका काम है। यह स्वाद एक का है, असीम का है। मैं 'व्यक्तिगत मैं हूँ' यह मेरी सीमा की ओर की बात है, यहाँ मैं व्यापक 'एक' से विच्छिन्न हूँ। किन्तु 'मैं मनुष्य हूँ। यह मेरे असीम की ओर की बात है। यहाँ मैं विराट् 'एक' के साथ युक्त होकर प्रकाशमान हूँ।

''गोधूलि-काल में एक बालिका मंदिर से निकल आयी, यह तथ्य हमारे लिये बहुत मामूली बात है। महज इस संवाद के सहारे ही यह चित्र हमारे सामने नष्ट नहीं हो जाता। हम मानो सुनकर भी नहीं सुनते। किसी चिरन्तन 'एक' के रूप में वह वस्तु हमारे भीतर स्थान नहीं पाती। यदि कोई 'मान-न-मान मैं-तेरा-मेहमान'—भला आदमी हमारा ध्यान खींचने के लिए फिर से इस खबर को सुनाने लगे तो हम खीझकर कहेंगे—'बालिका अगर मन्दिर से बाहर निकल आई तो हमारा क्या? अर्थात् हम अपने साथ उसका कोई सम्बन्ध अनुभव नहीं कर रहे हैं, इसलिए यह घटना हमारे लिये सत्य ही नहीं है। किन्तु ज्यों ही छंद, स्वर और उपमा के योग से यह मामूली बात सौंदर्य के एक अखण्ड ऐक्य के रूप में परिपूर्ण होकर प्रकट हुई, त्यों ही यह प्रश्न शान्त हो गया कि ''इससे हमारा क्या?'' क्योंकि जब हम सत्य का पूर्णरूप देखते हैं तब उसके द्वारा व्यक्ति-गत संबंध के द्वारा आकृष्ट नहीं होते, सत्यगत संबंध के द्वारा आकृष्ट होते हैं।

''गोधूलि के समय बालिका मंदिर से निकल आई, इस बात को तथ्य के द्वारा यदि पूरा करना होता तो शायद और भी बातें कहनी पड़तीं। आस-पास की अनेक खबरें इसमें और थोड़ी जाने से रह गयी हैं। कवि शायद कह सकता था कि वह मन-ही-मन मिठाई की बात सोच रही थी। बहुत संभव है, उस समय यही चिन्ता बालिका के मन में सबसे अधिक प्रबल थी। किन्तु तथ्य जुटाना कवि का काम नहीं है। इसीलिये जो बातें बहुत जरूरी और बड़ी हैं वही कहने से रह गयी हैं। यह तथ्य का बोझा जो क़म हो गया है इसीलिये संगीत के बंधन में यह छोटी-सी बात इस तरह एकत्व के रूप में परिपूर्ण हो गयी है और कविता इतनी सुन्दर और अखण्ड होकर प्रकट हुई है। पाठक का मन इस सामान्य तथ्य के भीतरी सत्य को इस गहराई के साथ अनुभव कर सका है। इस सत्य के ऐक्य को अनुभव करके ही हम आनन्द पाते हैं।''—(रवीन्द्रनाथ)।

ऊपर का उद्धरण जरा लम्बा हो गया है। परन्तु उसमें काव्यगत सत्य को जिस आसानी से समझाया गया है वह दुर्लभ है। इसलिये लम्बा उद्धरण हमारे बहुत काम की चीज साबित होगा। दुनिया में ज्ञान दो श्रेणी का है। (१) तथ्यगत और (२) सत्यगत। ऊपर तथ्य और सत्य के भेद को बहुत अच्छी तरह से समझाया गया है। जिस बात को हम विशेष से यहाँ लक्ष्य करना चाहते हैं वह यह है कि अखण्ड ऐक्य को आश्रय करके ही सत्य प्रकाशित होता है। जो बात हमें खंडित और विच्छिन्न तथ्यों का अनुभव कराती है वह काव्य नहीं हो सकती।

† ४१. इस प्रकार कवि यद्यपि दुनिया की साधारण वस्तुओं को ही उपादान के रूप में व्यवहार करता है परन्तु उसका अर्थ असाधारण होता है। पुराने पंडितों ने कहा है कि यदि कवि के प्रयोग किये हुए शब्द उसके साधारण प्रचलित (कोश-व्याकरण-सम्मत) अर्थ को बताकर ही रह जाते हैं तो वह कविता उत्तम कोटि की नहीं मानी जा सकती। जब छन्द, अलंकार, पद-संघटना आदि के योग से कवि पाठक के चित्त को सत्त्व गुण में स्थिर कर देता है (दे० २९)—अर्थात् उसे दुनिया की संकीर्णताओं से ऊपर उठा ले जाता है, वह 'मैं' और 'मेरे' के संकीर्ण घेरे से बाहर निकल आता है, तभी उसे रस का अनुभव होता है। इसलिए यह रस अलौकिक कहा जाता है। अब, जो छन्द, अलंकार और पद-संघटना इस रस का साक्षात्कार कराते हैं वे निश्चय ही काव्य के महत्वपूर्ण अस्त्र हैं। इन्हें काव्य में से हटाया नहीं जा सकता। परन्तु इतना अवश्य याद रखने की बात है कि ये सभी साधन हैं; साध्य नहीं।

यदि कवि इन्हीं को सब-कुछ समझ ले और ऐसी कविता लिखने बैठ जाय जिसमें काव्यगत सत्य की तो कोई परवाह ही न की गई हो और केवल छन्द, अलंकार और पद-लालित्य को ही बड़ा करके दिखाने की चेष्टा की गई हो तो उसकी कविता उत्तम नहीं मानी जायेगी। अनाड़ी आदमी के हाथ में अच्छे अस्त्र दे दिये जायँ तो वह अनर्थ कर बैठेगा। अलंकार, छन्द आदि भी बड़े प्रभावशाली अस्त्र हैं,—किसी ने बिहारी के दोहों को 'नाविक के तीर' कहा था!—उत्तम कवि इन अस्त्रों का प्रयोग जानता है, अनाड़ी तो केवल भावों और रसों की हत्या के लिये ही इनका उपयोग करता है। हिन्दी-साहित्य के इतिहास में एक ऐसा युग बीता है जिसमें इन अलंकारों, छन्दों और अन्यान्य बाह्य साधनों का जमकर उपयोग किया गया है। उन दिनों बड़े-बड़े उत्तम कवि हुए थे, जिन्होंने इनसे कमाल की रस-सृष्टि की है और ऐसे अनाड़ी कवि भी कम नहीं हुए, जिन्होंने जबरदस्ती अलंकारों की पल्टन सजाकर रस के शान्त राज्य में उत्पात मचा दिया था।

† ४२. जैसा कि ऊपर बताया गया है, कवि इस दुनिया की मामूली चीजों से ही अपना कारबार चलाता है। इसलिये कवि इन मामूली चीजों को ठीक-ठीक पहचाने बिना अपना काम नहीं चला सकता। अच्छा शिल्पी जानता है कि कौन-सा पत्थर का टुकड़ा किस जगह बैठाया जाकर सौंदर्य को सौगुना निखार, देगा। और उत्तम कवि भी जानता है कि कौन-सा शब्द या अर्थ या कौन-सी वस्तु या वस्तुधर्म किस प्रकार प्रयुक्त होकर श्रोता को उपयुक्त रस-ग्रहण कराने में सहायता कर सकता है। जिस प्रकार मामूली ईंट-पत्थर के टुकड़ों से स्थापित उत्तम महल बना देता है, उसी प्रकार मामूली शब्दों और भावों की सहायता से कवि अलौकिक रस की सृष्टि करता है। इसीलिये दुनिया की अत्यन्त मामूली बातों की जानकारी भी कवि का आवश्यक गुण है। लेकिन सिर्फ जानना ही काफी नहीं हैं। जानते तो बहुत से लोग हैं परन्तु उसको ठीक-ठीक अनुभव भी करा देना कवि का ही काम है।

† ४३. (१) कवि जिस किसी वस्तु का वर्णन करने क्यों न जाय उसका प्रथम कर्त्तव्य है ''बिंब ग्रहण'' कराना। ''बिंब ग्रहण'' आचार्य रामचन्द्र शुक्ल का चलाया हुआ शब्द है। जिस वक्तव्य से किसी वस्तु का संकेतित अर्थ मात्र ग्रहण न होकर उसका पूरा चित्र उपस्थित हो वही वक्तव्य बिंब ग्रहण कराने में समर्थ कहा जा सकता है। शुक्ल जी इसे भी अभिधा शक्ति का ही कार्य मानते थे। हमने पहले ही लक्ष्य किया है कि नाना प्रकार के सादृश्य मूलक अंलकारों की सहायता से कवि पाठक को वक्तव्य वस्तु के गुण, क्रिया, या धर्म को गाढ़ भाव से अनुभव कराता है। परन्तु यह भी एक साधन मात्र है। कवि का वास्तविक कर्तव्य तो 'एक' का अनुभव कराना ही है। बिंब ग्रहण वस्तुत: तथ्य ही है **(दे० † ४०.)** सत्य नहीं। सादृश्यमूलक अलंकार जिस वस्तु के गुण या धर्म को गाढ़ भाव से अनुभव कराते हैं वे भी तथ्य ही हैं। यही कारण है कि केवल अलंकारों की प्रधानता वाले काव्य को आचार्यों ने 'अवर' या निचले कोटि का ही काव्य माना है।

(२) जिस प्रकार अप्रस्तुत विधान के द्वारा कवि वक्तव्य-वस्तु का बिंब-ग्रहण और गाढ़ अनुभव कराता है, उसी प्रकार छंद उसे गतिशील बनाते हैं तथा उसके द्वारा पाठक के चित्त को संकीर्ण सीमा के बंधन से मुक्त करते हैं। कविवर सुमित्रानन्दन पन्त ने कहा है कि ''जिस प्रकार नदी के तट अपने बंधन से धारा की गति को सुरक्षित रखते हैं—जिनके बिना वह अपनी ही बंधनहीनता में धारा का प्रवाह खो बैठती है, उसी प्रकार छन्द भी अपने नियंत्रण से राग को स्पंदन, कंपन तथा वेग प्रदान करके निर्जीव शब्दों के रोड़ों में एक कोमल सजल कलरव भर करके उन्हें सजीव बना देते हैं। वस्तुत: भाषा के प्रवाहधर्म का नाम ही छन्द है। बाणभट्ट की कादम्बरी गद्य में लिखी गई है, किन्तु उसमें अपना एक विशेष प्रवाह है जो नित्य प्रति व्यवहार में आने वाले गद्य में नहीं पाया जाता। आयुर्वेद और ज्योतिष की बहुत-सी पुस्तकें पद्य में लिखी गई हैं पर उनमें वह प्रवाह नहीं है जो काव्य में अत्यन्त आवश्यक रूप में वर्तमान रहता है। छन्दों की पुस्तकों में जो लक्षण दिये हुए हैं उनके पालन मात्र से पद्य काव्यमय नहीं हो जाते। पद्य में जब तक प्रवाह न हो तब तक वह काव्य का आवश्यक साधन नहीं बन सकता। प्रवाहशील गद्य में भी एक प्रकार का छन्दोधर्म वर्तमान रहता है। उस धर्म के रहने से ही गद्य-गद्य होता है। अत: यह समझना भूल है कि 'छन्दोधर्म' अर्थात् प्रवाह और गति के बिना भी काव्यत्व संभव है।

(३) यमक, अनुप्रास आदि शब्दालंकार छन्द में झंकार भरते हैं। इसलिए वे छन्द के सहायक हैं। कवि छन्द और शब्दालंकार के सहारे अपने अभीष्ट तक पहुँचता है। इसलिए अन्त्यानुप्रास या तुक कविता का एक महत्त्वपूर्ण उपदान माना गया है। यद्यपि तुक का न होना कोई दोष नहीं है पर उसका होना गुण अवश्य है।

† ४४. दो बातें कविता में प्रधान रूप से विद्यमान पाई जाती हैं। प्रथम यह कि कवि कुछ कहना चाहता है, और दूसरा यह कि उस बात को कहने के लिये वह किसी रचना-कौशल का व्यवहार करता है। पहले को भाव-पक्ष कहा गया है और

दूसरे को कला-पक्ष। हम अब तक कला-पक्ष का ही विवेचन करते रहे। अब भाव-पक्ष पर आया जाय।

† ४५. काव्य को मोटे तौर पर दो विभागों में बाँट लिया गया है—(१) विषय-प्रधान और विषयि-प्रधान। प्रथम में कवि बहिर्जगत् में अपने को लीन करके अपने बाहर रहने वाली वस्तु (विषय) से सौन्दर्य का साक्षात्कार करता है, और दूसरे में वह अपनी ही सुख-दुखात्मक अनुभूतियों को प्रकट करता है। चूँकि वह अपने को (विषयी को) ही प्रकट करता है, इसलिये ऐसे काव्य को विषयि-प्रधान कहा जाता है। महाकाव्य, ऐतिहासिक चरित्र, उपन्यास आदि विषय-प्रधान होते हैं। महाकवि रवीन्द्रनाथ ठाकुर ने एक और ढंग से काव्य को दो भागों में विभक्त करके सोचा है :—

(१) एक वह जिसमें अकेले कवि की बात रहती है।

(२) दूसरा वह जिसमें किसी बड़े सम्प्रदाय की बात रहती है।

अकेले कवि की कहने का यह मतलब नहीं कि यह बात ऐसी है जो दूसरों की समझ में नहीं आ सकती। ऐसा होने से तो वह पागलपन कहा जायेगा। और फिर जो बात किसी व्यक्ति की समझ के संकीर्ण दायरे में ही बद्ध है वह हमारी सामान्य मनुष्यता को किस प्रकार प्रभावित कर सकेगी और अखण्ड ऐक्य का अनुभव किस प्रकार करा सकेगी? अकेले कवि की बात का तात्पर्य यह है कि कवि के भीतर इस प्रकार का सामर्थ्य है कि वह अपने सुख-दुःख, कल्पना और अभिज्ञता के भीतर से विश्व-मानव के चिरन्तन हृदयावेग और जीवन की मर्मव्यथा को अनायास ही प्रतिध्वनित कर सकता है। ऐसे सामर्थ्य को कवि गति-काव्य का आश्रय लेकर प्रकाशित करता है। जिस प्रकार वीणा का एक तार आहत होकर अन्य सभी तारों में एक अनुरणन पैदा करता है, इसी प्रकार कवि का हृदय-सहृदय-मात्र को झंकृत कर देता है।

† ४६. दूसरी श्रेणी के कवि वे हैं जिनकी रचना से एक समूचा देश और समूचा काल अपने हृदय को और अपनी अभिज्ञता को व्यक्त करके उस रचना को शाश्वत समादरणीय सामग्री बना देता है। ऐसे कवि को महाकवि कहते हैं और उसके काव्य को महाकाव्य। रामायण और महाभारत हमारे देश के महाकाव्य हैं। शताब्दियों तक कवि लोग इन महाकाव्यों को अवलम्ब करके काव्य लिखते आये हैं। अब भी लिख रहे हैं और आगे भी लिखते रहेंगे। पर इनका सौंदर्य अभी जैसे-का-तैसा है। रामायण के राम, भरत, लक्ष्मण, सीता, कौशल्या, कैकेयी, रावण, हनूमान आदि चरित्र महान् हैं। वे कवि की भावावेश अवस्था के कल्पित पात्र नहीं हैं, बल्कि समूची जाति की युगव्यापी साधना के परिणाम हैं। इस काव्य को पढ़ने पर पीढ़ियों का रचित भारतवर्ष प्रत्यक्ष हो जाता है। इसी प्रकार महाभारत को उज्ज्वल चरित्रों का वन कहा जा सकता है। यह कवि-रूपी माली का यत्नपूर्वक संवारा हुआ उद्यान नहीं है जिसके प्रत्येक लता, पुष्प-वृक्ष अपने सौन्दर्य के लिए बाहरी सहायता की अपेक्षा रखते हैं, बल्कि वह अपने-आप की जीवनी-शक्ति से परिपूर्ण वनस्पतियों और लताओं का आयत्त-परिवर्धित विशाल वन है जो अपनी उपमा आप ही हैं।

महाभारत का कोई भी चरित्र शायद ही महलों के भीतर पलकर चमका हो। सब-के-सब एक तूफान के भीतर से होकर गुजरे हैं। अपना रास्ता उन्होंने स्वयं बनाया है और अपनी रची हुई विपत्ति की चिता में वे हँसते-हँसते कूद गये हैं। इस महाकाव्य का अदना-से-अदना चरित्र भी डरना नहीं जानता। किसी के चेहरे पर कभी शिकन नहीं पड़ने पाती। पाठक पढ़ते समय एक जादू-भरे वीरत्व के अरण्य में प्रवेश करता है, जहाँ पद-पद पर विपत्ति तो है पर भय नहीं है; जहाँ जीवन की चेष्टायें बार-बार असफलता की चट्टान के टकराकर चूर-चूर हो जाती हैं, पर चेष्टा करने वाला हतोत्साह नहीं होता; जहाँ गलती करने वाला अपनी गलती पर गर्व करता है, प्रेम करने वाला अपने प्रेम पर अभिमान करता है और घृणा करने वाला अपनी घृणा का खुलकर प्रदर्शन करता है। प्राचीन भारत अपने समस्त गुण-दोषों के साथ महाभारत में मूर्तिमान हो उठा है।

† ४७. परन्तु इस युग में विषयि-प्रधान कविता का प्रचार ही अधिक हो गया है। वर्तमान हिन्दी-साहित्य में इस श्रेणी की कविता का बहुत प्रचार है। तीन बातें इन दिनों प्रधान रूप से दृष्टिगोचर हो रही है—कल्पना, अनुभूति और चिन्तन।

(१) कल्पना की अवस्था में इस युग का कवि वर्तमान जगत् की अननुकूल और विसदृश परिस्थितियों से ऊबकर एक अनुकूल और मनोरम जगत् की सृष्टि करता है। एक युग ऐसा बीता है जब संसार के साहित्य में कल्पना का अखण्ड राज्य रहा है। कवि इस दुनिया के समानान्तर धरातल पर ही एक ऐसी दुनिया की सृष्टि करता था, जहाँ प्रेमी और प्रेमिकाएँ तो हमारे ही जैसी होती थीं; पर वहाँ के कायदे कानून अलग-ढंग के होते थे और स्वच्छन्द प्रेम में जो सहस्रों बाधाएँ इस जगत में अपने-आप खड़ी हो जाती हैं वे वहाँ नहीं होती थीं।

(२) परन्तु जब कवि चिन्ता की अवस्था में पहुँचता है तो वह प्रायः कल्पना की अवस्था आयत पर चुका होता है। इसीलिए वह किसी चीज को शुद्ध मनीषी की भाँति न देखकर उस पर कल्पना का आवरण डालकर देखता है। दिगन्त के एक छोर से दूसरे छोर तक फैले हुए नील नभोमण्डल, मणियों के समान ग्रह-नक्षत्र और चंद्रिकाधौत धरित्री को देखकर वह कभी कुछ भी चिन्तन क्यों न करे, एक बार श्वेतवस्त्रधारिणी, विततकेशा, भूरि-भूषणा सुन्दरी या प्रिय-वियोग में कातर, खंडिता रजनी या इसी प्रकार की अन्य वस्तु की कल्पना किये बिना नहीं रहता। कारण यह है कि कवि का प्राथमिक कर्त्तव्य बिंब-ग्रहण कराना है और उसका साधन अप्रस्तुत-विधान है। इसके बिना कवि मनोरम भाव से हृदयहारी बनाकर अपना वक्तव्य कह ही नहीं सकता। अप्रस्तुत-विधान के समय कवि की कल्पना-वृत्ति सतह पर आ गयी होती है। वस्तुतः चिन्ता करते समय भी कवि वैज्ञानिक की भाँति तथ्य का विश्लेषण नहीं करना होता, बल्कि सत्य को सुन्दर करके रखने का प्रयास करता है (द८ † ३९-४०)।

(३) कवि अपने सीमित व्यक्तित्व के भीतर जिस सुख-दुःख का अनुभव प्राप्त किये होता है, उसे वह जब कल्पना के साहाय्य से, छन्द, उपमा आदि के संयोग से

और निखिल विश्व की मर्म-व्यथा को चिन्ता करके जब निर्वैयक्तिक करके प्रकट करता है तो उसे हम अनुभूति-अवस्था कहते हैं। इस अवस्था में कवि अपने सीमित सुख-दुःख को असीम जगत् में अनुभव करता है। इस प्रकार चिंता की अवस्था में कवि संसार को देखता है और सोचता है कि यह सब क्या हो रहा है; कैसे चल रहा और क्यों चल रहा है? अनुभूति की अवस्था में वह अनुभव करता है कि वह क्या हो गया है, कौन-सी वेदना या उल्लास, विषाद या हर्ष संसार को किस रूप में परिणत कर रहा है? कल्पना की अवस्था में वह इस जगत् के समानान्तर जगत् की सृष्टि करता है, जिसमें इस जगत् की असुन्दरताएँ और विसदृशताएँ नहीं रहतीं, पर अनुभूति की अवस्था में उसके पैर इस दुनिया पर ही जमे रहते हैं, वह उसे छोड़ नहीं सकता।

† ४७ क. आचार्य रामचन्द्र शुक्ल 'कल्पना' को काव्य का बोध-पक्ष मानते थे। वे कल्पना और व्यक्तित्व पर अधिक बल देने को बहुत अच्छा नहीं समझते थे। एक स्थान पर उन्होंने लिखा है कि 'कल्पना' और 'व्यक्तित्व' की, पाश्चात्य समीक्षा-क्षेत्र में, इतनी अधिक मुनादी हुई कि काव्य के और सब पक्षों से दृष्टि हट कर इन्हीं दो पर आ जमी। 'कल्पना' काव्य का बोध-पक्ष है। कल्पना में आई हुई रूप व्यापार-योजना का कवि या श्रोता को अन्तःसाक्षात्कार या बोध होता है। पर इस बोध-पक्ष के अतिरिक्त काव्य का भाव-पक्ष भी है। कल्पना को रूप योजना के लिए प्रेरित करने वाले और कल्पना में आती हुई वस्तुओं में श्रोता या पाठक को रमानेवाले रति, करुणा, क्रोध, उत्साह, आश्चर्य इत्यादि भाव या मनोविकार होते हैं। इसी से भारतीय दृष्टि ने भाव-पक्ष को प्रधानता दी और रस के सिद्धान्त की प्रतिष्ठा की। पर पश्चिम में 'कल्पना' की पुकार सामने धीरे-धीरे समीक्षकों का ध्यान भाव-पक्ष से हट गया और बोध-पक्ष ही पर भिड़ गया। काव्य की रमणीयता उस हलके आनन्द के रूप में ही मानी जाने लगी जिस आनन्द के लिए हम नई-नई, सुन्दर, भड़कीली पर विलक्षण वस्तुओं को देखते जाते हैं। इस प्रकार कवि तमाशा दिखानेवाले के रूप में और श्रोता या पाठक तटस्थ तमाशबीन के रूप में समझे जाने लगे। केवल देखने का आनन्द कुछ विलक्षण को देखने का कुतूहल-मात्र होता है।

† ४८. भौतिकवादी वैज्ञानिक ने प्रयोगशाला में यह बात सिद्ध कर दी है कि संसार की संपूर्ण शक्ति में घटती-बढ़ती नहीं होती। एक वस्तु को जब हम नष्ट होते देखते हैं तो वस्तुतः उसी परिमाण में अन्य वस्तुएँ बनती रहती हैं—संसार की समूची शक्ति जैसी-की-तैसी बनी रहती है। कुछ नवीन विषयिमूलतावादी पश्चिमी दार्शनिकों ने इस मत का प्रत्याख्यान किया है। उनका मत यह है कि मानसिक चिन्ता के रूप में हम नित्य इस विश्व-शक्ति में कुछ बढ़ाते जा रहे हैं। कवियों की मानसी सृष्टि सत् वस्तु है—अर्थात् वह कल्पना होने के कारण मिथ्या नहीं है, बल्कि उसका अस्तित्व है—और वह निश्चय ही नित्य नवीन होकर बढ़ती जा रही है। मैं इस मत को नहीं समझ पाता, यह यहाँ साफ-साफ स्वीकार कर लेना ही अच्छा है। गीता में कहा है कि जो वस्तु है ही नहीं वह कभी हो ही नहीं सकती और जो है वह कभी 'ना' नहीं हो

सकती। आधुनिक वैज्ञानिकों का मत इसी का अनुवाद है। परन्तु यह सच है कि वाल्मीकि ने जो मानसी सृष्टि की है वही तुलसीदास की मानसी सृष्टि नहीं है, और मैथिलीशरण गुप्त की भी निश्चय ही भिन्न सृष्टि है। तो क्या ये नई रचनाएँ विश्व में कुछ नई बातें नहीं जोड़ रही हैं? क्या मानसिक होने के कारण ही वे शून्य हैं। मेरा उत्तर है कि यह बात नहीं है। ये सभी रचनाएँ नई भी हैं और सत्य भी हैं, पर इनकी रचना के लिए भी किसी-न-किसी ऐसी ही वस्तु का उपयोग हुआ है जो पहले से ही है और बाद में भी रहेगी।

जो बात भौतिक जगत् में हम देख रहे हैं यह उससे मिलती जुलती है। नई सामाजिक परिस्थितियाँ पुराने सड़े विचारों का खाद संग्रह करती है और उर्वर कवि-चित्तभूमि में नया जीवन्त विचार अंकुरित होता है। पुराने बहुत-कुछ को खाकर ही ये विचार नवीन होते हैं। जिस प्रकार ईंट-पत्थरों का ताजमहल नाना स्थानों के पत्थर, मिट्टी, मसाले और मानव-श्रम को खपा कर बना है वैसे ही रवीन्द्रनाथ की गीतांजलि नाना स्थानों की कल्पना अनुभूति और चिन्तन को पचा कर बनी है। पुराने पंडितों ने इसी बात को फक्कड़पन के लहजे में कहा था—कोई कवि ऐसा नहीं है जो चोर न हो—''नास्त्यचौर: कविजन:!'' करने का मतलब यह है कि मानसी दृष्टि भी पुराने विचारों से ही तैयार होती है।

† ४९. काव्य में विषयी के प्रधान होने से उन गीत-प्रधान मुक्तकों का प्रचलन बढ़ गया है जो व्यक्तिगत भावोच्छ्वास को आश्रय करके लिखे जाते हैं। इंग्लैंड में जब व्यावसायिक क्रान्ति हुई तो वहाँ के सांस्कृतिक जीवन में बड़ा परिवर्तन हुआ था। उस परिवर्तन के समय कवियों में और विचारकों में सामाजिक रूढ़ियों के प्रति अनास्था का भाव बढ़ा था और व्यक्तिगत स्वच्छन्दता-वाद (रोमांटिसिज्म) का जोर रहा। अंग्रेजी अमलदारी के साथ-ही-साथ इस देश में अंग्रेजी साहित्य पढ़ाया जाने लगा। उसी के फलस्वरूप इस देश के कवियों में भी वैयक्तिक स्वाधीनता (इन्डिविजुअल लिबर्टी) का जोर बढ़ता गया। इंग्लैण्ड और इस देश की परिस्थिति एक जैसी नहीं थी। इंग्लैंड में यह हवा वहाँ के भीतरी जीवन का परिणाम थी जब कि इस देश में वह विदेशी संवर्ग और अन्य कारण का फल था। शुरू-शुरू में इसीलिए वह अस्वाभाविक-सी लगी परन्तु ज्यों-ज्यों समय बीतता गया त्यों-त्यों कविगण अपने देश की वास्तविक परिस्थिति के साथ और अपनी साहित्यिक परम्परा के साथ सामंजस्य खोजते गये। सामंजस्य खोजने वालों में प्रमुख कवि हैं—प्रसाद, पन्त, निराला और महादेवी वर्मा। इन कवियों ने भाव में, भाषा में, छन्द में और मंडन-शिल्प (डेकोरेशन) में नवीन विचारों के साथ सामंजस्य किया। इस व्यक्तिगत स्वच्छन्दतावाद के साथ-ही-साथ नाना भाव के प्रगीत-मुक्तक इस देश में लिखे जाने लगे।

हमने पहले ही लक्ष्य किया है कि इनमें कुछ कल्पनामूलक हैं, कुछ चिंतन-मूलक और कुछ अनुभूतिमूलक। मुक्तक इस देश में नई चीज नहीं है। हाल की 'प्राकृत सतसई' और अमरुक का संस्कृत 'अमरुक-शतक' और 'बिहारी-सतसई' मुक्तक-काव्य

ही हैं। 'मुक्तक में प्रबन्ध के समान रस की धारा नहीं रहती जिसमें कथा प्रसंग की परिस्थिति में अपने को भूला हुआ पाठक मग्न हो जाता है और हृदय में एक स्थायी प्रभाव ग्रहण करता है। इसमें तो रस के ऐसे छींटे पड़ते हैं जिनसे हृदय-कलिका थोड़ी देर के लिए खिल उठती है। यदि प्रबन्ध-काव्य एक विस्तृत वनस्थली है तो मुक्तक एक चुना हुआ गुलदस्ता है। उत्तरोत्तर अनेक दृश्यों द्वारा संघटित पूर्ण जीवन या उसके किसी एक पूर्ण अंग का प्रदर्शन नहीं होता, बल्कि कोई एक रमणीय खंड-दृश्य इस प्रकार सहसा सामने ला दिया जाता है कि पाठक या श्रोता कुछ क्षणों के लिए मंत्र-मुग्ध सा हो जाता है। इसके लिए कवि को मनोरम वस्तुओं और व्यापारों का एक छोटा सा स्तवक कल्पित करके उन्हें अत्यंत संक्षिप्त और सशक्त भाषा में व्यक्त करना पड़ता है।'' (रामचन्द्र शुक्ल)।

इन प्राचीन मुक्तकों में कवि की कल्पना कुछ ऐसे शास्त्ररूढ़ व्यापारों की योजना करती थी जिनसे किसी रस या भाव की व्यंजना सुकर हो। आधुनिक प्रगीत मुक्तक कवि के भावावेश के महत् क्षणों की रचना होते हैं, उनमें गीत की सहज और हल्की गति होती है। इनकी गुलदस्तों के साथ तुलना नहीं की जा सकती। ये विच्छिन्न जीवन-चित्र होने पर भी प्रवाहशील होते हैं और इसमें शास्त्र-रूढ़ व्यापार-योजना की आवश्यकता नहीं होती। पुराने रूपकों में कवि कल्पना की समाहार-शक्ति प्रधान हिस्सा लेती थी, पर आधुनिक मुक्तकों में कवि का भावावेग ही प्रधान होता है।

†५०. परन्तु इतना स्मरण रखना उचित है कि आजकल के प्रगीत मुक्तकों में यद्यपि व्यक्तिगत अनुभूति का प्राधान्य है तो भी वे इसलिये हमारे चित्त में आनन्द का संचार नहीं करती कि वे कवि की व्यक्तिगत अनुभूति हैं, बल्कि इसलिये कि वे हमारी अपनी अनुभूतियों को जागृत करती हैं। हमने शुरू में ही लक्ष्य किया है कि सहृदय के चित्त में वासना रूप में स्थित भाव की ही कविता उद्बुद्ध करती है। जो बात हमारे मन को आनन्द से हिल्लोलित कर देती है वह हमारी अपनी होती है। इसलिए यद्यपि आज के अच्छे मुक्तक-लेखक की विषयग्राहिता परम्परा-समर्थित न होकर आत्मानुभूतिमूलक है—वस्तुतः यह आत्मानुभूति सदा कवि में रही है, फिर वह आज का युग हो या हजार वर्ष पहले का—तथापि वह पाठक के भीतर जो भाव है उसी को उद्बुद्ध करके रस-संचार करता है।

इस बात को किसी अंग्रेज समालोचक ने इस प्रकार कहा है कि आधुनिक प्रगीत मुक्तकों को अपनी अनुभूति के बल पर कवि सहृदय पाठक के हृदय में प्रवेश करता है और उसके हृदय में स्थित उसी भाव के अनुभव करने वाले कवि के साथ एकात्मा का सम्बन्ध स्थापित करता है। इस बात को इस प्रकार भी कहा गया है कि यद्यपि आज का प्रगीत मुक्तक व्यक्तिगत विषय-ग्राहिता का परिणाम है, परन्तु वह उतना ही सामाजिक है जितना रीति-कलीन रूढ़ियों की योजना के भीतर से गृहीत मुक्तक होता था। इस प्रकार दोनों में समानता की मात्रा कम नहीं है। व्यक्तिगत होने के कारण इन अनुभूतियों का क्षेत्र बहुत बढ़ गया है।

पुराने मुक्तक में जिन विभावों की योजना केवल उद्दीपन के रूप में होती थी और जिन अनुभावों का वर्णन केवल मानवीय मनोरोगों की अपेक्षा में ही होता था, वे विभाव अब आलंबन के रूप में योजित होने लगे हैं। और वे अनुभाव अब मनुष्य से बाहर के जगत् के कल्पित मनोरोगों के सम्बन्ध में वर्णित किये जाने लगे हैं। ऐसा करने के कारण भाषा में अधिकाधिक लक्षणात्मकता आने लगी है, क्योंकि जड़ प्रकृति को यदि आलंबन बनाकर उसमें अनुभावों और हावों की योजना की जायेगी तो लक्षणा-वृत्ति का आश्रय लेना पड़ेगा। किसी-किसी वृद्ध आचार्य को इस प्रकार की योजना पसन्द नहीं आयी है।

† ५१. परिस्थितियों के बदलने के कारण कवि ने ही अपनी कारीगरी का माध्यम नहीं बदला है; आज का सहृदय भी प्राचीन काल के सहृदय से भिन्न हो गया है। एकाध उदाहरण लेकर इसे समझा जाय—

माए धरोवअरणं अज्जह णत्पित्ति साहिअं तुमए।
ता भण किं करणिज्जं एमेअ ण वासरो ट्टाइ॥

—माँ, यह तो तुमने पहले ही बता रखा है कि आज घर के काम-धंधे की कोई सामग्री नहीं। तो बताओ, मुझे क्या करना है, दिन तो यों ही पड़ा नहीं रहेगा!'

काव्य-प्रकाश के आचार्य मम्मट ने इस कविता को व्यंग्यार्थ के प्रसंग में उद्धृत किया है। उन्होंने इसमें यह ध्वनि बताई है कि लड़की अपने प्रिय से मिलने को व्याकुल है, अतएव वह गृहकार्य का बहाना बनाकर बाहर जाना चाहती है। श्लोक से यह बात साफ मालूम होती है कि घर में गृहकर्म के उपकरण नही हैं। यह बात बाहर जाने के लिये जरूरत से ज्यादा कारण हो सकती है। पर आज तक किसी सहृदय ने मम्मट की बात पर संदेह नहीं किया, क्योंकि कवि ने जिस 'स्पिरिट' में कविता लिखी थी उसे उन्होंने ठीक ही पकड़ा था। उस युग में कोई भी समालोचक इसमें आत्मा और परमात्मा की मिलन-विरह-वेदना का आभास पाकर उपहासास्पद बनना पसंद न करता; क्योंकि उस युग में आत्मा-परमात्मा सर्वत्र मिलते थे, इस श्लोक में न भी मिलते तो कवि या सहृदय को कोई चिन्ता न थी। एक नई कविता आगे उद्धृत की जा रही है। इसमें विहारार्थिनी की व्यंजना अधिक साफ हो सकती थी, पर कोई सहृदय ऐसा व्यंग्यार्थ निकालकर इस युग में उपहासास्पद हुए बिना न रहेगा—

आमि कोन् छले याब घाटे?
शाखा थरथर पाता मरमर—
छाया सुशीतल बाटे?
बेला बेशि नाइ, दिन हल शोध,
छाया बेड़े पाय, पड़े आसे रोद,
ए बेला केमन काटे?
आमि कोन् छले याब घाटे?

(रवीन्द्रनाथ)

—'मैं किस बहाने घाट पर जाऊँ? किस छल से उस रास्ते पर जाऊँ, जहाँ शाखायें थर-थर काँप रही हैं, पत्ते मर्मर-ध्वनि कर रहे हैं। अब अधिक समय नहीं है, दिन समाप्त हो चला है, छाया बढ़ती जा रही है, हाय यह समय कैसे कटेगा?—मैं किस बहाने घाट पर जाऊँ!'

† ५२. ऊपर रवीन्द्रनाथ की जो कविता उद्‌धृत की गयी है उसमें निश्चय ही एक प्रकार का प्रेम व्यंग्य है। वह प्रेम मनुष्य का ही है, पर उसका आलंबन मनुष्य नहीं है बल्कि नदी है, घाट है, रास्ता है, वृक्ष हैं, झुरमुट हैं। मध्ययुग में इन वस्तुओं को केवल उद्दीपन विभाव (दे० † २७) के रूप में देखने की चलन हो गई थी। मनुष्य के प्रेम का आलम्बन मनुष्य ही हो सकता है, यह बात कुछ जँचती नहीं मालूम होती।

आचार्य रामचन्द्र शुक्ल जी ने प्रेम-प्रतिष्ठा के दो कारण बताये हैं—(१) सुन्दर रूप के अनुभव द्वारा और (२) साहचर्य द्वारा। शुक्ल जी का कहना है कि सुन्दर रूप के आधार पर जो प्रेम-भाव या लोभ प्रतिष्ठित होता है उसकी कारण परम्परा पहचानी जा सकती है, हम उसका क्रम देख सकते हैं। परन्तु जो प्रेम केवल साहचर्य के प्रभाव से अंकुरित और पल्लवित होता है वह एक प्रकार से हेतु-ज्ञान-शून्य होता है। 'यदि हम किसी किसान को उसकी झोपड़ी से हटाकर किसी दूर देश में ले जाकर राजभवन में टिका दें तो वह उस झोपड़ी का, उसके छप्पर पर चढ़ी हुई बेल का, सामने के नीम के पेड़ का, द्वार पर बँधे हुए चौपायों का ध्यान करके आँसू बहायेगा। वह कभी नहीं समझता कि मेरा झोपड़ा इस राजभवन से सुन्दर था, परन्तु फिर भी उस झोपड़े का प्रेम उसके हृदय से बना हुआ है। वह रूप प्रेम-सौन्दर्यगत नहीं है; सच्चा, स्वाभाविक और हेतु-ज्ञान-शून्य प्रेम है। इस प्रेम को रूप सौन्दर्यागत प्रेम नहीं पहुँच सकता।' रवीन्द्रनाथ की कविता में यही प्रेम प्रकट हुआ।

ब्रजभाषा की कविताओं में यह भाव ही नहीं, यह तो नहीं कहा जा सकता; पर कम है, यह बात ठीक है। श्रीकृष्ण ने जब कहा था कि 'कोटिनहू कलाधौत के धाम करील की कुंजन ऊपर वारौ', तो वहाँ करील के कुंज ही उनके प्रेम के आलम्बन थे। यह व्याख्या उतनी मनोहर नहीं है कि करील के कुञ्ज उन्हें इसलिये प्रिय थे कि वे गोपियों के साथ जो प्रेमलीला होती थी उसे उद्‌दीप्त करने के साधन थे। प्रकृति के विभिन्न रूपों के लिये हमारे चित्त में जो आकर्षक है वह केवल इसलिए नहीं कि हमारे मानवाश्रित प्रेम को उत्तेजित करते हैं, बल्कि इसलिये कि हमारे अन्तःकरण में निहित वासना को उसी प्रकार उद्‌बुद्ध करते हैं जिस प्रकार नायक-नायिका के प्रेमालाप हमारे अन्तःकरण में वासना रूप से स्थित स्थायीभाव को उद्‌बुद्ध करते हैं। इसीलिए ये भी हमारी रसानुभूति के कारण हैं।

पं० रामचन्द्र शुक्ल ने लिखा है कि ''वनों, पर्वतों, नदी-नालों, कछारों, पटपरों, खेतों, खेतों की नालियों और घास के बीच से गयी हुई दुर्रियों, हल, बैलों, झोपड़ों, और श्रम में लगे हुए हुए किसानों इत्यादि में जो आकर्षण हमारे लिए है वह हमारे अंतःकरण में निहित वासना के कारण है, असाधारणा चमत्कार या अपूर्व शोभा के

कारण नहीं। जो केवल पावस की हरियाली और बसन्त के पुष्प-हास के समय ही वनों और खेतों को देखकर प्रसन्न हो सकते हैं, जिन्हें केवल मंजरी-मंडित रसालों, प्रफुल्ल कदम्बों, और सघन मालती कुञ्जों का ही दर्शन प्रिय लगता है, ग्रीष्म के खुले हुए पटपर, खेल और मैदान, शिशिर की पत्र-विहीन, नंगी वृक्षावली और झाड़-बबूल आदि जिनके हृदय को कुछ भी स्पर्श नहीं करते उनकी प्रवृत्ति राजसी समझनी चाहिए। वे अपने विलास या सुख की सामग्री प्रकृति में ढूँढ़ते हैं, उनमें उस तत्त्व की कमी है जो सत्तामात्र के साथ एकीकरण की अनुभूति द्वारा लीन करके आत्मसत्ता से विमुख का आभास देती है।

''संपूर्णसत्ता, क्या भौतिक क्या आध्यात्मिक, एक ही परम सत्ता या परम भाव **(दे० † ५-६)** के अंतर्गत है। अतः ज्ञान या तर्क-बुद्धि द्वारा हम जिस अद्वैत भाव तक पहुँचते हैं उसी भाव तक इस 'तत्त्व' गुण के बल पर हमारी रागात्मिका वृत्ति भी पहुँचती है **(तुल० † २९)**। इस प्रकार अंततः वृत्तियों का समन्वय हो जाता है। यदि हम ज्ञान द्वारा सर्वभूत को आत्मवत् जान सकते हैं तो रागात्मिका वृत्ति द्वारा उनका अनुभव भी कर सकते हैं। तर्क-बुद्धि से हारकर परम ज्ञानी भी इस स्वानुभूति का आश्रय लेते हैं। अतः परमार्थ दृष्टि से, दर्शन और काव्य दोनों अंतःकरण की भिन्न-भिन्न वृत्तियों का आश्रय लेकर, एक ही लक्ष्य की ओर ले जाने वाले हैं। इस व्यापक दृष्टि से काव्य का विवेचन करने से लक्षण-ग्रन्थों में निर्दिष्ट संकीर्णता कहीं-कहीं बहुत खटकती है। वन, उपवन, चाँदनी इत्यादि की दाम्पत्य रति के उद्दीपन मात्र मानने से संतोष नहीं होता।''

† ५३. विषयी-प्रधान कवि प्रकृति को आलम्बन के रूप में चित्रित करने लगा है। लेकिन यह युग वैयक्तिक स्वाधीनता का है। आधुनिक कवि ने प्राचीन साहित्यिक रूढ़ियों की उपेक्षा की है। उसने अपने देखने का ढंग भी अपना ही रखा है। इसका परिणाम यह हुआ कि आलम्बन होने पर भी प्रकृति का बिम्बग्रहण सबने एक ही ढंग से नहीं किया है। देखने के ढंग के बदलने के कारण द्रष्टव्य के नाना पहलू नाना भाव से प्रधान होकर अनुराग-विराग के साधन बने हैं। इन भेदों को गिना सकना सम्भव नहीं है। कुछ मोटे भेद इस प्रकार बताये जा सकते हैं :—

(१) वाच्यार्थ-प्रधान दृष्टि, (२) लक्ष्यार्थ-प्रधान दृष्टि और (३) व्यंग्यार्थ-प्रधान दृष्टि।

विषयी-प्रधान कवि के सामने यह सारा विश्व मानो एक काव्य-ग्रन्थ है। वह इस काव्य-ग्रन्थ का अर्थ अपने ढंग से समझता है।

(१) वाच्यार्थ-प्रधान दृष्टिवाले कवि इस जगत को यह जैसा है वैसा ही देखते हैं। इसके नद-नदी, पहाड़-जंगल अपने-आप में परिपूर्ण और महनीय हैं। वे जैसे हैं वैसे ही महान् हैं। अभिव्यक्तिवादी कवि इसी श्रेणी के हैं।

(२) लक्ष्यार्थ प्रधान दृष्टिवाले कवि मानते हैं कि यह जगत् अपने-आप में बाधित है। प्रकृति लाख-लाख बीज प्रति वर्ष पैदा करती है। उसमें से अधिकांश नष्ट हो जाते

हैं, कुछ थोड़े से जीवित रह पाते हैं। यह लाख-लाख नष्ट होने वाले बीज कुछ असत्य हों, ऐसी बात नहीं; परन्तु वे अपने-आप में ही संपूर्ण सत्य नहीं हो सकते। किसी विराट् प्रयोजन के लिए यह महानाश का कारबार चल रहा है। इन कवियों के मत से इस सृष्टि की सिद्धि के लिए दूसरे किसी का आक्षेप अपेक्षित है, या फिर दूसरे सिद्धि के लिये यह अपना अर्थ ही खो देती है।

(३) व्यंग्यार्थ-प्रधान दृष्टिवाले कवि के लिये यह जगत् केवल एक उपलक्ष्यमात्र है, एक इशारा-भर है। सत्य है इसके प्रच्छन्न रहस्य। इस जगत् की प्रत्येक वस्तु परमार्थतः उस प्रच्छन्न रहस्य की ओर ही संकेत कर रही है। संसार की प्रत्येक वस्तु मानो उस अपरिचित रहस्य की ओर ध्यान की ओर ध्यान खींचनेवाली अँगुली है जो स्वयं कुछ न होकर उसी को दिखा रही है। अनादि काल से मानव चित्त में यह रहस्य वर्तमान है। आदि मानव के मनोजगत् की यह रहस्यभावना मध्ययुग तक नाना स्तरों को पार करती हुई लीलामय भगवान् के रूप में प्रकट हुई थी। आज संसार में जब उस अतृप्त भावना के लिए अकुण्ठ मार्ग नहीं रह गया है तो वह रसमय काव्य संसार में पूर्ण रूप से आत्म प्रकाश करने लगी है।

† ५४. हिन्दी में जब नवीन युग की हवा बही तो जो विषयी-प्रधान कविताएँ भी लिखी जाने लगीं, वे सभी कविताएँ एक ही श्रेणी की नहीं थीं। कुछ वाच्यार्थ-प्रधान थीं, कुछ व्यंग्यार्थ-प्रधान। पर सब में प्राचीन रूढ़ियों की उपेक्षा की गई थी। किसी ने इस प्रकार की सब कविताओं का नाम 'छायावाद' रख दिया। बाद में व्यंग्यार्थ प्रधान दृष्टि रखने वाले कवियों को यह नाम उपयुक्त नहीं लगा। उन्होंने संशोधन करके 'रहस्यवाद' नाम दिया। कुछ दिन तक ये दोनों ही शब्द चलते रहे। अब तक पंडितों ने दोनों शब्दों का अलग-अलग अर्थ नियत कर दिया है।

पं० रामचन्द्र शुक्ल के मत से छायावाद के दो अर्थ होते हैं—(१) एक तो रहस्यवाद के अर्थ में जहाँ उसका सम्बन्ध काव्य-वस्तु से होता है, अर्थात् जहाँ कवि किसी अज्ञात और अनन्त प्रियतम को अवलम्ब बनाकर अत्यन्त चित्रमयी भाषा में अनेक प्रकार से प्रेम की व्यंजना करता है; और (२) दूसरा प्रयोग काव्य शैली या पद्धति विशेष के व्यापक अर्थ में है। छायावाद का सामान्यतः यह अर्थ हुआ—प्रस्तुत के स्थान पर उसकी व्यंजना करने वाली छाया के रूप में अप्रस्तुत **(दे० † ३२)** का कथन। शुक्ल जी ने लिखा है कि 'छायावाद का पहला अर्थात् मूल अर्थ लेकर तो चलनेवाली श्री महादेवी ही हैं। पन्तु, प्रसाद, निराला इत्यादि और सब कवि प्रतीक पद्धति या चित्र-भाषा-शैली की दृष्टि से ही छायावादी कहलाये।'

यह प्रतीक-पद्धति क्या है? शुक्ल जी ही के शब्दों में कहा जाय तो 'चित्र-भाषा शैली या प्रतीक पद्धति के अन्तर्गत जिस प्रकार वाचक पदों के स्थान पर लक्षक पदों का **(दे० † २१-२२)** व्यवहार होता है, उसी प्रकार प्रस्तुत प्रसंग पर अप्रस्तुत चित्रों का विधान भी। अतः अन्योक्ति पद्धति का अवलम्बन ही छायावाद का एक विशेष लक्षण हुआ।'

वस्तुतः आचार्य शुक्ल छायावाद को एक शैली विशेष ही अधिक समझते थे। इस शैली की मुख्य विशेषताएँ ये हैं—लाक्षणिकता, प्रभाव रहस्य पर जोर, प्रकृति के वस्तु व्यापारों पर मानुषी वृत्तियों का आरोप, प्रेमगीतात्मक प्रवृत्ति।

किन्तु श्री महादेवी वर्मा के मत से छायावाद की तीन विशेषताएँ हैं—(१) व्यक्तिगत, अनुभव में प्राण संचार, अर्थात् कवि व्यक्ति रूप में जो अनुभव करता है वह उसके अपने जीवन की देन है, वह किसी रूढ़ि या शास्त्र के बताए हुए विषय को धोखा नहीं रहता; (२) प्रकृति के अनेक रूपों में महाप्राण का अनुभव और (३) ससीम और असीम का ऐसा सम्बन्ध जिसमें एक प्रकार के अलौकिक व्यक्तित्व का आरोप हो। इस प्रकार महादेवी वर्मा छायावाद को शैली-विशेष ही नहीं मानतीं, वे काव्य-वस्तु की ओर से भी इस पर विचार करती हैं। रहस्यवाद इसके बाद की वस्तु है। महादेवी जी कहती है कि मनुष्य-मनुष्य के बीच जो रागात्मक संबंध है, उसमें जब तक अनुरागजन्य विसर्जन का भाव नहीं घुल जाता तब तक वे सरस नहीं हो पाते। परन्तु मनुष्य के हृदय का अभाव तब तक दूर नहीं होता जब तक यह संबंध सीमाहीन के प्रति न हो। सो, उस सीमाहीन अनन्त सत्ता में एक मधुर व्यक्तित्व का आरोप करके उसके प्रति जो अनुरागजन्य सरस आत्म-निवेदनमूलक कविताएँ हैं उन्हीं में रहस्यवाद होता।

† ५५. मुझे ऐसा लगता है कि रहस्यवादी कविता का केन्द्र बिंदु वह वस्तु है जिसे भक्ति-साहित्य में 'लीला' कहते हैं। यद्यपि रहस्यवादी भक्तों की भाँति पद-पद पर भगवान् का नाम लेकर भाव-विह्वल नहीं हो जाता, परन्तु वह मूलतः है भक्त ही। उसका भगवान् पर अविचलित विश्वास होता है। ये भगवान् अगम-अगोचर तो हैं, ही वाणी और मन के अतीत भी हैं; फिर भी रहस्यवादी कवि उनको प्रतिदिन प्रतिक्षण देखता रहता है। वे ज्ञान के अगम होकर भी प्रेम के वशीभूत हैं, क्योंकि ज्ञान सब मिलाकर हमारी अल्पज्ञता को ही दिखा देता है, पर प्रेम समस्त त्रुटियों और विच्युतियों को भर देता है। संसार में जो कुछ घट रहा है, और घटना संभव है, वह सब उस परम प्रेममय की लीला है—उसे खेलने में आनन्द आता है। भक्त उससे प्रेम करके अपनी समस्त त्रुटियों को पूर्ण करता है। इसलिये महादेवी वर्मा ने कहा है कि मनुष्य के हृदय का अभाव तब तक दूर नहीं होता जब तक सीमाहीन के प्रति रागात्मक संबंध न हो। सीमाहीन अर्थात् परम प्रेममय भगवान्। भगवान् के साथ की यह निरंतर चलनेवाली प्रेम-केलि ही रहस्यवादी कविता का केन्द्र-बिंदु है। इसी को किसी और उपयुक्त शब्द के अभाव में पश्चिम के समालोचकों ने 'मिस्टिसिज्म' कहा है, और इसी को ठीक-ठीक न समझने के कारण, न जाने किसने, रहस्यवाद नाम दे दिया था। यह नाम भ्रामक है, क्योंकि 'लीला' कोई रहस्यवाद नहीं हैं। रहस्य शंका का नाम है, लीला समाधान का। आधुनिक हिन्दी कविता में इस तत्व का सर्वोत्तम विकास महादेवी वर्मा की कविताओं में ही मिलता है।

† ५६. विषयि-प्रधानता के साथ-साथ काव्य का क्षेत्र अत्यन्त व्यापक हो गया है। केवल चेतन मन के विचार, अनुभव या प्रभाव ही उसका विषय नहीं हो गये हैं। फ्रायड के मनोविज्ञान ने बताया है कि मनुष्य के मन का चेतन रूप उसके ऊपर-ऊपर का हिस्सा है। नीचे का हिस्सा अवचेतन मन है जो बहुत शक्तिशाली वस्तु है। इस अवचेनत मन की स्पष्ट और असम्बद्ध अनुभूतियाँ भी विषयि-प्रधान काव्य का विषय होने लगी हैं। स्वप्न, आविष्ट भाव और दिवास्वप्न की असम्बद्ध बातें तो काव्य का मनोहर विषय समझी ही जाने लगी हैं, नाना भाँति के मनोवैज्ञानिक और अंक-शास्त्रीय प्रतीकों की भरमार ने काव्य के क्षेत्र में नवीन जटिलता का सूत्रपता किया है। प्रतीकों ने शब्दों को दबोच दिया है। हमने शुरू में ही लक्ष्य किया है कि शब्द और अर्थ दोनों को लेकर साहित्य बनता है। जहाँ शब्दों की उपेक्षा हुई हो वहाँ कविता संभव ही नहीं है। इस जटिलता के द्वारा नग्न यथार्थवादी काव्य-साहित्य को सम्पूर्ण रूप से पराहत कर देने के कारण ये कविताएँ अति यथार्थवादी कही जाने लगी हैं। फ्रायड के मनोविज्ञान-शास्त्र ने अवचेतन मन के जिन प्रतीकों की स्थापना की है उनका खुलकर व्यवहार होने लगा है।

† ५७. हमने अब तक काव्य के भिन्न-भिन्न उपकरणों पर विचार किया है। ये उपकरण काव्य को और कवि के उद्दिष्ट अर्थ को समझने में सहायक हैं। इन उपकरणों और शैलियों को ही मुख्य मानने की जरूरत नहीं। काव्य कोई संकीर्ण बुद्धि विलास नहीं है। वह मनुष्य के जीवन के सब-कुछ को लेकर बनता है। आदि कवि वाल्मीकि को आम्नाय से भिन्न छन्द मिला था। यह कहानी सबकी जानी हुई है। परन्तु उन्हें उपयुक्त विषय नहीं मिल रहा था। वे उन्मत्त की भाँति घूम रहे थे। उसी समय नारद से उनका साक्षात्कार हुआ। नारद ने उन्हें विषय सुझाया था। उन्होंने कहा था कि अब तक देवताओं को मनुष्य बनाया गया है अब तुम मनुष्य को देवता बनाओ।

मनुष्य को देवता बनाना ही काव्य का सबसे बड़ा उद्देश्य है। मनुष्य को उसकी स्वार्थ-बुद्धि से ऊपर उठाना, उसको इहलोक की संकीर्णताओं से ऊपर उठाकर सत्वगुण में प्रतिष्ठित करना, पर दुःखकातर और संवेदनशील बनाना और निखिल जगत के भीतर चिरस्तब्ध 'एक' की अनुभूति के द्वारा प्राणि-मात्र के साथ आत्मीयता का अनुभव करना ही काव्य का काम है। छन्द, अलंकार, रस-लालित्य और शैलियाँ इसी महान् उद्देश्य की पूर्ति के साधन हैं। इस उद्देश्य को वह अन्याय मनीषियों की भाँति दीर्घ व्याख्या करके नहीं सिद्ध करता, बल्कि इन साधनों की सहायता से वह महान् सत्य को आसानी से व्यंग्य करता रहता है। यह हम पहले ही लक्ष्य कर चुके हैं कि उत्तम व्यंग्य या ध्वनि ही काव्य का प्राण है।

† ५७ क. भारतीय साहित्य में नई भाव-धारा का आगमन कुछ लोगों के लिए चिन्ता का विषय हो गया है। कभी-कभी उसे इसलिए निन्दनीय मान लिया जाता है कि वह विदेशी सम्पर्क का परिणाम है। परन्तु ऐसा नहीं सोचना चाहिए।

मैंने साहित्य के नये मूल्य नाम के निबंध में लिखा था कि ''जीवन साहित्य के सम्पर्क में आने से जीवन्त मनुष्य प्रभावित होता है। उन्नीसवीं शताब्दी के अंग्रेजी साहित्य में अद्‌भुत जीवनी-शक्ति उद्वेलित हो रही थी एक अपूर्व उन्मुक्त भाव-धारा। इसमें परिपाटी-विहित और परम्परा-मुक्त रस-दृष्टि के स्थान पर आत्मानुभूति, आवेगधारा और कल्पना का प्राधान्य था। इस विशिष्ट दृष्टिभंगी को अपने ध्यान में रखकर विद्वानों ने उस युग के साहित्य को स्वच्छन्दतावाद नाम दे दिया है। पर यह शब्द उस साहित्य की आत्मा को संपूर्ण रूप से प्रकट करने में समर्थ नहीं है। स्वयं इंग्लैंड में उस युग के साहित्य को रोमांटिक साहित्य कहा गया है। रोमांटिक अर्थात् वह साहित्य जो वस्तुत: जीवन के उस आवेगमय पहलू पर जोर देने के कारण विशिष्ट रूप ले सका है जो कल्पनाप्रवण अन्तर्दृष्टि द्वारा चालित किंवा प्रेरित होता है और स्वयं भी इस प्रकार की अन्तर्दृष्टि को चालित और प्रेरित करता रहता है। उस देश के क्लासिकल या परम्परा-समर्थित साहित्य में परिपाटी-विहित रसज्ञता या रस-निष्पित्ति पर जोर दिया गया था, इसीलिए उसमें उस अनासक्तिपूर्ण सौन्दर्य-ग्राहिणी दृष्टि का प्राधान्य था जो अधिकाधिक मात्रा में सामान्य होती है, विशेष नहीं। जब कोई सहृदय सौन्दर्य और रसबोध के सामान्य मान को स्वीकार कर लेता है तो उसका ध्यान सामान्य भाव से निर्धारित सौंदर्य के टाइप और नीति तथा सदाचार के परिपाटी-विहित नियमों की ओर केन्द्रित होता है। व्यक्ति की स्वतन्त्र अनुभूति तो कल्पना और आवेग के माध्यम से ही प्रकट होती है और जब वह प्रकट होती है तो नीति और सदाचार के परिणाटी विहित मूल्यों से सब समय उसका सामंजस्य भी नहीं होता। कई बार उसे ऊपरी सतह के सदाचार के विरुद्ध विद्रोह करना पड़ता है। परन्तु यह विद्रोह उसका मूल स्वर नहीं होता। हिन्दी साहित्य के छायावादी उत्थान के समय इसी प्रकार की उन्मुक्त आवेग-प्रधान और कल्पना प्रवण अन्तर्दृष्टि दिखी थी। कई कवियों में उसका विद्रोहमूलक रूप ही प्रधान हो उठा, परन्तु यह भली भाँति समझना चाहिए कि यह विद्रोह केवल विशेष प्रकार की वैयक्तिक दृष्टिभङ्गी के साथ परिपाटी-विहित रसास्वादन का सामंजस्य न हो सकने का बाह्य रूप मात्र है। यदि यही अन्त तक कवि का मुख्य वक्तव्य बना रह जाय तो कवि सफल नहीं होता है। परन्तु जो कवि उसका वास्तविक मूल्य समझता है वह स्थायी और अमर साहित्य का निर्माण करता है। उन्नीसवीं के आरम्भ में अँगरेजी के जिन साहित्यकारों में उन्मुक्त स्वाधीन दृष्टि भङ्गी विकसित हुई थी वे विद्रोही अवश्य थे, परन्तु वह विद्रोह उनकी नवीन भाव-धारा का एक बाहरी और तत्काल के लिए आवश्यक रूप मात्र था। केवल परम्परा प्राप्त साहित्य का विरोध करने के लिए या परिपाटी-विहित रसज्ञता का प्रत्याख्यान करने के लिए यह साहित्य नहीं रचा गया था। इसीलिए उसे 'स्वच्छन्दतावाद' कहना केवल एक पहलू को ही बढ़ा-चढ़ाकर कहना है। भारतवर्ष में इसी स्वाधीन चिंताधारा का स्पर्श पाकर नवीन साहित्य निर्मित हुआ था। इसमें साहित्य-रसिकों के हृदय में उन्मुक्त भावधारा के प्रति सम्मान बढ़ाया, इस बात का सबसे बड़ा प्रमाण यह है कि आज परिपाटी विहित कविता के स्थान पर उन्मुक्त आवेग और अन्तर्दृष्टि युक्त कल्पनावाली

कविता लोकप्रिय हो गई है। भारतीय सहृदय के चित्त में इस नई भावधारा ने नया कम्पन उत्पन्न किया है। परन्तु इसे भी 'पाश्चात्य प्रभाव' नहीं कहा जा सकता क्योंकि यद्यपि यह बात पाश्चात्य देश के साहित्य के सपंर्क में ही आई, तथापि वह वहाँ भी नवीन ही थी। उसके लिए जिस नवीन ढंग के मानसिक गठन की आवश्यकता है वह नये विज्ञान द्वारा उपस्थापित परिस्थितियों के कारण ही संभव हो सका था। जैसा कि पहले ही कहा गया है इस नवीन साहित्य की वास्तविक उत्सभूति वह मानसिक गठन है जिसमें कल्पना के अविरल प्रवाह से घनसंश्लिष्ट निविड़ आवेग की ही प्रधानता होती है। इस प्रकार कल्पना का अविरल प्रवाह और निविड़ आवेग, ये दोनों निरंतर घनीभूत वृत्तियाँ ही इस व्यक्तित्व प्रधान साहित्य-रूप की प्रधान जननी हैं। परन्तु यह नहीं समझना चाहिए कि ये दोनों एक दूसरे से अलग रहकर काम करती हैं। वस्तुतः इनका पृथक्-पृथक् नाम देना और स्वरूप बनाना केवल आलोचना की चर्चा की सहूलियत के लिए ही परि-कल्पित हैं। काव्य की अभिव्यक्ति में ये दोनों शक्तियाँ एक-दूसरे से इस प्रकार गुँथी रहती हैं कि इन्हें एक दूसरे से अलग करना कठिन होता है। केवल सहृदय ही यह अनुभव कर सकता है कि कहाँ एक की मात्रा अधिक है और कहाँ दूसरी की कम, कहाँ वे करीब-करीब समान हैं और कहाँ एक ने दूसरे को एकदम दबोच लिया है। परन्तु जैसा कि ऊपर बतलाया जाता है, कि उन्मुक्तता केवल इन दो मनोवृत्तियों का समानान्तर धर्म नहीं है। वह केवल काव्य के क्षेत्र में ही अपने आपको प्रकाशित नहीं करती। जीवन के विविध क्षेत्रों में उसकी लीला विराजने लगती है।

† ५७ ख. यदि उस युग के इंग्लैंड की बाह्य परिस्थितियों का विश्लेषण किया जाय तो एक और तथ्य भी प्रकट होगा। इंग्लैंड की साधारण जनता उन दिनों बहुत व्यवहारकुशल दुनियादारी में लगी थी, रोजगार के नये साधन सामने आ रहे थे, दुनिया के कोने-कोने में ब्रिटिश सिंह का जय-निनाद गूँज रहा था और घर मे अनायास लब्ध समृद्धि को भरने का प्रयत्न छोटे-बड़े सभी कर रहे थे। यही बिल्कुल ऊपरी सतह की बात है, किन्तु उस देश के विचारशील लोगों में एक प्रकार की मानसिक अशान्ति अत्यन्त स्पष्ट होकर प्रकट हुई थी, संतुलन नष्ट हो रहा था, संवेदनशील चित्त बाहरी समृद्धि और भीतरी औचित्यबोध के संघर्ष से अस्थिर हो उठा था और भीतर बाहर के इस संघर्ष ने सुकुमार कलाओं के माध्यम से अपने को अभिव्यक्त करना शुरू किया था। कविचित्त जब बाह्य परिस्थितियों के साथ समझौता नहीं कर पाता, तब छंदों की भाषा अत्यन्त प्रभावशाली होकर प्रकट होती। आंतरिक सौन्दर्यानुभूति और बाहरी असुन्दर सी लगनेवाली परिस्थिति की टकराहट से जो विक्षोभ पैदा होता है वह सभी देशों में काव्य की भाषा को मुखर बना देता है। उसमे मूर्त्त का रूप और आवेग का पंख लगा देता है। आदि कवि के उपाख्यान में इसी तथ्य की ओर इशारा किया गया है। ऋषि का मनुष्योचित रूप अपने आंतरिक आदेशों के एकदम विरुद्ध पड़ने वाले क्रौंचवधरूपी असुन्दर व्यापार से जब विचलित हुआ था, तभी अशरीरिणी वाणी नवीन छंदों में मुखर

हो उठी थी। रोमांटिक साहित्य इसी प्रकार के कवि-चित्त के आंतरिक सौन्दर्य के आदर्श और बाहरी जगत् के एकदम विपरीत परिस्थिति के संघर्ष का परिणाम है। कवि-चित्त का प्रिय आदर्श जब दूर रहता है, तब उसका प्रेम और भी विविड़ हो जाता है और भी व्याकुल वेदना जगा देता है। यह गलत बात है कि उसके अभाव से कवि मौन हो जाता है।

इस संघर्ष में कवि के चित्त में विद्रोह का स्वर भी अवश्य मुखर हो उठता है, पर असली और प्रधान स्वर रचनात्मक ही होता है। वह कुछ नया करने का प्रयत्न है जो नया देखने की तीव्र आकांक्षा से उत्प्रेरित होता है और बाह्य असुन्दरता को बदलने के उद्देश्य से परिचालित होता है। इस भावधारा में स्नान करके पुरातन भी नवीन रूप से प्रकट होता है। हमारे देश में कविवर रवीन्द्रनाथ की कविताओं में पुरातन ने जो अपूर्व नवीन सौंदर्य-लक्ष्मी का रूप लिया है, वह इसी प्रक्रिया का परिणाम है। इस सद्य स्नाता काव्य लक्ष्मी की 'प्रत्यग्र मज्जन-विशेष-विविक्तकान्तिः' सचमुच दर्शकीय है। वड्र्सवर्थ, शेली, कीट्स आदि कवियों ने जिस मोहक सौंदर्य-जगत् का निर्माण किया है वह अपनी उपमा आप ही है। इस नवीन भावधारा ने हमारे देश के कवियों के संवेदनशील चित्त को उद्‌बुद्ध किया तो इसमें कोई आश्चर्य की बात नहीं। इस नये साहित्य के मनन और चिन्तन ने इस देश में वैयक्तिकता-प्रधान नवीन चिन्ता-धारा को जन्म दिया है। इसे केवल विदेशी प्रभाव कहकर-समझकर उपेक्षणीय समझना ठीक नहीं है। हिंदी के कई प्रतिभाशाली कवियों को इस उन्मुक्त भावधारा ने प्रेरणा दी है। इसके यथार्थ स्वरूप को नहीं समझने से, इसकी आलोचना मध्यकालीन दृष्टि से की जाती है और इस प्रकार कभी-कभी इसे सदोष और त्याज्य समझा जाता है। जो वस्तु त्याज्य हो उसे त्याज्य समझना उचित ही है, पर विवेकपूर्वक वस्तु के यथार्थ का पता लगाना भी आवश्यक है, नहीं तो जैसा कि दुष्यन्त के मुँह से कालिदास ने कहलवाया है कि अंधे के सिर पर यदि मालती माला डाल दी जाय तो वह साँप समझकर सिर धुनने लगता है।

† ५७ ग. जिन लोगों को इस प्रकार की भावधारा का सच्चा इतिहास नहीं मालूम है वे यदि इसको त्याज्य बताते हैं तो सोचना चाहिए कि उनकी बात विवेक-दृष्टि से कहाँ तक ठीक है। कहीं उन्होंने आँखें तो नहीं मूँद लीं। उन दिनों व्यावसायिक क्रान्ति के कारण इंग्लैण्ड की राजनैतिक और आर्थिक शक्ति धीरे-धीरे सामन्त-वर्ग के हाथ से निकलकर व्यवसायी वर्ग के हाथों में आ गई। जिन दिनों वहाँ सामन्तशाही के विरुद्ध तीव्र आन्दोलन हुआ था उन दिनों पूँजीवाद नया शिशु ही था। साधारण प्रजा के स्वार्थ के साथ उसका विरोध नहीं था। साधारण जनता ने उन दिनों पूँजीवाद के नये पुरस्कर्ताओं का साथ दिया था। नये वैज्ञानिक साधनों के उपयोग से जो नई नागरिक सभ्यता उत्पन्न हुई, उसने कुछ ऐसी परिस्थिति उत्पन्न कर दी थी अनायास ही परंपरा की कड़ियाँ टूटती गईं, शहर की भीड़-भाड़ ने पुराने सदाचार के नियमों को शिथिल कर दिया, शिक्षा-प्रचार राज्य का कर्त्तव्य मान लिया गया और वैज्ञानिक शोधों के साथ

मिली हुई नयी शिक्षा-व्यवस्था ने एक ही साथ वंशगत प्रतिष्ठा और धार्मिक शासन के साथ विद्रोह किया। इस प्रकार परिस्थितियाँ वैयक्तिक स्वाधीनता के अनुकूल थीं। साधारण जनता साहित्य के क्षेत्र में अबाध-भाव से आने लगी। उत्तरकालीन विक्टोरियन युग की साहित्यिक विशेषता उपन्यासों और समाचार-पत्रों की भरमार में प्रकट हुई थी। छापे की मशीन ने साहित्य के क्षेत्र में जनतन्त्र को पूर्णरूप से प्रतिष्ठित कर दिया। समाज के निचले स्तर से अनेक उर्वर मस्तिष्क वाले इस क्षेत्र में आये जिन्हें शास्त्रीय अध्ययन और परिपाटी-विहित शिष्टाचार की शिक्षा एकदम नहीं मिली थी। इस नयी जाति की मेधा ने साहित्य में एक तरफ नया प्राण-संचार किया, दूसरी तरफ विचारगत हल्केपन का भी प्रवेश कराया। ये सब बातें थोड़े समय बाद रूप बदल कर हमारे देश के साहित्य में भी आईं।

इस समय भारतवर्ष में जो नयी शिक्षा आयी; वह इंग्लैंड की इन बहुविध विचार प्रवृत्तियों से प्रभावित थी। पर इसमें मनुष्यमात्र की समानता सिद्धान्त रूप में स्वीकृत हो गई थी, व्यवहार में वह राष्ट्र के मनुष्यों तक ही सीमित थी। व्यवहारगत शिथिलता ने वहाँ उस जातिगत उत्कर्ष के भद्दे सिद्धांत को जन्म दिया, जिसने आगे चलकर संसार में भयंकर अशान्ति के बीज बो दिये। राष्ट्र के भीतर अवश्यंभावी ही स्वतन्त्रता और समानता के सिद्धान्त स्वीकार कर लिए गए थे।

एडम स्मिथ ने सुझाया था किसी राष्ट्र की सम्पत्ति उसके व्यक्तियों की योग्यता और स्वाधीनता पर ही निर्भर है। व्यावसायिक क्रांति की उथल-पुथल ने कुलीन पुरुष के इस दावे को निर्मूल सिद्ध किया कि कुल-विशेष भगवान् की ओर से गुणों के साथ उत्पन्न किया गया है। व्यवसाय में जनता के व्याख्यान मंच पर, कानून बनाने वाली सभाओं में और जन-चित्त की प्रतिक्रियाओं को अभिव्यक्त करने वाले समाचार-पत्रों में कौलीन्य का कोई विशेष मूल्य नहीं था। आगे चलकर यह तर्क भी उपस्थित किया जाने लगा कि वैयक्तिक स्वाधीनता यदि व्यवसाय-वाणिज्य और नागरिक सम्बन्धों में अच्छी चीज है तो वह सदाचार और नैतिकता के क्षेत्र में क्यों नहीं अच्छी है। गाडविन ने निस्संदिग्ध होकर घोषणा की थी कि मनुष्य स्वभावत: सदाचारी है। अगर सभी कानून और नियम रद्द कर दिये जायँ तो मनुष्य की बुद्धि और चरित्र में निस्सन्देह अभूतपूर्व उन्नति होगी। शैली ने इन विचारों को छंदों की भाषा प्रदान की थी।

उन दिनों संवेदनशील कवियों के चित्त में ऊपरी सतह की ये हलचलें अपनी निश्चित लांछन-रेखा छोड़ जाती थीं। इन कवियों के चित्त में जो रचनात्मक प्रतिभा थी उसमें इन ऊपर से कर्कश दिखने वाले विचारों की कोमल अभिव्यंजना थी। वस्तुत: यह साहित्य अपने युग की संपूर्ण चेतना और विचार-संघर्ष की सुन्दर कलात्मक अभिव्यक्ति है। यह कहना ठीक नहीं है कि यह किसी पुराने विचार का नामान्तर मात्र है। इस कथन का अर्थ यदि यह हो कि मूल मानव-मनोवृत्तियाँ वहीं बनी रहती हैं, केवल विभिन्न-परिस्थितियों में उनका ऊपरी रूप परिवर्तित होता रहता है तब तो यह बात किंचित स्वीकारणीय हो सकती है, किन्तु यदि इसका अर्थ यह हो कि इसी श्रेणी

की या यही भावधारा पहले कभी रही और बाद में कभी आ सकती है तो यह बात स्वीकार योग्य नहीं होगी। यह कहना कि कबीर का रहस्यवाद ही रवीन्द्रनाथ का रहस्यवाद है या मीरा का रूपान्तर ही महादेवी वर्मा हैं, पूर्ण सत्य नहीं है। ऐसी बातों में विचारगत गम्भीरता का निदर्शन नहीं। इतिहास अपने-आप को चाहे तथ्यात्मक जगत् में कभी-कभी दुहरा भी लेता हो, परन्तु विचार की दुनिया में वह जो गया सो गया, मनुष्य का जीवन अपना उपमान आप ही है। इसमें एक बार जो गलती हो जाती है या भटकाव आ जाता है, वह अनुभव के रूप में और स्मृति के रूप में कुछ-न-कुछ नया जोड़ जाता है। इस जुड़े हुए अंश को किसी भी पूर्ववर्ती युग में नहीं पाया जा सकता। स्वयं रोमांटिक साहित्यकारों में चौथी शताब्दी में ही विचारगत विभेद और वैशिष्ट्य लक्षित होने लगा था। पंडितों ने उन्नीसवीं शताब्दी के दूसरे चरण के साहित्य में एक विशेष प्रकार की नयी प्रवृत्ति का संधान पाया है जो इसलिए सम्भव हुई थी कि इन दोनों के साहित्यकार इस बात में सचेत हो गये थे कि वे कुछ नया कर रहे हैं और उनके प्रधान अस्त्र आवेग और कल्पना हैं। पूर्ववर्ती साहित्यकारों में जो एक प्रकार का बाह्य जगत् के प्रति विस्मय का भाव था वह आदि-मानव के उस मनोभाव का सजातीय था जिसने पौराणिक विश्वासों और तांत्रिक आचारों को जन्म दिया था जबकि दूसरे चरण के साहित्यकारों में उस प्रकार का मनोभाव है जो तांत्रिक आचारों को निर्विवाद रूढ़ियों के रूप में स्वीकार करने वाले मनुष्य में पाया जाता है।

७.

उपन्यास और कहानी

† ५८. उपन्यास और कहानियाँ हमारे साहित्य में नई चीज हैं। पुराने साहित्य में कथा, आख्यायिका आदि के रूप में इस जाति का साहित्य मिलता है पर उनमें और आधुनिक कथाओं—उपन्यास और कहानियों—में मौलिक भेद है। मौका पाकर हम इस भेद को समझने का प्रयत्न करेंगे। अभी तो हम आधुनिक ढंग से उपन्यासों और कहानियों की चर्चा करने जा रहे हैं।

† ५९. उपन्यास इस युग का बहुत ही लोकप्रिय साहित्य है। शायद ही कोई पढ़ा-लिखा नौजवान इस जमाने में ऐसा मिले जिसने दो-बार उपन्यास न पढ़े हों। यह बहुत मनोरंजक साहित्यांग माना जाने लगा है। आजकल जब किसी पुस्तक को बहुत मनोरंजक पाया जाता है तो प्राय: कह दिया जाता है कि इस पुस्तक में उपन्यास का-सा आनन्द मिल रहा है। किसी-किसी यूरोपियन समालोचक ने उपन्यास का एक-मात्र गुण उनकी मनोरंजकता को ही माना है। इस साहित्यांग (उपन्यास) ने मनोरंजन के लिए लिखी जाने वाली कविताओं का ही नहीं, नाटकों का भी रंग फीका कर दिया है; क्योंकि पाँच मील दौड़कर रंगशाला में जाने की अपेक्षा पाँच सौ मील दूर से ऐसी किताब मँगा लेना कहीं अधिक आसान हो गया है जो अपना रंगमंच अपने पात्रों में ही लिये हुए हो।

उपन्यास में उन टंटों की कोई जरूरत नहीं रह जाती जो रंगमंच सजाने में आ खड़े होते हैं। किसी ने बिल्कुल ठीक कहा है कि आज के जमाने में उपन्यास एक ही साथ शिष्टाचार का सम्प्रदाय, बहस का विषय, इतिहास का चित्र और पाकेट का थियेटर है। मशीन ने ही इस जाति के साहित्य का उत्पादन बढ़ाया है और उसी ने इसके वितरण का पथ प्रशस्त किया है। उपन्यास साहित्य में मशीन की विजय-ध्वजा है। ऐसे लोकप्रिय साहित्य को समझने का प्रयत्न क्या करना भला। किन्तु दुनिया में प्राय: ही ऐसा देखा जाता है कि सबसे प्रिय वस्तु को समझने में ही आदमी सबसे अधिक गलती करता है। प्रिय वस्तुओं के प्रति एक प्रकार का मोह हुआ करता है जो ज्ञान का परिपंथी है। उपन्यास के समझने में भी बहुत गलतियाँ की जाती हैं। सीधी लकीर का खींचना सचमुच टेढ़ा काम है।

† ६०. परन्तु उपन्यास है क्या चीज? हिन्दी के श्रेष्ठ औपन्यासिक प्रेमचन्द ने लिखा है कि ''उपन्यास की कोई ऐसी परिभाषा नहीं है जिस पर सब लोग सहमत हों।'' फिर उन्होंने उसे समझाने का प्रयास किया है। वे कहते हैं :—

''मैं उपन्यास को मानव-चरित्र का चित्र-मात्र समझता हूँ। मानव-चरित्र पर प्रकाश डालना और उसके रहस्यों को खोलना ही उपन्यास का मूल तत्त्व है। किन्हीं भी दो आदमियों की सूरत नहीं मिलती, उसी भाँति आदमियों के चरित्र नहीं मिलते। जैसे सब आदमियों के हाथ, पाँव, आँखें, कान, नाक, मुँह होते हैं, पर इतनी समानता रहने पर भी विभिन्नता मौजूद रहती है, उसी भाँति सब आदमियों के चरित्रों में भी बहुत-कुछ समानता होते हुए भी कुछ विभिन्नतायें होती हैं। यही चरित्र-सम्बन्धी समानता और विभिन्नता—अभिन्नत्व में भिन्नत्व और विभिन्नत्व में अभिन्नत्व—दिखाना उपन्यास का मूल कर्त्तव्य है।

''संतान-प्रेम मानव-चरित्र का एक व्यापक गुण है। ऐसा कौन प्राणी होगा जिसे अपनी सन्तान प्यारी न हो। लेकिन इसा सन्तान-प्रेम की मात्रायें हैं, उसके भेद हैं। कोई सन्तान के लिए मर मिटता है, उसके लिए कुछ छोड़ जाने के लिये आप नाना प्रकार के कष्ट झेलता है, लेकिन धर्मभीरुता के कारण अनुचित रीति से धन-संचय नहीं करता। उसे शंका होती है कि कहीं इसका परिणाम हमारी संतान के लिए बुरा न हो। कोई औचित्य का लेखमात्र भी विचार नहीं करता और जिस तरह भी हो कुछ धन-संचय करना अपना ध्येय समझता है, चाहे इसके लिये उसे दूसरों का गला ही क्यों न काटना पड़े। वह सन्तान-प्रेम अपनी आत्मा को ही बलिदान कर देता है। एक तीसरा सन्तान-प्रेम वह है जहाँ सन्तान की सच्चरित्रता प्रधान कारण होती है, जब कि पिता उसका कुचरित्र देखकर उससे उदासीन हो जाता है, उसके लिये कुछ छोड़ जाना या कर जाना व्यर्थ समझता है। इसी प्रकार अन्य मानवी गुणों की भी मात्रायें और भेद हैं। चरित्राध्ययन जितना ही सूक्ष्म और जितना ही विस्तृत होगा उतनी ही सफलता से चरित्रों का चित्रण हो सकेगा। सन्तान-प्रेम की एक दशा यह भी है जब पिता पुत्र को कुमार्ग पर चलते देखकर उसका घातक शत्रु हो जाता है और वह भी सन्तान-प्रेम ही है जब पिता के लिए पुत्र घी का लड्डू होता है, जिसका टेढ़ापन उसके स्वाद में बाधक नहीं होता। एक ऐसा सन्तान-प्रेम भी देखने में आता है जहाँ शराबी और जुआड़ी पिता पुत्र-प्रेम के वशीभूत होकर सारी बुरी आदत छोड़ देता है।''

इस प्रकार प्रेमचन्द जी उपन्यास को बहु-विचित्र मनुष्य-जीवन का चित्रमात्र मानते हैं। यह चित्र सुन्दर हुआ है या नहीं और यदि सुन्दर हो सका है तो पाठक की उत्कर्ष-सिद्धि में कहाँ तक सहायक हुआ है, यह बात फिर भी विचारणीय रह जाती है।

६१. उपन्यास और कहानियों की हम इस अध्याय में एक साथ विवेचना करने जा रहे हैं। इसका कारण यह है कि दोनों वस्तुत: एक ही जाति की चीजें है। शुरू-शुरू में तो छोटे उपन्यास को 'कहानी' कहते थे। परन्तु छापे की कल तथा सामयिक पत्र-पत्रिकाओं के प्रचार ने छोटी कहानियों का बहुत प्रचार किया और धीरे-धीरे वे स्वतन्त्र हो गयीं। बाद में चलकर यह निश्चय हो गया कि आकार-मात्र ही कहानी की

विशेषता नहीं है। कहानी का अपना एक लक्ष्य होता है। इस लक्ष्य की पूर्ति के लिये कहानी लेखक कम-से-कम पात्रों और घटना की योजना करता है। वह लक्ष्य ही प्रधान होता है, घटना और पात्र निमित्तमात्र। इस प्रकार उपन्यास और कहानी का प्रधान अन्तर यह होता है कि उपन्यास में चरित्रों और घटनाओं का प्राधान्य रहता है, वे केवल निमित्तमात्र नहीं होते, बल्कि उन्हें स्वच्छन्द रूप से विकसित होने का मौका मिलता है, जबकि ये दोनों ही तत्व कहानी में प्रधान होकर निमित्त मात्र बने रहते हैं।

यह ध्यान में रखना चाहिये कि यह नहीं कहा जा रहा है कि कहानी में पात्र और घटना गौण होते है, बल्कि यह कहा जा रहा है कि वे निमित्त-मात्र होते हैं; असली बात लक्ष्य होती है। और उस लक्ष्य की सिद्धि के लिए पात्र और घटना जितने सहायक होते हैं उतने ही रखे जाते हैं। लेखक का व्यक्तिगत मत इसमें अधिक स्पष्ट होता है। कुछ समालोचकों ने एक उपमा देकर इस बात को समझाने की चेष्टा की है। उपन्यास एक शाखा-प्रशाखा वाला विशाल वृक्ष है, जबकि छोटी कहानी एक सुकुमार लता। कुछ दूसरे समालोचकों ने बताया है कि उपन्यास और कहानी का वही संबंध है जो महाकाव्य और गीतिकाव्य का। इन उपमाओं के बहाने जो बात कही गई है उसे स्पष्ट भाषा में इस प्रकार रखा जा सकता है—उपन्यास और कहानी दोनों एक ही जाति के साहित्य हैं; परन्तु उसकी उपजातियाँ इसलिये भिन्न हो जाती हैं कि उपन्यास में जहाँ पूरे जीवन की नाप जोख होती है, वहाँ कहानी में उसकी सिर्फ एक झाँकी मिल जाती है। मानव चरित्र के किसी पहलू पर या उसमें घटित किसी एक घटना पर प्रकाश डालने के लिये छोटी कहानी लिखी जाती है।

देखा गया है कि अच्छे उपन्यासकार सब समय अच्छे कहानी-लेखक नहीं हो सके हैं, ठीक उसी प्रकार अच्छे महाकाव्य लेखक सब समय अच्छे गीतिकाव्य-लेखक नहीं हुए हैं। यह तथ्य इस बात का सबूत है कि कहानी और उपन्यास के लिखने में भिन्न-भिन्न कोटि की प्रतिभा आवश्यक होती है। प्रेमचन्द जी ने कहा है कि कहानी में बहुत विस्तृत विश्लेषण की गुंजाइश नहीं होती। कहानी-लेखक का उद्देश्य सम्पूर्ण मनुष्य-जीवन को चित्रित करना नहीं, वरन् उसके चरित्र के एक अंग-मात्र का दिखाना होता है।

नये आलोचकों के मन से इधर कहानी की कारीगरी वाले दृष्टिकोण में थोड़ा और परिवर्तन हुआ है। अब प्रतिभा की उपेक्षा चतुरता और कारीगरी का मूल्य ज्यादा आँका जाने लगा है। इसका नतीजा यह हुआ कि उन्नीसवीं शताब्दी तथा बीसवीं शताब्दी के आरम्भ-काल में लेखकों की लिखी हुई अत्यंत श्रेष्ठ कहानियों को भी कहानी-कला की दृष्टि से फीका समझा जाने लगा है।

''उन्नीसवीं शताब्दी के श्रेष्ठ कहानी-लेखक अपनी रचनाओं में मनोरंजकता रहस्यमय कथानक, मानव-हृदय का मनोवैज्ञानिक विश्लेषण, गहरे यथार्थवाद और अनोखे सूत्रों का समावेश करके कहानियों के क्षेत्र में यथेष्ट सफलता प्राप्त कर लेते थे।

परन्तु कहानी-कला के वर्तमान आलोचकों की राय में इन सारी बातों की महत्ता बहुत कम रह गई है। इन चीजों को व्यर्थ का निस्सार तो आज का समालोचक भी नहीं कहता, परन्तु अब यह कहानी के कलेवर को उसकी आत्मा से भी अधिक महत्त्व देने लगा है''—(चंद्रगुप्त विद्यालंकार)।

परन्तु आज के समालोचकों का मत केवल सामयिक नवसर्जन-मनोवृत्ति का परिणाम है। इस युग में सबको सब समय कुछ नया गढ़ने का पागलपन ग्रास किये हुए है। कोई आश्चर्य नहीं कि साहित्य के क्षेत्र में इस मनोवृत्ति ने प्रतिभा को कारीगरी के सामने गौण बना दिया है। सही बात, जैसा कि चन्द्रगुप्त विद्यालंकार जी ने कहा, यह है कि प्रतिभा नई-नई कारीगरियों को जन्म देती है, वह सदा प्रधान रहेंगी।

† ६२. उपन्यास हो या कहानी, उसकी आलोचना करते समय हम एक बात भूल नहीं सकते। वह यह कि उपन्यास या कहानी, और कुछ हो या न हो, एक कहानी या कथा जरूर है। कहानी या कथा में जो बातें आवश्यक हैं वे उनमें अवश्य होनी चाहिए। कोई उपन्यास (या छोटी कहानी) सफल है या नहीं, इस बात की प्रथम कसौटी यह है कि कहानी कहने वाले ने कहानी ठीक-ठीक सुनाई है या नहीं—अनावश्यक बातों को तूल तो नहीं दिया है, जहाँ-जहाँ कहानी अधिक मर्मस्पर्शी हो सकती थी वहाँ-वहाँ उसने उचित रीति से सम्हाला है या नहीं, छोटी-छोटी बातों से ही उलझकर तो नहीं रह गया, प्रसंगवश आई हुई घटना का अधिक वर्णन तो नहीं करने लगा जिससे पाठक का जी ही ऊब जाय, और सौ बात की एक बात यह कि वह शुरू से अन्त तक सुनने वाले की उत्सुकता जागृत रखने में नाकामयाब तो नहीं रहा। कहानीपन इस साहित्य की प्रथम शर्त है।

सभी कहानी नहीं कह सकते, कुछ लोगों को यह गुण विधाता की ओर से मिला होता है। असल में वे ही लोग अच्छे उपन्यास-लेखक हो सकते हैं जो कहानीपन के जानकार हैं और शुरू से अन्त तक श्रोता की उत्सुकता बनाये रखने की कला के उस्ताद हैं।

† ६३. कोई भी कहानी हो—यहाँ 'कहानी' नामक साहित्य रचना से मतलब नहीं है, बल्कि लोकप्रचलित मामूली अर्थ में व्यवहार हो रहा है—उसमें छः बातें जरूरी हैं :—

(१) वह कुछ प्राणियों के जीवन की घटना होती है; (१) इन लोगों का सम्बन्ध कुछ घटनाओं या व्यापारों से रहता है; (३) जिनके जीवन की कथा सुनाई जा रही है वे आपस में, और कभी खुद अपने से भी, बातचीत जरूर करते हैं; (४) कथा की घटना किसी-न-किसी स्थान और किसी-न-किसी काल में जरूर घटती है; (५) फिर कहने वाले का अपना कोई-न-कोई ढंग जरूर रहता है। कोई भी कहानी हो ये पाँच बातें उसमें रहती हैं, यह तय है।

एक छठी बात भी है जो आजकल उपन्यास में प्रधान हो उठी है। पुराने जमाने में सब समय इसको रहना जरूरी नहीं समझा जाता था। यह (६) छठी बात है

उद्देश्य। उपन्यास में ये छ: बातें रहती हैं। शास्त्रीय भाषा में इन्हें क्रमश:—(१) पात्र (२) कथा-वस्तु (३) कथोपकथन (४) देशकाल (५) शैली और (६) उद्देश्य कहते हैं।

उपन्यास के इन तत्वों में से कभी-कभी एक दो तत्व प्रधान हो जाते हैं। उनकी प्रधानता के अनुसार उपन्यासों के भिन्न भेद हो जाते हैं। उदाहरण के लिए, जिन उपन्यासों में पात्रों की प्रधानता होती है वे चरित्रप्रधान और जिनमें घटना की प्रधानता होती है उन्हें घटनाप्रधान उपन्यास कहते हैं। अन्यान्य बातों की प्रधानता भी उनके नाम पर ही प्रसिद्ध होती है। यदि हम तत्वों पर ध्यान देकर विचार करें तो मालूम होगा कि घटना इन सबमें स्थूल वस्तु है और उद्देश्य सब से सूक्ष्म। इन बातों का अलग-अलग सुन्दर निर्वाह उपन्यासकार का आवश्यक गुण है परन्तु इन सब के सामंस्य से ही उपन्यास की कथा मनोहर होती है। इनके उचित सन्निदेश से ही उपन्यास का रसास्वाद सुकर होता है।

† ६४. कथा-वस्तु का ठोस और सुसंबद्ध होना परम आवश्यक है। कथा की गति को अग्रसर करने के लिए और उसके पात्रों की मनोवृत्ति को स्पष्ट करने के लिए जितना आवश्यक है उससे कुछ भी अधिक होने से घटनागत औचित्य नष्ट हो जाता है। उद्देश्य-विशेष की सिद्धि के लिए लेखक कभी-कभी ऐसी घटनाओं की योजना करता है जो कथा-वस्तु के ठोसपन की दृष्टि से एकदम अनावश्यक और अप्रासंगिक होता है। 'प्रेमाश्रम' में सनातन धर्म-सभा का भड़कीला अधिवेशन कोई बहुत आवश्यक नहीं था, वह तो सिर्फ जमींदारी-प्रथा की कलंक-रेखा को और भी गाढ़ बना देने के उद्देश्य से लिखा गया था। उसके निकाल देने से मूल कथा का कोई विशेष नुकसान नहीं होता। परन्तु लेखक को जमींदारी-प्रथा और वकालत के पेशे को बुरा सिद्ध करने का मोह था और वे इन लम्बे प्रसंगों को छोड़ नहीं सके।

मूलकथा को उज्ज्वल रूप में प्रत्यक्ष कराने के लिए कभी-कभी ग्रन्थकार अवान्तर घटनाओं की सृष्टि करता है। वे अवान्तर घटनायें दो प्रकार से मूलकथा को उज्ज्वल और गतिशील बनाती हैं—(१) सहायक के रूप में या (२) विरोधी के रूप में। सुग्रीव और बालि का झगड़ा रामायण की मूलकथा को अग्रसर करने में सहायक है, परन्तु 'गोदान' में होरी की कहानी के साथ रायसाहब आदि उच्चतर वर्ग के लोगों का जो समानान्तर घटना-प्रवाह चलाया गया है वह इसलिए कि किसान के जीवन को उसके एकदम प्रतिकूल जीवन की पृष्ठभूमि में रखकर और उज्ज्वल रूप में दिखाया जा सके।

घटनागत औचित्य का तकाजा है कि अवान्तर घटनायें इस प्रकार मूल घटना के साथ बुन दी जायँ कि पाठक को कहीं भी संदेह न होने पावे कि वह दूसरी कथा भी पढ़ रहा है। 'रंगभूमि' एक तरफ सूरदास आदि ग्रामीण पात्रों की कहानी है और दूसरी तरफ राजे और रईसों की। परन्तु लेखक ने बड़ी मुस्तैदी से दोनों कथा-वस्तुओं को एक-दूसरे से उलझा दिया है। 'गोदान' की कथा-वस्तुओं में इतनी सफाई नहीं है इस

प्रकार यद्यपि उद्देश्य की सिद्धि के लिए लेखक को बहुत कुछ करने का साधन और अधिकार प्राप्त है, परन्तु घटनागत औचित्य का निर्वाह भी कम जवाबदेही का काम नहीं है।

† ६५. औचित्य उपन्यास की जान है। औचित्य का अभाव सर्वत्र खटकता है, पर उपन्यास में उसका अभाव तो बहुत अधिक खटकने वाला होता है। पात्रों के चरित्र-चित्रण में, उनकी बातचीत में, उनके वस्त्रालंकारों के वर्णन में, उनकी रीति-नीति के उपस्थापन में सर्वत्र औचित्य की आवश्यकता होती है। सर्वत्र यह आवश्यक है कि उपन्यासकार पूरी ईमानदारी और सच्चाई से काम ले। इन सब बातों में देश, काल और पात्र के ज्ञान की आवश्यकता रहती है। ऐतिहासिक उपन्यास लिखने वाला लेखक उस काल के वातावरण से बँधा होता है। वह कोई भी ऐसी बात अगर लिख दे, जो उस जमाने में संभव नहीं थी तो बात खटक जायेगी और सहृदय पाठक के रसास्वाद में बाधा उपस्थित होगी।

एक प्रसिद्ध उपन्यासकार ने पठानकाल की एक घटना को आश्रय करके उपन्यास लिखा है। उसमें अमरूद के पेड़ों का वर्णन है। यह बात काल-विरुद्ध है; क्योंकि अमरूद का पेड़ पोर्तुगीजों का ले आया हुआ है। उनसे पहले वह इस देश में था ही नहीं। उपन्यास का एक पात्र खाट पर लेटे-लेटे पुस्तक पढ़ता है, यह भी काल-विरुद्ध बात है। उन दिनों न तो छापे की कल के कारण आधुनिक ढंग के उपन्यास ही थे, न पुट्ठोंवाली पुस्तकें ही थीं, और न लेटे-लेटे पढ़ने की प्रथा ही थी। उन दिनों खुले पत्रों की पुस्तकों का ही प्रचलन अधिक था। इसी प्रकार देश-विरुद्ध बातें भी खटकने वाली हैं।

एक लेखक ने उत्तर-भारत के नगरोद्यान के वर्णन-प्रसंग में बसंत-ऋतु में शेफालिका-पुष्पों का वर्णन किया है। दक्षिण-भारत में तो सुना है, बसन्त में शेफालिका खिलती है, पर उत्तर-भारत में यह बात साधारणत: नहीं दिखती। पात्रगत औचित्य के निर्वाह में प्राय: प्रमाद का परिचय पाया जाता है। कभी-कभी बड़े-बड़े सम्राटों के मुँह से ऐसी बातें कहलवाई जाती हैं जो न उसकी पद-मर्यादा के उपयुक्त होती हैं, और न चरित्र-विकास के। इस औचित्य-निर्वाह के लिए परम आवश्यक है कि उपन्यास-लेखक अपने देश और काल का पूरा जानकार हो, और पात्रों के चरित्र-विकास का समझने वाला हो। वह जो कुछ कहे, उसका देखा-जाँचा और अनुभव किया हुआ हो। ऐतिहासिक उपन्यास-लेखक की ईमानदारी की भी वह कसौटी है।

कहा जा सकता है कि ऐतिहासिक उपन्यास-लेखक प्राचीन काल की बातों को स्वयं कैसे देख सकता है? उत्तर यह है कि ऐतिहासिक लेखक का वक्तव्य इतिहास की उत्तम जानकारी तथा उस युग की प्रामाणिक पुस्तकों, मुद्राओं और शिलालेखों के आधार पर जाँची हुई होनी चाहिए। ऐतिहासिक उपन्यास का लेखक मृत घटनाओं और अर्द्धज्ञान या नाम मात्र से परिचित व्यक्तियों के कंकाल में प्राण-संचार करता है। कल्पना

उसका प्रधान अस्त्र है। पर उस कल्पना के साथ उसकी जानकारी का सामंजस्य होना चाहिए। अगर उसकी कल्पना के पोषक प्रमाण प्रामाणिक नहीं हुए तो रसास्वाद में पद-पद पर बाधा पहुँचेगी। इस प्रकार विषयगत औचित्य और विषयिगत ईमानदारी उपन्यास की जान है। ये ही लेखक पर पाठक का विश्वास स्थिर करते हैं। जो उपन्यास-लेखक पाठक का विश्वास नहीं अर्जन कर सकता वह कभी सफल नहीं हो सकता।

लेखक की ईमानदारी का एक उत्तम उदाहरण सुभद्राकुमारी चौहान की कहानियों के स्त्री-पात्र हैं। इनकी कहानियाँ बहुओं—विशेष कर शिक्षित बहुओं—के दु:खपूर्ण जीवन को लेकर लिखी गई हैं। उन्हीं किताबी ज्ञान के आधार पर या सुनी-सुनाई बातों का आश्रय करके कहानियां नहीं लिखी, बल्कि अपने अनुभवों को ही कहानी के रूप में रूपान्तरित कर दिया है। यही कारण है कि उनके स्त्री-पात्रों का चरित्र-चित्रण अत्यन्त मार्मिक और स्वाभाविक हुआ है। उनसे परिचय पाकर हम सजीव प्राणियों के संसर्ग में आते हैं, जो अपने जीवन के उन पहलुओं से हमारा परिचय कराते हैं, जिन्हें हम बहुत कम जानते हैं। उस ईमानदारी के कारण ही उनके पात्र इतने प्रभावशाली हो सके हैं।

† ६६. उपन्यासकार के पात्रों की सजीवता और स्वाभाविकता सदा अपेक्षित है। पाठकों को उनके संसर्ग में आते समय विश्वास बना रहना चाहिये कि वे सत्य हैं, कपोल कल्पित नहीं। प्रेमचन्द को ''कल्पना के गढ़े हुए आदमियों में'' विश्वास नहीं था। उन्होंने लिखा है कि इन गढ़े हुए पात्रों के कार्यों और विचारों से हम प्रभावित नहीं होते। हमें इसका निश्चय हो जाना चाहिये कि लेखक ने जो सृष्टि की है वह प्रत्यक्ष अनुभवों के आधार पर की गई है, या अपने पात्रों की जबान से वह खुद बोल रहा है। इसीलिये कुछ समालोचकों ने साहित्य को लेखक का जीवन चरित्र कहा है। आजकल का लेखक कहानी लिखता है पर वास्तविकता का ध्यान रखते हुए; मूर्ति बनाता है, पर ऐसी जिसमें सजीवता हो; वह मानव-प्रकृति का सूक्ष्म दृष्टि से अवलोकन करता है, मनोविज्ञान का अध्ययन करता है और इस बात का प्रयत्न करता है कि उसके पात्र हर हालत में और हम मौके पर इस प्रकार आचरण करें जैसे रक्त-मांस का मनुष्य करता है।

पात्रों का चारित्रिक विकास स्वाभाविक होना चाहिए। साधारणत: दो तरह के उपन्यास लेखक अपने पात्रों के चरित्र का विकास करता है—(१) घटनाओं से टक्कर खिलाकर और (२) पात्र के भीतर स्वाभाविक अंकुर के विशेष गुण को निमित्त बना कर [दे० ८७]। प्रथम को बाह्य उपकरणमूलक विकास कहते हैं। और दूसरे को आन्तरिक उपकरणमूलक। दूसरे प्रकार का विकास ही स्वाभाविक और हृदयग्राही होता है। घटिया श्रेणी के लेखक प्राय: इस विषय में असफल सिद्ध होते हैं। उपन्यास का नायक ही जब समस्त घटनाओं में योग स्थापित कर रहा हो और उन घटनाओं का आपस में कोई संबंध न हो तो ऐसे कथानक को शिथिल कथानक

कहते हैं, परन्तु यदि घटनाएँ जीवंत रूप में एक दूसरे से गुँथी तो उस कथानक को संग्रथित कहते हैं।

† ६८. कुछ उपन्यासकार आत्म-कथा की शैली पर उपन्यास लिखते हैं, कुछ डायरी के रूप में, कुछ चिट्ठियों के रूप में, कुछ बातचीत के रूप में और कुछ पूर्वापर रूप में कहानी को कह जाने के रूप में। सर्वत्र औचित्य का ध्यान रखना आवश्यक है। आत्म-क़था या डायरी के रूप में लिखने वाले केवल नायक की जानी हुई बातों के सहारे उपन्यास गत औत्सुक्य बनाये रखने तथा रसपरिपाक करने की जिम्मेदारी होती है। उसे कथा-प्रवाह के बढ़ाव के लिए बड़ी सावधानी से ऐसी-नई-नई घटनाओं का उल्लेख करना पड़ता है, जो पाठक की जानकारी में संभव हो। चिट्ठियों और बातचीत के रूप में लिखे गये उपन्यासों में लेखक को कुछ अधिक सुविधा प्राप्त होती है, पर बंधन वहाँ भी होता है। सबसे सहज शैली है उपन्यासकार का सर्वज्ञ बन जाना। दुनिया के बड़े-बड़े उपन्यासकारों ने अधिकतर इस शैली को अपऩाया है। उपन्यासकार वहाँ सब जानता है—पात्र के भीतर क्या घट रहा है, उसके संपर्क में आने वाले क्या और कितना समझ रहे हैं, बाहर क्या घट रहा है इत्यादि सभी बातें उसे मालूम होती हैं। परन्तु सर्वज्ञता की जवाबदेही के कारण उसका कार्य बड़ा कठिन होता है। जो शैली सबसे सहज है उसमें और औचित्य का निर्वाह सबसे कठिन है।

† ६८. अपने उद्देश्य को सिद्ध करने के लिये लेखक सारी घटनाओं का सन्निवेश करता है, पात्रों के चरित्रों को अभीष्ट दिशा में विकसित होने देता है, उनमें बातचीत करता है और शैली-विशेष का आश्रय लेता है। कभी-कभी वह जिस उद्देश्य को लेकर लिखने बैठता है, अन्त तक सिद्ध नहीं होता। 'प्रेमाश्रम' में लेखक का उद्देश्य-प्रेम और भ्रातृ-भाव के महान् आदर्श को अंकित करना जान पड़ता है। ग्रन्थकार ने इसी उद्देश्य से कहानी का भित्तिस्थापन किया था और चरित्रों की योजना की थी, पर अन्त तक जाकर यह उद्देश्य दब गया है और एक दूसरा प्रतिपाद्य प्रबल हो गया है। वह दूसरा उद्देश्य है जमींदारी-प्रथा की अनिष्टकारिता। लेखक का भावात्मक आदर्श गौण हो गया है और अभावात्मक आदर्श प्रधान।

† ६९. उपन्यास के भिन्न-भिन्न तत्वों का अलग-अलग और मिलकर भी किया हुआ सूक्ष्म चित्रण और सफलतापूर्वक निर्वाह ही उपन्यास को बड़ा नहीं बना देता, बड़ा देता, बड़ा बनाती है और उद्देश्य की महत्ता और उसकी सफल सिद्धि। सब तत्त्व मिलकर पाठक के ऊपर जिस प्रकार की सृष्टि करते हैं उस प्रभाव के माप पर ही उपन्यास का महत्त्व निर्भर है। घटना, पात्र, कथोपकथन और शैली आदि का सफल निर्वाह प्रभाव की अपेक्षा में ही उत्तम हो सकता है। कई उपन्यास-लेखकों की कृतियों में इन तत्त्वों का जोरदार सन्निवेश है, फिर भी उनसे पाठक के चित्त पर अच्छा प्रभाव नहीं पड़ता। वे मानव-जीवन की सड़ान और गन्दगी को मोहक बनाकर रखते हैं और इस प्रकार पाठक को एक प्रकार की गन्दी शराब पिला कर मोहग्रस्त कर देते

हैं। यह वस्तु कभी बड़ी नहीं हो सकती। भोजन की उत्तमता की कसौटी केवल परिपाक, सुगन्धि और द्रव्यों का सन्निवेश मात्र नहीं, और न खूब सुस्वादु होना ही उसकी कसौटी है। भोजन अच्छा वह है, जो इन सारे गुणों के साथ-ही-साथ मनुष्य को स्वस्थ और सबल बनाये। जो भोजन परिणाम में मोहग्रस्त कर देता है, यह रोगी बना देता है या मृत्यु का शिकार बना देता है, उसे अच्छा भोजन नहीं कह सकते। बुरे प्रभाव वाला उपन्यास भी ऐसा ही है। मानव-जीवन की गंदगियों को मोहक और आकर्षक करके चित्रण करने वाले उपन्यास विषाक्त भोजन के समान घातक हैं। सुप्रसिद्ध पत्रकार पं० बनारसीदास चतुर्वेदी ने ऐसे उपन्यासों को 'घासलेटी साहित्य' नाम दे रखा है।

† ७०. प्रश्न हो सकता है उद्देश्य की महत्ता की परख क्या है? मनुष्य का चरित्र जिस रूप में आज परिणत हुआ है उसके कई कारण हैं? नाना मनीषियों ने इसे नाना रूप में समझने-समझाने की चेष्टा की है। अपने विशेष दृष्टिकोण का समर्थन तब तक नहीं किया जा सकता जब तक पूर्ववर्ती दृष्टिकोण से उसकी श्रेष्ठता न प्रमाणित कर ली जाय। इस प्रकार पूर्वमत को निरस्त करके नये मत में स्थापित करने का नियम है। उपन्यास-लेखक दार्शनिक पंडित के इस नियम को नहीं मानता, पर जीवन के प्रति उसका जो विशेष दृष्टिकोण है उसे वह कौशलपूर्ण ढङ्ग से स्थापित करते समय उस विशेष दृष्टिकोण के प्रति उपेक्षा का भाव पैदा कर देता है जो उसका अभिप्रेत नहीं है। इस कार्य को वह बड़ी सावधानी से करता है। हिन्दी में प्रेमचन्द जी इस कला के उस्ताद थे। उनकी कहानियों में जीवन को समझने की अनेक दृष्टियाँ मिलेंगी। अपने जीवन में उन्होंने मानव-जीवन को समझाने के लिए दृष्टिकोण बदले भी हैं, पर पुरानी दृष्टि-भंगियों की गलती दिखाने के बाद ही। 'कफन' नामक कहानी इस बात का एक उत्तम उदाहरण है। उसके पढ़ने से जीवन की व्याख्या करने वाले अनेक मत निस्सार प्रतीत होते हैं। जान पड़ता है कि लेखक ने उन व्याख्याओं को सामने रखकर ही कहानी लिखी है।

धार्मिक व्याख्या यह है कि भगवान् संसार को एक सामंजस्यपूर्ण व्यवस्था में रखने के लिए सदा प्रयत्नशील हैं। जो कोई भी जीव, जहाँ-कहीं भी, जिस किसी रूप में दिख रहा है, वह उसी रूप में वहाँ आने को बाध्य था। सब कुछ किसी अदृष्ट शक्ति द्वारा पूर्व निर्णीत है—पाप और पुण्य, धर्म और कर्म, ऊँच और नीच सब। दूसरी एक व्याख्या एक प्रकार के नास्तिकों की है। प्रसिद्ध फ्रेंच पंडित टेन इस मत का पोषक बताया जाता है। जो कुछ भी, जहाँ-कहीं भी, जिस-किसी रूप में दिख रहा है वह तीन कारणों से हुआ है—जातिगत विशेषता के कारण, भौगोलिक, सामाजिक आदि परिस्थितियों के कारण और ऐतिहासिक परम्परा के भीतर से आने के कारण (**दे० †
१२-१३**)। इन तीनों बातों को अलग-अलग एकमात्र कारण मानकर भी जीवन की व्याख्यायें की गयी हैं। एक प्रकार के पंडित हैं जो स्वीकार करते हैं कि भौगोलिक परिस्थिति ही हमारे समस्त-विधि-निषेध, आचार-विचार और दर्शन-काव्य के मूल में

हैं। एक दूसरे पंडित समस्त सद्गुणों और असद्गुणों के कारण आर्थिक परिस्थितियों में खोजते हैं। उनके मत और आर्थिक सुविधा या असुविधा ही सामाजिक, धार्मिक और मानसिक विधान-शृंखला के वास्तविक मूल हैं। 'कफन' में इस दृष्टिकोण की ही प्रधानता है। धार्मिक और सामाजिक दृष्टिकोण की प्रधानता इस कहानी में कुछ इस प्रकार उपस्थित की गयी है कि मध्यवर्ग की बहु-विघोषित करुणा और प्रेम की कोमल भावनाओं का कोमलपन अत्यन्त खोखला होकर प्रकट हुआ है।

उत्तम लेखक समाज की जटिलताओं की तह में जाकर उसे समझता है और वहीं से अपनी विशेष दृष्टि पाता है! यदि कोई लेखक केवल परम्परागत रूढ़ियों को—सत् और असत् की निर्धारित सीमाओं को—बिना विचारे ही उपन्यास या कहानी लिखने बैठता है तो वह बड़ी कृति नहीं दे सकता। उसे हमेशा जटिलताओं को चीरकर भीतर देखने का व्रत लेना पड़ता है। ऐसा करने के बाद यदि वह रूढ़ियों को ही सत्य समझे तो कोई हर्ज नहीं, परन्तु सच्चाई उसकी अपनी आंखों देखी होनी चाहिए। इसके बिना वह बड़ी कृति नहीं पैदा कर सकता। साधारण पाठक भी इस कसौटी पर उपन्यास-लेखक के उद्देश्य और जीवन से प्रति उसकी विशेष दृष्टि-भंगी की महत्ता समझ सकता है।

† ७१. अपने उद्देश्य की सिद्धि के लिए सभी लेखक अपनी तरफ से काट-छांट और कमी-वेशी करके मानव-चरित्र को हमारे सामंने रखते हैं। बात यह है कि कोई कितना भी ब्यौरेवार जीवन को उपस्थापित करने का यत्न क्यों न करे, उसे बहुत-सी बातें छोड़नी ही पड़ेंगी। किसी आदमी के जीवन में एक दिन में जितने प्रयत्न और चेष्टायें होती हैं उनको लिपि-बद्ध करने से पोथा तैयार हो सकता है। इसीलिए लेखक अपने विशेष उद्देश्य की सिद्धि के लिए और कथा को प्रवाहशील तथा मनोरंजक बनाये रखने के लिये जितना भी आवश्यक है, उतना ही अंश लिपिबद्ध करता है, बाकी जो तुच्छ है, जो अनायास-ग्राह्य है, जी उबा देनेवाला है, और जो अनावश्यक है, उन्हें छोड़ देता है। प्रश्न किया गया है कि क्या ऐसा करने का उसे अधिकार है।

एक श्रेणी के साहित्यिक हैं जो चरित्रों में छाँट-छाँट और सजीव-बनाव को दोष समझते हैं। ये लोक यथार्थवादी कहलाते हैं। ये लोग मानव-चरित्र को उसके नग्नरूप में—अर्थात् उसे बनाये-सजाये बिना—जैसा है वैसा ही रूप रख देने के पक्षपाती हैं। उनके चरित्रों का प्रभाव पाठक पर बुरा पड़ेगा या भला इसकी वे परवाह नहीं करते। उनके चरित्र अपने जीवन की कमजोरियाँ और मजबूतियाँ, दोष और गुण, अमृत और विष दिखाते हुए अपनी जीवन-लीला समाप्त कर देते हैं। संसार में स्पष्ट ही दिखता है कि सब समय सत्कर्मों का फल शुभ ही नहीं होता और असत् कर्मों का फल अशुभ ही नहीं होता, इसलिए इन यथार्थवादी साहित्यिकों के चरित्र अच्छा काम करके भी ठोकरें खाते रहते हैं और अपमानित-लांछित होते रहते हैं। अपने अनुभवों के बल पर यथार्थवादी ने देखा है कि संसार में बुरे चरित्रों ही की अधिकता है और अच्छे-से-

अच्छे समझे जाने-वाले चरित्र में भी दाग होता है। इसलिये यथार्थवादी मनुष्य के चरित्र को उसके नग्न रूप में उपस्थित करता है। प्रेमचन्द ने यथार्थवादी के इन गुणों को ध्यान में रखकर यह निष्कर्ष निकाला था कि यथार्थवाद हमें निराशावादी बना देता है। वह हमारी विषमताओं और खामियों का नंगा प्रदर्शन है। वह मानव-चरित्र पर से हमारा विश्वास उठा देता है और पाठक को ऐसा बना देता है कि उसके चारों ओर बुराई-ही-बुराई दिखायी देने लगती है। परन्तु उन्हें भी इसमें संदेह नहीं कि समाज की कुप्रथा को दिखाई देने के लिये यथार्थवादी अत्यन्त उपयुक्त है, क्योंकि इसके बिना बहुत संभव है कि हम उस बुराई को दिखाने के लिये अत्युक्ति से काम लें और चित्र को उससे कहीं काला दिखायें, जितना कि वास्तव में है लेकिन जब वह दुर्बलताओं के चित्रण में शिष्टता की सीमा लाँघ जाता है, तब आपत्तिजनक हो जाता है।

दूसरा दल आदर्शवादी कहलाता है। वह वह ऐसे चरित्रों की सृष्टि करना पसंद करता है जो दुनिया की कमजोरियों से ऊपर होते हैं, जो प्रलोभनों से डिगते नहीं और जिनकी सरलता दुनियादारी और कूट-बुद्धि से हारकर भी पाठक को उन्नत बनाती है। आदर्शवादी यह नहीं मानता कि मनुष्य में छोटा अहंभाव है, जो उसे आहार, निद्रा आदि पशु-सामान्य प्रवृत्तियों की गुलामी करने को ही प्रयोजित करता है, या जो सारी दुनिया को वंचित करके अपने को समृद्ध बनाने में रस पाता है वही वास्तव या यथार्थ है। उसके मत से मनुष्य का सच्चा मनुष्यत्व उसका आत्मत्याग है, सत्यनिष्ठा है, कर्त्तव्यपरायण है, और इसी को वह बड़ा करके चित्रित करता है। वह कठिन-से-कठिन कष्ट की हालत में भी अपने आदर्श पात्र के चेहरे पर शिकन नहीं पड़ने देता।

† ७०. यथार्थवाद के साथ रोमांस की भी तुलना की जाती है। 'रोमांस' शब्द अंग्रेजी का है। साहित्य में इसका प्रयोग दीर्घकाल से होता रहा है, इसलिये इस शब्द से जो कुछ समझा जाता है उसमें बहुत परिवर्तन भी होता रहा है। साधारणत: रोमांस उन साहस और प्रेम-मूलक कथाओं को कहा जाता है जो भारतीय साहित्य में गद्यकाव्य की श्रेणी में आते हैं (दे० ७९) यही कारण है कि अंग्रेज पंडितों ने 'कादम्बरी', 'दशकुमार-चरित' आदि को भारतीय रोमांस कहा है। रोमांस में कल्पना का प्राबल्य होता है और उसमें एक ऐसे वातावरण का निर्माण किया जाता है, जो इस वास्तविक दुनिया की जटिलताओं से मुक्त रहता है पर जहाँ मनुष्य के मनोराग वैसे होते हैं जो इस दुनिया के होते हैं।

वस्तुत: रोमांस का वातारण काव्यमय होता है और उसमें कल्पना और भावावेग का प्राधान्य होता है। यथार्थवाद के यह ठीक विरुद्ध दशा में जाता है। आदर्शवाद के साथ यथार्थवाद का अन्तर उद्देश्यगत है, परन्तु रोमांस के साथ उसका विरोध प्रकृति-गत है। किसी पश्चिमी पंडित ने रोमांस के मूल में जो सत्य है उसकी तुलना काव्यगत सत्य से की है। यथार्थवाद तथ्य-जगत् के बाहर की चिन्ता नहीं करता। रोमांस मनुष्य के चित्त

की उस वास्तविक मनोवांछा से उत्पन्न है जो चिरन्तन है और सत्य है। काव्यगत सत्य ही रोमांस का भी सत्य है, क्योंकि रोमांस वस्तुतः गद्यकाव्य है।

† ७२ क. भारतवर्ष के साहित्यिक इतिहास में एक समय आया है जब रोमांस की मनोवृत्ति प्रबल रूप में प्रकट हुई थी—

सातवीं-आठवीं शताब्दी से इस देश में ऐतिहासिक व्यक्तियों के नाम पर काव्य लिखने की प्रथा खूब चली। इन्हीं दिनों ईरान के साहित्य में भी इस प्रथा का प्रवेश हुआ। इस काल में उत्तर-पश्चिमी सीमांत से बहुत-सी जातियों का प्रवेश इस देश में होता रहा। वे राज्य-स्थापन करने में भी असमर्थ हुईं। पता नहीं कि उन जातियों की स्वदेशी प्रथा की क्या-क्या बातें इस देश में चलीं। साहित्य में नये-नये काव्य-रूपों का प्रवेश इस काल में हुआ अवश्य। संभवतः ऐतिहासिक पुरुषों के नाम पर काव्य लिखने या लिखाने का चलन भी उनके संसर्ग का फल हो। परन्तु भारतीय कवियों ने ऐतिहासिक नाम भर लिया, शैली उनकी वही पुरानी रही जिसमें काव्य-निर्माण की ओर अधिक ध्यान था, विवरण-संग्रह की ओर कम; कल्पनाविलास का अधिक मान था, तथ्यनिरूपण का कम; संभावनाओं की ओर अधिक रुचि थी, घटनाओं की ओर कम; उल्लसित आनन्द की ओर अधिक सुझाव था, विलसित तथ्यावली की ओर कम। इस प्रकार इतिहास को कल्पना के हाथों परास्त होना पड़ा। ऐतिहासिक तथ्य इन काव्यों में कल्पना को उकसा देने के साधन मान लिए गए हैं। राजा का विवाह, शत्रु-विजय, जल-क्रीड़ा, शैल-वन-विहार, दोला-विलास, नृत्य-गान-प्रीति—ये सब बातें ही प्रमुख हो उठी हैं। बाद में क्रमशः इतिहास का अंश कम होता गया और संभावनाओं का जोर बढ़ता गया। राजा के शत्रु होते हैं, उनसे युद्ध होता है। इतिहास की दृष्टि में एक युद्ध हुआ, और भी तो हो सकते थे। कवि संभावना को देखेगा। राजा के एकाधिक विवाह होते थे। यह तथ्य अनेकों विवाहों की संभावना उत्पन्न करता है, जलक्रीड़ा और वन-विहार की संभावना की ओर संकेत करता है और कवि को अपनी कल्पना के पंख खोल देने का अवसर देता है। उत्तरकाल के ऐतिहासिक काव्यों में इसकी भरमार है। ऐतिहासिक विद्वान के लिए संगति मिलाना कठिन हो जाता है।

वस्तुतः इस देश की साहित्यिक परम्परा में इतिहास को ठीक आधुनिक अर्थ में कभी नहीं लिया गया। बराबर ही ऐतिहासिक व्यक्ति को पौराणिक या काल्पनिक कथा-नायक जैसा बना देने की प्रवृति है। कुछ में दैवीशक्ति का आरोप करके पौराणिक बना दिया गया है—जैसे राम, बुद्ध, कृष्ण आदि—और कुछ में काल्पनिक रोमांस का आरोप करके निजंधरी कथाओं का आश्रय बना दिया गया है—जैसे उदयन, विक्रमादित्य और हाल। जायसी के रतनसेन, रासो के पृथ्वीराज में तथ्य और कल्पना का—फैक्टर्स और फिक्शन का—अद्‌भुत योग हुआ है। कर्मफल की अनिवार्यता में, दुर्भाग्य और सौभाग्य की अद्‌भुत-शक्ति में और मनुष्य के अपूर्व शक्तिभांडार होने में दृढ़ विश्वास ने इस देश के ऐतिहासिक तथ्यों को सदा काल्पनिक रंग में रँगा

है। यही कारण है कि जब ऐतिहासिक व्यक्तियों का भी चरित्र लिखा जाने लगा तब भी इतिहास का कार्य नहीं हुआ। अंत में रचनाएँ काव्य ही बन सकीं, इतिहास नहीं। फिर भी निजंधरी कथाओं से वे इस अर्थ में भिन्न थीं कि उनमें बाह्य तथ्यात्मक जगत् से कुछ-न-कुछ योग अवश्य रहता था, कभी-कभी मात्रा में कमीवेशी तो हुआ करती थी पर योग रहता अवश्य था। निजंधरी कथाएँ अपने-आप में ही परिपूर्ण होती थीं।

† ७२ ख. जिस प्रकार भारतीय कवि काल्पनिक कथानकों में ऐसी घटनाओं को नहीं आने देता जो दुख-परक विरोधों को उकसावे, उसी प्रकार वह ऐतिहासिक कथानकों में भी करता है। सिद्धांतत: काव्य में उस वस्तु का आना भारतीय कवि उचित नहीं समझता जो तथ्य और औचित्य की भावनाओं में विरोध उत्पन्न करे, दु:खोद्रेचक विषम परिस्थितियों—ट्रेजिक कंट्रेडिक्शंस—की सृष्टि करे; परन्तु वास्तव में जीवन में ऐसी बातें होती ही रहती हैं। इसलिये इतिहासाश्रित काव्य में भी ऐसी बातें आएँगी। बहुत कम कवियों ने ऐसी घटनाओं की उपेक्षा कर जाने की बुद्धि से अपने को मुक्त रखा है। यही कारण है कि इन ऐतिहासिक काव्यों के नायक को धीरोदात्त बनाने की प्रवृत्ति प्रबल हो गई है; परन्तु वास्तविक जीवन के कर्त्तव्य-द्वन्द्व, आत्म-विरोध और आत्म-प्रतिरोध जैसी बातें उसमें नहीं आ पातीं। ऐसी बातों के न आने से इतिहास का रस भी नहीं आ पाता और कथा-नायक कल्पित पात्र की कोटि में आ जाता है। फिर, जीवन में कभी हास्योद्रेचक अनमिल स्वर भी मिल जाते हैं। संस्कृत-काव्य का कर्त्ता कुछ अधिक गम्भीर रहने में विश्वास करता है और ऐसे प्रसंगों को छोड़ जाता है। ऐसे प्रसंगों को तो वह भरसक नहीं आने देना चाहता जहाँ कथा-नायक के नैतिक पतन की सूचना मिलने की आंशका हो। यदि ऐसे प्रसंगों की वह अवतारणा भी करता है तो घटनाओं और परिस्थितियों का ऐसा जाल तानता है जिसमें नायक का कर्त्तव्य उचित रूप में प्रतिभासित हो। सब मिलाकर ऐतिहासिक काव्य काल्पनिक निजंधरी कथानकों पर आश्रित काव्य से बहुत भिन्न नहीं होते। उनसे आप इतिहास के शोध की सामग्री संग्रह कर सकते हैं। पर इतिहास को नहीं पा सकते—इतिहास, जो जीवन्त मनुष्य के विकास की जीवन-कथा होता है, जो काल-प्रवाह से नित्य उद्‌घटित होते रहने वाली नव-नव घटनाओं और परिस्थितियों के भीतर से मनुष्य की विजय-यात्रा का चित्र उपस्थित करता है, और जो काल के परदे पर प्रतिफलित होने वाले नये-नये दृश्यों को हमारे सामने सहज भाव से उद्‌घाटित करता रहता है। भारतीय कवि इतिहास-प्रसिद्ध पात्र को भी निजंधरी कथानकों की ऊँचाई तक ले जाना चाहता है। इस कार्य के लिये वह कुछ कथानक-रूढ़ियों का प्रयोग करता है जो कथानक को अभिलषित दिशा में मोड़ देने के लिये दीर्घकाल से प्रचलित हैं। इनसे कथानक में सरसता आती है और घटना-प्रवाह में एक प्रकार की लोच आ जाती है।

† ७३. उपन्यासकार परिस्थितियों के सच्चे चित्रण से विमुख नहीं हो सकता, परन्तु उसका उद्देश्य केवल फोटोग्राफी नहीं है, वह कलाकार है। यथार्थवाद चित्र का

सिर्फ एक पहलू है। केचल सच्चा जीवन-चित्रण भी अपना नैतिक संदेश रखता ही है। परन्तु सच्चा चित्रण होना चाहिए। बहुत-से लेखक यथार्थवाद के नाम पर समाज की उन गंदगियों का ही चित्रण करते हैं जो समग्र रूप का एक नगण्य अंशमात्र है। यह यथार्थवाद नहीं हो सकता। यथार्थवाद भले ही उपेक्षा करके बुरे के चित्रण को नहीं कहा जा सकता, फिर वह चित्रण कितना भी यथार्थ क्यों न हो। इसी प्रकार उस चीज को आदर्शवाद नहीं कह सकते जो केवल रूढ़ि-समर्पित सदाचार के उपदेश का नामान्तर है। उपन्यासकार का व्यक्तिगत उद्देश्य और मतवाद ठोस तथ्यों पर आधारित होता है। उसका प्रचारित नैतिक संदेश इन तथ्यों से विच्छिन्न होकर कला के ऊँचे सिंहासन से च्युत हो जाता है। जिस प्रकार समग्र रूप से विच्छिन्न बुराइयाँ अपना मूल्य खो देती हैं, उसी प्रकार समग्र से विच्छिन्न भले-भले उपदेश भी फीके हो जाते हैं। उपन्यास का उपदेश भी काव्य के अर्थ की भाँति व्यंग्य होना चाहिए। वाच्य होने से उसका मूल्य कम हो जाता है। इसीलिए प्रेमचन्द जी ने कहा है अच्छा उपन्यास वह है जहाँ यथार्थवाद और आदर्शवाद का उचित समन्वय हो।

† ७४. केवल यथार्थ चित्रण उपन्यास या कहानी को महान् नहीं बनाता। हिन्दी की एक प्रसिद्ध कवयित्री की कहानियाँ हमने पढ़ी हैं। उन कहानियों के स्त्री पात्र बड़े ही सच्चे और सजीव थे। इन पात्रों से परिचय पाने के बाद मनुष्य बहुत कुछ सोचने-समझने का अवसर पाता है। परन्तु फिर भी उनकी कहानियों में समाज के प्रति सिर्फ एक नकारात्मक घृणा का भाव ही स्पष्ट हुआ है। पाठक यह तो सोचता है कि समाज किस प्रकार स्त्रियों पर—विशेष कर शिक्षिता बहुओं पर—निर्दयता का व्यवहार कर रहा है, परन्तु उनके चरित्रों में कहीं भी वह भीतरी शक्ति या विद्रोह-भावना नहीं पाई जाती, जो समाज की इस निर्दयतापूर्ण अवस्था को अस्वीकार कर सके। कहीं भी वह मानसिक दृढ़ता नहीं पाई जाती, जो प्रतिकूल परिस्थितियों में भी दुःख पानेवाले को विजयी बना सके, जो स्वेच्छापूर्वक समाज की बलिवेदी पर बलिदान होने का प्रतिवाद कर सके। इसके विरुद्ध उनके चरित्र अत्यन्त निरुपाय-से होकर समाज की अग्नि-शिखा में अपने आपको होम देते हैं, और चुपके से दुनिया की आँखों से ओझल हो जाते हैं।

सवाल यह नहीं है कि सचमुच ही ऐसा होता है या नहीं। सचमुच ही होता होगा। किन्तु सचमुच का बहुत-कुछ होना ही बड़ी बात नहीं है। एक जहाज़ तूफान में उलझता है। भयंकर संघर्ष के बाद डूब जाता है। हजारों आदमी 'हाय-हाय' करते हुए समुद्र के गर्भ में बैठ जाते हैं। इन मरने वालों में जहाज का वह वीर कप्तान भी है जो अन्तिम क्षण तक अदम्य आशा और उत्साह लेकर अपनी सारी विद्या और बुद्धि के बल पर तूफान से जूझता रहा और निरुपाय यात्रियों को बचा लेने के लिये जान लड़ाता रहा। मरना कप्तान का भी सही है, और 'हाय-तोबा' मचाने वाले हजारों भीरु यात्रियों का भी सही है। दोनों सचमुच ही हुए हैं और दोनों ही यथार्थ हैं। परन्तु एक यथार्थ मनुष्य में आशा और विश्वास पैदा करता है और दूसरा यथार्थ निराशा और भीरुता। कोई भी

लेखक जब दुनिया के लाख-लाख मनुष्यों में से किसी एक को चुनकर अपने ग्रन्थ का नायक बनाता है तो वह चुनता ही है। चुनाव तो उसे करना पड़ेगा। तो फिर क्यों न ऐसे यथार्थ चरित्र चुने जायँ जो यथार्थ में मनुष्य हों, मनुष्य का खाल ओढ़े हुए कीड़े-मकोड़े नहीं?

मेरे कहने का यह मतलब नहीं कि दुनिया के दुःख और अवसाद से आँख मूँद ली जाय। आँख मूँदने वाला बड़ा लेखक नहीं हो सकता। परन्तु लेखक से यह आशा करना बिल्कुल असंगत नहीं है कि वह दुःख अवसाद और कष्टों के भीतर से उस मनुष्य की सृष्टि करे जो पशुओं से विशेष है, जो परिस्थितियों से जूझकर ही अपना रास्ता साफ करता आया है, जो सत्य और कर्त्तव्य-निष्ठा के लिये किसी की स्तुति या निंदा की बिल्कुल परवाह नहीं करता। इन्हीं बातों से उपन्यास बड़ा होता है, काव्य महान् होता है, कहानी सफल कही जाती है।

† ७५. ऐसा करना असंभव नहीं है। शिवरानी देवी की कहानियों को उदाहरण के रूप में लिया जा सकता है। 'आँसू की दो बूँदे' नामक कहानी इस विषय में पहले बतायी हुई कहानियों के विरोध में रखी जा सकती है। इस कहानी में सुरेश नामक युवक की बेवफाई कनक नामक लड़की के सर्वनाश का कारण नहीं हो जाती। कनक अपने लिए रास्ता खोज लेती है। यह रास्ता सेवा का है। अगर उसका प्रेम नकारात्मक होता—अर्थात् उससे लोभी की जगह विराग, क्रोध के स्थान पर भय और आश्चर्य की जगह संदेह, सामाजिकता के बदले एकान्तनिष्ठा और संगमेच्छा की जगह व्रीड़ा का उदय होता तो वह भी शायद आत्मघात कर लेती।

मनोविज्ञान के पंडित मनुष्य के दो प्रकार के चरित्रों की बात बताते हैं, नकारात्मक या 'नेगेटिव और धनात्मक या 'पाजिटिव' लोभ, क्रोध, आश्चर्य, सामाजिकता और संगमेच्छा धनात्मक गुण हैं और इनके स्थानों में क्रमशः विराग, भय, संदेह, एकान्तनिष्ठा और व्रीड़ा नकारात्मक। पहले विश्वास किया जाता था कि स्त्रियों में नकारात्मक गुण अधिक होते हैं और पुरुषों में धनात्मक गुण। आधुनिक काल के प्रयोगों से इस विश्वास को बहुत अधिक जोर देने योग्य नहीं समझा जा सकता। यह माना जाने लगा है कि प्रत्येक मनुष्य में इन दोनों प्रकार के गुणों का मिश्रण होता है। जिसमें धनात्मक गुण अधिक होते हैं उसी का चरित्र आशा और विश्वास का संचार कराता है।

वस्तुतः कोई भी लेखक एक व्यक्ति में केवल एक ही प्रकार के गुण दिखाकर आज के युग में पाठक का विश्वास-पात्र नहीं बना रह सकता, क्योंकि मनुष्य-चरित्र दोनों का मिश्रण है। मनोविज्ञान की प्रयोगशाला में यह बात सिद्ध हुई है कि कमजोर-चरित्र का आदमी जिस प्रकार के बलिष्ठ-चरित्र के संसर्ग में आता है उसी प्रकार का हो जाता है। उपन्यास के जीवन्त और बलिष्ठपात्र पाठकों के सहचर है। नाना विपत्तियों और कष्टों के भीतर से गुजरती हुई उनकी कर्त्तव्यनिष्ठा और सच्चा मनुष्यत्व पाठक को बल देता है, परन्तु उनकी इन्द्रियपरायणता कूटबुद्धि और कुटिल कर्म पाठक को दुर्बल और

निरुत्साह बना देते हैं। परिस्थितियों से आँख मूँदना आदर्शवाद नहीं है। वस्तुतः सच्चा आदर्शवादी सच्चा यथार्थवादी होता है, वह मनुष्य का मनुष्यत्व पहचानता है और प्राण-धर्म का रहस्य समझता है।

† ७६. शायद यह बात सुनने में आश्चर्यजनक मालूम दे कि मानवता के सच्चे स्वरूप और प्राण-धर्म को पहचानने वाला लेखक यदि चरित्र-चित्रण में छोटी-मोटी गलतियाँ भी करे तो भी वह बड़ी कृति दे सकता है। हम शुरू से ही इस प्रसंग में 'चित्रण' शब्द का व्यवहार करते आये हैं। यह शब्द चित्र बनाने की विद्या से लिया गया है, उपन्यास या कहानी के प्रसंग में इसका प्रयोग लाक्षणिक है। उपन्यास या कहानी में हमें जो मानव-जीवन प्राप्त होता है उसे हम चित्र की भाँति प्रत्यक्ष देखते हैं। इसीलिए बार-बार साहित्य के इस शब्द का प्रयोग होता है। यदि ऊपर की बात को हम चित्र की भाषा में कहने का प्रयत्न करें तो वह कुछ इस प्रकार होगी—किसी मनुष्य के चित्र में यदि उसके हाथ-पैर ठीक-ठीक चित्रित न हों और फिर भी यदि आदमी का प्राण-धर्म ठीक-ठीक चित्रित किया जा सका हो, तो चित्र बड़ी कृति बन सकता है! ऊपर-ऊपर से यह कथन बड़ा विचित्र मालूम पड़ता है! आदमी के हाथ-पैर दुरुस्त नहीं और फिर भी वह चित्र बड़ा हो सकता है! मनुष्य का अन्यान्य जीवों से जो वैशिष्ट्य है वही मनुष्य का प्राण-धर्म है—अर्थात् उसी को आश्रय करके मनुष्य मनुष्य बना हुआ है। यदि वह धर्म ठीक है तो यह कोई आवश्यक नहीं कि इसके अंग-प्रत्यंग ठीक ही हों—हों तो बहुत अच्छा, न हों तो कोई बात नहीं। जायसी कुरूप थे, सूरदास अन्धे थे, चौरंगीनाथ लँगड़े थे, फिर भी कौन कहेगा कि ये सिद्ध पुरुष नहीं थे?

एक चित्र के उदाहरण से समझने पर यह बात ज्यादा आसान हो जायेगी। इस विषय में हम भारतवर्ष के श्रेष्ठ शिल्पाचार्य श्री नंदलाल वसु महाशय के लेख से एक उदाहरण यहाँ संग्रह कर रहे हैं। बसु महाशय ने रवीन्द्रनाथ के चित्रों की आलोचना करते हुए एक बार कहा था कि उनके चित्र यथार्थ तो होते हैं पर यथार्थवादी नहीं होते। जब बहुत-से पाठकों ने उनसे इस बात को स्पष्ट करने का अनुरोध किया तो उन्होंने लिखा—

''पश्चिमी देशों में चित्रणीय वस्तुओं का इतना सूक्ष्म अध्ययन हुआ कि एक शिल्पि-संप्रदाय वस्तु को जैसा वह है वैसा ही दिखाने पर अड़ गया। यही यथार्थ वादिता (या 'रिलिस्टिक') है। किन्तु एक सिंह अंकित करने वाला चित्रकार सिंह के सभी अंगों और चेष्टाओं को अंकित करके भी—अर्थात् सिंह की बनावट के प्रति पूर्ण ईमानदार रहकर भी—एक ऐसा सिंह बना दे सकता है जिसमें वह शौर्य, पराक्रम और अकुतोभय भाव नहीं आ सकता, जो सिंहत्त्व की जान है। उसका यह अंकित चित्र यथार्थवादी तो होगा, पर यथार्थ नहीं। दूसरी तरफ एक शिल्पी सिंह के अंगोपांगों के चित्रण में गलती करके भी यदि जैसी सिंह-मूर्ति बना देता है, इसे देखकर दर्शक के मन में सिंहत्त्व का भाव जग उठे, तो वह यथार्थवादी न हो करके भी यथार्थ सिंह अंकित कर सका है। रवीन्द्रनाथ इसी श्रेणी के शिल्पी थे।

† ७७. ''औसत शिक्षित व्यक्ति को ऊपर की बात जरा अजीब लगेगी! सिंह की बनावट ठीक होने पर भी क्यों सिंह गलत हो गया और बनावट में गलती होने पर भी क्यों ठीक हो गया, यह बात ऊपर-ऊपर से पहेली-जैसी लगती है। इस बात को यों समझा जाय—

१

२

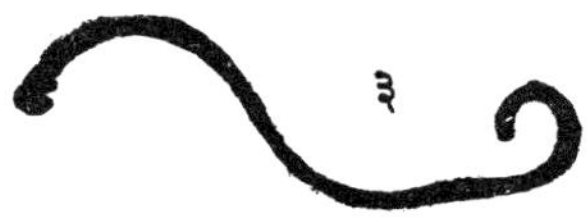
३

ऊपर के चित्रों में नं० १ एक आधुनिक कलाकार का बनाया हुआ सिंह है। इसमें सभी अंग-ठीक-ठीक चित्रित हुए हैं। इसलिए इसे 'रियलिस्टिक' कहा जा सकता है। चित्र नं० २ एक बहुत पुराने असीरियन कलाकार का अंकित सिंह है। इसका अंग-विन्यास उतना यथार्थ नहीं है जितना प्रथम चित्र का है। फिर भी इसमें सिंहत्व पूर्ण-मात्रा में विद्यमान है। इस चित्र को देखने वाले के मन में सिंह संबंधी सभी गुण जाग्रत हो जाते हैं। इसीलिए यह 'रियलिस्टिक' न होकर भी 'रियल' है। ऐसा यह इसलिए हुआ है कि सिंहत्व का जो छन्द है वह इसमें वर्तमान है। यह 'छन्द' नं० ३ के चित्र में दिखाया गया है। अनेक परिश्रम और अनुधावन के बाद कलाकारों ने इस 'छन्द' का आविष्कार किया है। यही वह अरूप (Abstract) धर्म है जो वस्तु के बिना भी सत्य है। रवीन्द्रनाथ के चित्रों में यह धर्म वर्तमान है। वह कभी वस्तु के साथ है और कभी वस्तु से अलग। इसी 'छन्द' की यथार्थता के कारण अनेक चित्र 'रियलिस्टिक' न होकर भी 'रियल' हैं।'' [हिन्दी 'विश्वभारती पत्रिका', खंड १ अंक १]

† ७७ क. कला के क्षेत्र में यथार्थवाद किसी विशेष प्रकार की प्रकाशन-भंगिमा का नाम नहीं है, बल्कि वह ऐसी एक मानसिक प्रवृत्ति है जो निरन्तर अवस्था के अनुकूल परिवर्तित और रूपायित होती रहती है और इसीलिए नाना प्रकार के कला-रूपों को अपनाने की अद्भुत क्षमता रखती है। यह स्वयं कारण भी है और कार्य भी है। वस्तुत: यह मनोवृत्ति उन सिद्धांतों, मान्यताओं और भावप्रवण उद्देश्यों की अनुगामिनी होती है जो अवसर के अनुकूल विविध रूपों में अपने को प्रकाशित कर सकते हैं। मुश्किल से

सौन्दर्य-निर्माण की कोई ऐसी आकांक्षा मिलेगी जो युक्तिसंगत परिणति तक ले जाने पर यथार्थवादी प्रवृत्ति के आसपास न पहुँच जाती हो। फिर उपन्यास का तो जन्म ही समाज की यथार्थ परिस्थितियों के भीतर से हुआ है। उपन्यास किसी देश की साहित्यिक विचारों की प्रगति को समझने के उत्तम साधन माने जाते हैं, क्योंकि जीवन की यथार्थताएँ ही उपन्यास को आगे बढ़ाती हैं। मनुष्य के पिछड़े हुए आचार-विचारों और बढ़ती हुई यथार्थताओं के बीच निरन्तर उत्पन्न होती रहने वाली खाई को पाटना ही उपन्यास का कर्त्तव्य है। इसीलिए उपन्यास के अध्ययन का मतलब होना चाहिए किसी जाति या समाज के बढ़ते हुए विचारों और निरन्तर उत्पन्न होती रहने वाली जीवन की यथार्थ परिस्थितियों से सम्पर्क स्थापित करते रहने के प्रयत्नों का अध्ययन। जन्म से ही उपन्यास यथार्थ जीवन की ओर उन्मुख रहा है। पुरानी कथा-आख्यायिकों से वह इसी बात में भिन्न है। वे जीवन के खटकने वाले यथार्थ के संघर्षों से बचकर स्वप्न-लोक की मादक कल्पनाओं से मानव को उलझाने, बहकाने और फुसलाने का प्रयत्न करती थीं। जबकि और उपन्यास जीवन की यथार्थताओं से रस खींचकर चित्त-विनोदन के साथ-ही-साथ मनुष्य की समस्याओं के सम्मुखीन होने का आह्वान लेकर साहित्य-क्षेत्र में आया था। उसके पैर ठोस धरती पर जमे हैं और यथार्थ जीवन की कठिनाइयों और संघर्षों से छनकर आने वाला 'अब्याज-मनोहर' मानवीयरस ही उसका प्रधान आकर्षण है। जो उपन्यास इस रस से शून्य है वह अपनी मृत्यु का परवाना साथ लेकर साहित्य क्षेत्र में आया है। वह केवल पाठक का समय नष्ट करता है और समाज की अनियंत्रित उत्पादन व्यवस्था पर काला प्रथम-चिह्न मात्र है।

पोथी में पढ़े हुए वादों के आधार पर उपन्यास लिखे गये हैं, पर वे टिक नहीं सके हैं। बड़े-बड़े विदेशी उपन्यासकारों के अनुकरण पर उपन्यास लिखे गये हैं, पर वे उसी श्रेणी का प्रभाव उत्पन्न नहीं कर सके हैं क्यों? क्योंकि उन्होंने अपने देश की यथार्थ परिस्थितियों को नहीं समझा और इसीलिए वे उस खाई की भी ठीक-ठीक जानकारी नहीं पा सके जिसे पाटने का प्रयत्न ही उपन्यास को सच्चे अर्थों में यथार्थवादी बनाना है और जो नित्य बदलती हुई परिस्थितियों से और बढ़ते हुए ज्ञान से पिछड़ी हुई आचार्य-परम्परा और पुरानी मान्यताओं के व्यवधान के कारण निरन्तर नये आकार-प्रकार में प्रकट होती रहती है।

विज्ञान के प्रभावशाली रूप धारण करने के बाद क्रमशः मनुष्य की सोचने-विचारने की प्रणाली में परिवर्तन होते गए हैं। कभी भौतिक-विज्ञान ने मानवबुद्धि को अभिभूत किया था, फिर जीव-विज्ञान ने उसे चकित कर दिया और कुछ दिनों से मनोविज्ञान का प्रभाव प्रबल होता जा रहा है। उपन्यास में ये तीनों अभिभूतकारी तत्त्व यथासमय प्रकट हुए हैं। परन्तु हिन्दी उपन्यासों में यह क्रम स्वाभाविक रूप से प्रकट नहीं हुआ। जिन दिनों पश्चिम मनोविज्ञान की ओर झुकने लगा था उन दिनों हमारा उपन्यास साहित्य आरम्भ हुआ। हिन्दी ज्ञान-विज्ञान पर आधारित प्रकृतिवादी सिद्धांत कभी भी घासलेटी [illegible] की मर्यादा के ऊपर नहीं उठा सका, क्योंकि साहित्य में मनोविज्ञान की बढ़ती

हुई मर्यादा का प्रभाव पड़ा, तब प्रकृतिवादी क्रमशः मद्धिम पड़ता गया और मनोवैज्ञानिक गुत्थियों का प्रभाव प्रबल हो गया। उस समय खाई जीव-विज्ञान द्वारा निश्चित सिद्धान्तों द्वारा नहीं निश्चित होती थी।

† ७७ ख. हिन्दी में जब उपन्यास-साहित्य का प्रादुर्भाव हुआ, तब इस देश की वही अवस्था नहीं थी जो इंग्लैण्ड की, अन्य पश्चिमी देशों की थी। हिन्दी का पिछला साहित्य बहुत सीमित क्षेत्रों में आबद्ध रह गया था। यथार्थ की उसमें उपेक्षा तो नहीं थी; किन्तु यथार्थ को मादक बनाकर प्रकट करने की प्रवृत्ति जोरों पर थी। रीतिकालीन कविता से यह मादक बनाने की प्रक्रिया उन दिनों विरासत में प्राप्त हुई थी। वह समय न तो यथार्थवाद के अनुकूल था और न प्रकृतिवादी सिद्धान्तों के। फिर भी पश्चिमी शिक्षा के प्रभाव से क्रमशः इहलौकिक और मानवतावादी दृष्टि प्रतिष्ठित होती जा रही थी प्रथम धक्के का जोर इस देश के उपन्यासों की सामाजिक कुरीतियों पर पड़ा। प्रकृतिवादी सिद्धान्तों का जोर कभी भी इस देश में बढ़ नहीं पाया क्योंकि न तो यहाँ के विचारशील लोगों के मत इसके अनुकूल पड़ते थे, और न विज्ञान का, और उससे उत्पन्न युक्तिवाद का विकास ही वैसा हुआ जैसा पश्चिमी देशों में हुआ था। जिन दिनों हिन्दी के उपन्यास कुछ-कुछ प्रकृतिवादी सिद्धान्तों से प्रभावित होने लगे, उन दिनों विज्ञान बहुत आगे निकल गया था और यूरोपीय साहित्य में प्राणि-विज्ञान की मर्यादा चढ़ाव पर नहीं थी। हिन्दी के प्रकृतिवादी साहित्यिक यूरोप के पिछड़े जमाने में साहित्य से प्रभावित थे। ये नवीन विचारधाराओं से अनभिज्ञ ही बने रहे। यही कारण है कि हिन्दी के प्रकृतिवादी साहित्यिक साहित्य में कभी महत्त्वपूर्ण स्थान नहीं प्राप्त कर सके और घासलेटी साहित्य से उच्चतर मर्यादा भी नहीं प्राप्त कर सके।

† ७७. साहित्य और कला के विभिन्न क्षेत्रों में नए तत्त्व-ज्ञान (फिलासफी) द्वारा सुझाये हुए युक्ति-तर्कों से प्रभावित अनुसंधान-पद्धति का आश्रय लिया गया। परिणाम यह हुआ कि कला और साहित्य के क्षेत्र का विस्तार होता गया और ऐसी बहुत-सी बातें साहित्य में प्रवेश करने लगीं, जो पहले निषिद्ध मानी जाती थीं। ज्ञान अधिकाधिक अवितथ होने का प्रयत्न करता जा रहा था और गणित शास्त्र की पद्धतियों का आश्रय लेता जा रहा था। साहित्य में भी उन पद्धतियों का प्रवेश किसी-न-किसी तरह हो ही गया। इतिहास और नैतिक-विज्ञान के क्षेत्र में इन गाणितिक पद्धतियों का प्रयोग होने लगा और उनकी देखादेखी उपन्यास-साहित्य में दलील और सनद उपस्थित करनेवाली मनोवृत्ति क्रमशः शक्तिशाली होती गई।

यही साम्प्रदायिक यथार्थवाद की ओर जानेवाली मनोवृत्ति है ऐसा यथार्थवादी साहित्यकार बाहरी दलीलों और सनदों का इस प्रकार प्रयोग करता है जिससे पाठक के ऊपर यह प्रभाव पड़े कि यह यथार्थ जीवन में घटने वाली सच्ची बात कह रहा है। परम्परा-प्रथित धार्मिक, आध्यात्मिक और नैतिक विश्वासों के कारण मानव-जीवन के जो तत्त्व साहित्य में जुगुप्सित और निषिद्ध और अमंगलकारी माने जाते थे, उनका

साहित्य में धीरे-धीरे प्रवेश होने लगा और यथार्थवाद के उस रूप का प्रचलन हुआ, जो मनुष्य की बाह्य प्रकृति को प्रधानता देने वाले विज्ञान से—विशेषकर प्राणि-विज्ञान से प्रभावित था।

इस प्रकार उस समय प्रकृतिवादी सिद्धान्त साहित्य में गृहीत हुआ। वस्तुतः प्रकृतिवादी सिद्धान्त जो मनुष्य की शारीरिक भूख के विविध रूपों पर ही आश्रित है, प्राणि-विज्ञान की बढ़ती हुई मर्यादा के साथ ही बढ़ा है और घटती मर्यादा के साथ घटा है।

उपन्यास-लेखक कभी भी वर्तमान प्रगति से पिछड़ा रहकर सफल नहीं हो सकता। हिन्दी के घासलेटी उपन्यासकार इस तथ्य के प्रबल प्रमाण हैं।

† ७७ घ. कहा जाता है कि इंग्लैंड में भी प्रकृतिवाद उस प्रकार का महत्त्वपूर्ण स्थान प्राप्त नहीं कर सका, जैसा कि उसने फ्रांस में किया था। इंग्लैंड की जनता अधिक रक्षण-शील (कंजर्वेटिव) थी, और मानव-शरीर की उच्छृंखल बुभुक्षा को सहज ही नहीं बरदाश्त कर सकती थी। यही कारण है कि उन्नीसवीं शताब्दी के अन्तिम भाग तक इंग्लैंड के साहित्य में यथार्थवादी उपन्यासकार तो हुए, किन्तु उल्लेख योग्य प्रकृतिवादी उपन्यासकार नहीं हुए। भारतवर्ष में तो उनके प्रधान होने की नौबत कभी आई ही नहीं। उन्नीसवीं शताब्दी के यथार्थवादी उपन्यासकारों की भी कई श्रेणियाँ हैं। थैकरे, रीड, जार्ज, इलियट, आदि उपन्यासकारों की रचनाएँ, इस देश के उपन्यासकार बराबर पढ़ते रहे और उसकी रचनाओं से प्रेरणा पाते रहे। इसीलिए हमारे देश के उपन्यासों में यथार्थवादी झुकाव तो पाया जाता है, किन्तु यथार्थवाद का जो वास्तविक मर्म है—अर्थात् आगे बढ़े हुए ज्ञान और पीछे के आदर्शों से लिपटी हुई हुई आचार-परम्परा इन दोनों के व्यवधान को पाटते रहने का निरंतर प्रयत्न—वह कम उपन्यासकारों के पल्ले पड़ा। आगे बढ़ा हुआ ज्ञान तो सारे संसार के लिए एक होता है, किन्तु पीछे के आदर्शों से चिपटी हुई आचार-परम्परा विभिन्न देशों समाजों से भिन्न-भिन्न होती है; इसीलिए यथार्थवादी लेखक के सामने व्यवधान की मात्रा देश-विशेष और समाज-विशेष के अनुसार बदलती रहती है और उसी के अनुपात में उसके प्रयत्नों में तारतम्य आता है। दुर्भाग्य-वश अपने देश के कम लेखकों ने इस व्यवधान के रूप को समझने का प्रयास किया है।

इस दृष्टि से देखा जाय तो हमारे नये उपन्यासकार सच्चे अर्थों में यथार्थवादी नहीं हैं। ये यथार्थवाद को उसके वास्तविक अर्थ में नहीं ग्रहण कर सके हैं, परन्तु उन पर यथार्थवाद का आतंक अवश्य है। जो लोग केवल वाद-विशेष से आतंकित हैं, या उसे फैशन के रूप में ग्रहण करते हैं वे कोई अविस्मरणीय चरित्र नहीं पैदा कर सकते और जिन सिद्धान्तों के प्रचार के उद्देश्य से उपन्यास लिखे जाते हैं, उनकी अमिट छाप भी नहीं छोड़ पाते। इसीलिए इन उपन्यासों को पढ़कर कोई उल्लास नहीं होता। आज भी प्रेमचन्द हमें जहाँ छोड़ गए थे वहाँ से आगे हम नहीं बढ़ पाये। क्षेत्र तो प्रस्तुत हो ही रहा है। आशा करनी चाहिए कि शीघ्र ही वह औपन्यासिक हिन्दी-जगत में अवतीर्ण

होगा जो जीवन के व्यापक अनुभवों के भीतर से 'अव्याज-मनोहर' मानवीय रस खींच लाएगा।

† ६८. कुछ लोग उपन्यासों को तीन श्रेणी का मानते हैं—घटना प्रधान, चरित्र-प्रधान और भाव-प्रधान। स्टीवेंसन इसी मत के उपस्थापक थे। वे घटना-प्रधान उपन्यास को ही सबसे उत्तम समझते थे। उनके मत से उपन्यासकार की सबसे बड़ी सफलता यह है कि वह एक ऐसी माया कि सृष्टि कर दें और रोचक परिस्थितियों को ऐसे ढङ्ग से उपस्थित कर दें कि पाठकों की कल्पना उससे आकर्षित हुए बिना न रह सके—उपन्यास पढ़ते समय पाठक अपने को घटनाओं में तन्मय कर दे और पात्रों के साथ एकाकार कर दे, ताकि पात्रों के साहसपूर्ण कृत्यों को अपना-सा समझ कर वह उनमें रस लेने लगे।

स्टीवेंसन का यह मत सर्वांश में ग्राह्य नहीं हैं, यह हम आगे चल कर समझ सकेंगे, सन्देह नहीं कि घटनाओं का मनोरंजक सन्निदेश उपन्यासकार का बड़ा भारी गुण है।

(१) हिन्दी में नाना प्रकार के घटना-प्रधान उपन्यास लिखे गये हैं। सबसे प्रधान और प्रथम प्रयत्न देवकीनन्दन खत्री के तिलस्मी उपन्यास हैं, जिनमें ऐयारों के घात-प्रतिघातमूलक घटनाओं का सन्निवेश बड़ी तत्परता के साथ किया गया है। इन उपन्यासों में अद्‌भुत तिलस्मों का चित्रण है, परन्तु ये घटना प्रधान उपन्यास ही हैं। यद्यपि ऐयारों से चरित्रगत गुण भी इनमें कम आकर्षण नहीं हैं, तथापि घटनाओं की प्रधानता इनमें स्पष्ट है। इसी प्रकार डकैती आदि के साहसिकतापूर्ण कथानक, जासूसी उपन्यास, प्रेमाख्यान, ऐतिहासिक और पौराणिक उपन्यास केवल घटनाओं के सन्निवेश से ही मोहक बने हैं। (२) हिंदी में प्रेमचन्द, सुदर्शन और 'कौशिक' आदि लेखकों की कहानियाँ और उपन्यास चरित्र प्रधान श्रेणी में पड़ेंगे, और (३) 'प्रसाद' का 'तितली' और 'कंकाल', शिवनन्दन सहाय का 'सौंदर्योपासक तथा 'हृदयेश' की कहानियाँ भाव प्रधान श्रेणी में पड़ेंगे।

† ७९. जिन्हें भाव प्रधान उपन्यास कह कर ऊपर उल्लेख किया गया है उनमें बहुत कुछ पुरानी कथा आख्यायिकाओं के गुण हैं। उनमें भाषा की मनोहारिता, अलंकार योजना, पद लालित्य और भावावेग इतनी अधिक मात्रा में हैं कि उन्हें गद्य-काव्य कहना ज्यादा उचित होगा। उपन्यास विशुद्ध गद्य-युग की उपज है। उसमें भाषा का गद्यात्मकता और सहज भाव अपेक्षित है। इन उपन्यासों में वह बात नहीं है।

हिन्दी के एक प्रवीण विद्वान ने उपन्यास को गद्य काव्य का ही एक भेद माना है। किन्तु यह बात आंशिक रूप में ही सत्य है। पुराने जमाने के 'वासव-दत्ता', 'दशकुमार चरित', 'कादम्बरी' आदि काव्यों से ये आधुनिक उपन्यास भिन्न श्रेणी के हैं। उपन्यास नये यंत्र-युग की उपज हैं। नये यंत्र-युग ने जिन गुण दोषों को उत्पन्न किया है उन सबको लेकर यह नया साहित्यांग अवतीर्ण हुआ है। छापे की कल ने इनकी माँग बढ़ायी है और उसी ने उसकी पूर्ति का साधन बताया है।

यह गलत धारणा है कि उपन्यास और कहानियाँ संस्कृत की कथा-आख्यायिकाओं की सीधी सन्तान हैं। ऊपर जिन भाव प्रधान उपन्यासों की चर्चा हुई है, उनकी रचना के मूल में सम्भवतः पुरानी कथा आख्यायिकाओं का आदर्श था, परन्तु शीघ्र ही यह भ्रम टूट गया कि शब्दों में झंकार देकर गद्य-काव्य लिखना और आधुनिक ढंग के उपन्यास लिखना एक ही बात है। झंकार कविता का बड़ा भारी गुण है, परन्तु उपन्यास में वह थोड़ी मात्रा में ही काम देता है। चूँकि उपन्यास और कहानियाँ विशुद्ध गद्य-युग की उपज हैं, इसीलिए उनकी प्रकृति में गद्य का सहज, स्वाभाविक प्रवाह है। इस नवीन साहित्यांग का पुराने गद्य-काव्यों से जो प्रधान अन्तर है, वह आदर्शगत है। यंत्र-युग ने पश्चिम में जिस व्यावसायिक क्रान्ति को जन्म दिया उसके कई फलों में एक है वैयक्तिकस्वाधीनता। यह वैयक्तिक स्वाधीनता ही उपन्यासों का आदर्श है और काव्य-कला की रूढ़ि निर्धारित और परम्परा-समर्थित सदाचार कथा-आख्यायिकाओं का आदर्श है। उपन्यास में दुनिया जैसी है वैसी ही चित्रित करने का प्रयास होता है। इस वास्तविकता के भीतर से ही उपन्यासकार अपना आदर्श ढूँढ़ निकालता है (**दे० † ७०-७१**)। कथा और आख्यायिका में कवि कल्पना के बल पर वास्तविक दुनिया से भिन्न एक नयी दुनिया बनाता है। (**कुछ अधिक विस्तार के लिये देखिये २३**)।

† ८०. उपन्यास और काव्य में यह मौलिक अन्तर है कि उपन्यास मौजूदा हालत को भुलाकर और भविष्य की कल्पना नहीं कर सकता, जबकि काव्य वर्तमान परिस्थिति की सम्पूर्ण उपेक्षा करके अपने आदर्श गढ़ सकता है। यही कारण है कि उपन्यासकार वर्त्तमान पर जमा रहता है। प्राचीन ऐतिहासिक कथानक की रचना के समय भी वह वर्तमान-काल की जानकारियों के बल पर ही अपना कारबार चलाता है और जासूसी तथा वैज्ञानिक कथावस्तु को सम्हालने में भी आधुनिक जानकारियों की जहाँ तक पहुँच है, उसी के आधार पर अपनी कल्पनाओं और सम्भावनाओं की सृष्टि करता है। वह कवि की भाँति जमीन के आगे रहने का दावा नहीं करता। काव्य दुनिया की छोटी-मोटी तुच्छताओं को भी महिमा-मंडित करके प्रकाशित करता है, जो कुछ है उसे सजा कर, संवार कर सुन्दर और महत् बनाने की साधना करता है।

वस्तुतः जहाँ कहीं भी तुच्छता को महिमा-मंडित करके प्रकाशित करने का प्रयत्न है वहाँ उपन्यासकार कवि का काम करता है। एक उदाहरण लिया जाय :—

कविवर रवीन्द्रनाथ ठाकुर ने अनेक उपन्यास लिखे हैं जिसमें सर्वत्र काव्य का सुर ही प्रधान हो उठा है। उन्होंने जान-बूझकर एक उपन्यास ऐसा लिखा है जिसमें, आलोचकों का मत है कि, कवित्व को दबा कर औपन्यासिकत्व प्रधान हो उठा है। इस उपन्यास का नाम है 'भालञ्च'। इसमें नायिका बीमार पड़ जाती है और नायक किसी और लड़की के साथ काम-काज में लग जाता है। नायिका को ईर्ष्या होती है। ज्यों-ज्यों वह मृत्यु के निकट पहुँचती जाती है त्यों-त्यों उसकी ईर्ष्या बढ़ती जाती है। अपने देवर के समझाने से वह संकल्प करती है कि मरते समय वह अपनी समस्त स्वार्थ-बुद्धि की जलांजलि देकर अपने हाथों उस लड़की को पति को सौंप जायेगी। ऐसा मौका

आता है। उस मौके पर मरती-मरती यदि वह यह देती कि 'हे प्रिय, मैंने अपना सर्वस्व तुम्हें दिया है, इस बालिका के साथ अपना मान-अभिमान सब कुछ तुम्हें निःशेष भाव से देकर विदा लेती हूँ', और प्यार से उस लड़की का हाथ पति के हाथों में रख कर दम तोड़ देती तो यह बात कवित्व का एक सुन्दर उदाहरण हो जाती। पर मौका आने पर वह ऐसा नहीं करती। अपनी तुच्छ ईर्ष्या को अन्त तक वह अपने त्याग की महिमा से महिमा-मंडित नहीं कर पाती। लड़की को देखकर वह और भी ईर्ष्या से जल उठती है और दुर्वाच्य कहती हुई और मरने के बाद भी उसे जलाती रहने का अभिशाप देती हुई दम तोड़ देती है। इस प्रकार कवित्व का वातावरण छिन्न-विच्छिन्न हो गया है और उपन्यासकार की वास्तव प्रियता प्रधान हो उठी है।

† ८१. उपन्यास और कहानियाँ आज के जमाने में बहुत शक्तिशाली और प्रभावोत्पादक साहित्यांग समझे जाते हैं। इनके लेखक का अपना एक जबर्दस्त व्यक्तिगत मत होता है, जिसकी सच्चाई के विषय में लेखक का पूरा विश्वास होता है। वैयक्तिक स्वाधीनता का यह सर्वोत्तम साहित्यिक रूप है। 'घासलेटी' उपन्यास के लेखक का अपना कोई मत नहीं, जो एक ही साथ उसका अपना भी हो और जिस पर उसका अखण्ड विश्वास भी हो। इसीलिए 'घासलेटी' लेखक ललकारे जाने पर या तो भाग खड़ा होता है या विक्षुब्ध होकर गाली-गलौज पर उतर आता है। वह भीड़ के आदमियों को अपनी नजर के सामने रखकर लिखता है, पर अपने प्रचारित मत पर उसे खुद विश्वास नहीं होता।

प्रेमचन्द का अपना मत है जिस पर वे पहाड़ के समान अविचलित खड़े हैं। इस एक महागुण के कारण नाना विरोधों के होते हुए भी जैनेन्द्रकुमार को साहित्य में अपना स्थान बना लेने से कोई नहीं रोक सका। उपन्यासकार है ही नहीं, यदि उसमें अपनी विशेष दृष्टि न हो और उस विशेष दृष्टि पर उसका दृढ़ विश्वास न हो। महत्वपूर्ण उपन्यास या कहानी केवल अवसर-विनोदन का साधन नहीं है। वे इसलिए महत्वपूर्ण होती हैं कि उनकी नींव मजबूती के साथ उन वस्तुओं पर रखी हुई होती है जो निरन्तर गम्भीर भाव से और निर्विवाद रूप में हमारी सामान्य मनुष्यता की कठिनाइयों और द्वन्द्वों को प्रभावित करती हैं। हम उपन्यासकार के रचना-कौशल, घटना विकास की चतुराई, पात्रों के सहज स्वाभाविक विकास की सच्चाई और अपने निजी दृष्टिकोण को ईमानदारी के कारण मनुष्यमात्र के साथ एकात्मतः अनुभव करते हैं, दूसरों के दुःख सुख में अपनापन पाते हैं, इस प्रकार हमारा हृदय संवेदनशील और आत्मा महान् बनती है। हम पहले ही लक्ष्य कर चुके हैं कि यह एकात्मता की अनुभूति साहित्य का चरम साध्य है।

८.

नाटक

८२. हमने उपन्यास को समझने का प्रयत्न किया है। अब नाटक को समझने जा रहे हैं। यह क्रम कालक्रम की दृष्टि से उलटा है। पहले नाटक का आविर्भाव हुआ था और उसके बहुत बाद जाकर उपन्यास का हुआ। इस तरह कालक्रम के हिसाब से नाटक की विवेचना ही पहले करनी चाहिये थी, उपन्यास की बाद में। प्रायः ही आलोचक लोग इसी क्रम का पालन करते हैं। इसका कारण यह है कि उपन्यास असल में नाटक की अपेक्षा शिथिल कथानक का साहित्य है। नाटक अधिक ठोस कथानक का साहित्य है। इसलिये उपन्यास का विश्लेषण सहज और अल्पायास-ग्राह्य होता है। दूसरे नाटक, उपन्यास की भाँति केवल पुस्तकगत साहित्य नहीं है। वह रंग-मंच को दृष्टि में रख कर लिखा गया होता है—अर्थात् केवल पुस्तक में लिखी हुई बातें ही सम्पूर्ण नाटक नहीं हैं; वे अपने-आपकी पूर्णता की लिये रंगमंच की अपेक्षा रखती हैं। उपन्यास में यह बात नहीं होती, वह अपना रंगमंच अपने पात्रों के लिये फिरता है। तीसरे, उपन्यास-लेखक जानता है कि उसका पाठक अपनी सुविधा और अवसर के मुताबिक थोड़ा-थोड़ा करके पढ़ सकता है। इसलिये वह किसी संकीर्णता में बँधा नहीं रहता; जबकि नाटक का लिखने वाला लेखक अच्छी तरह जानता है कि उसका नाटक दो या तीन घंटे के भीतर द्रष्टा को देख लेता है। और इसीलिये आकार और विस्तार के मामले में वह संकीर्ण सीमा में बँधा रहता है। उसकी यह मनोवृत्ति नाटक को जहाँ अधिक ठोस बना देती हैं वहाँ अनेक कौशल ग्रहण करने को बाध्य कर देती है। इसीलिये नाटक उपन्यास की अपेक्षा अधिक जटिल होता है। एक चौथा कारण यह है कि उपन्यासकार को अपने पात्रों के भीतरी मनोभावों को खोलकर बता देने की स्वाधीनता प्राप्त रहती है, जो नाटककार को नहीं रहती। इसलिये नाटक-लेखक जहाँ अपने उपस्थापन में संक्षिप्त और ठोस होता है वहाँ अनेक बन्धनों से जकड़ा भी रहता है। इस पराधीनता के कारण उसे अनेक कौशल अवलम्बन करने पड़ते हैं। इन भिन्न-भिन्न कारणों से भिन्न-भिन्न कौशलों के अवलम्बन के कारण उपन्यास की अपेक्षा नाटक अधिक ठोस होता है। इसलिये यह मामूली कायदा-सा हो गया है कि पहले उपन्यास की विवेचना कर लेने के बाद ही नाटक की विवेचना की जाय।

†८३. जिन पंडितों ने पुराने शास्त्रों का अध्ययन किया है उनका अनुमान है कि बहुत पहले भारतवर्ष में जो नाटक खेले जाते थे उनमें बातचीत नहीं हुआ करती थी।

वे केवल नाना अभिनयों के रूप में अभिनीत होते थे। अब भी संस्कृत के पुराने नाटकों में इस प्रथा का भग्नावशेष प्राप्य है। इन नाटकों में जब कोई पात्र कुछ करने को होता है तो उसका निर्देश इस प्रकार दिया जाता है—'अमुक पात्र अमुक कार्य का अभिनय कर रहा है' [शकुन्तला वृक्षसेचनं नाट्यति] यह इस बात का सबूत बताया जाता है कि नाटकों में बातचीत उतनी महत्त्पूर्ण वस्तु नहीं मानी जाती थी जितनी क्रिया। डिडेराट नाटक पश्चिमी पंडित के बारे में प्रसिद्ध है कि उसकी यह अद्भुत आदत थी कि नाटक देखते समय कान बन्द कर लेता था। ऐसा करने से वह नाटकीय क्रिया को बातचीत से अलग करके देख सकता था और नाटक की उत्कृष्टता को ठीक-ठीक समझ सकता था।

इसमें कोई संदेह नहीं कि नाटक में क्रिया ही प्रधान होती है। इसका मतलब यह हुआ कि नाटक की पोथी में जो कुछ छपा होता है उसकी अपेक्षा वही बात ज्यादा महत्त्वपूर्ण होती है जो छपी नहीं होती और सिर्फ रंगभूमि में देखी जा सकती है। नाटक का सबसे प्रधान अंग उसका क्रिया-प्रधान दृश्यांश ही होता है, और इसीलिये पुराने शास्त्रकार नाटक को दृश्यकाव्य कह गये हैं।

†८४. उपन्यास में जितने तत्त्व होते हैं वे सभी (दे० †६३) नाटक में भी होते हैं। इन तत्त्वों के सम्मिलित जोर से ही नाटक क्रिया-परायण होता है। इसलिए उसमें भी कथावस्तु उतना ही महत्त्वपूर्ण अंग है जितना उपन्यास में, परन्तु, जैसा कि शुरू में ही बताया गया है, नाटककार हर मामले में बहुत-से बन्धनों से बँधा रहा है। इसीलिए वह बड़ी सावधानी से उन कम-से-कम घटनाओं का सन्निवेश करता है जिसके बिना काम चल ही नहीं सकता। यदि वह ऐसे बेकार दृश्यों की अवतारणा करे, जो नाटक में कोई उद्देश्य ही नहीं सिद्ध करते, तो उसका नाटक शिथिल हो जायेगा। शैथिल्य नाटक का बड़ा भारी दोष है। परन्तु हर बात में नाटककार को स्टेज की सुविधा-असुविधा का ध्यान रखना पड़ता है। आजकल के वैज्ञानिक आविष्कार ने स्टेज में ऐसी अनेक सुविधाएँ ला दी हैं, जिनके कारण आज के नाटककार का प्राचीन नाटक की अपेक्षा कम घटनाओं के सन्निवेश से भी काम चल जाता है। कालिदास और भवभूति के नाटकों में ऐसे बहुत-से दृश्य अवतरित किये गये हैं, जिन्हें आज का नाटककार छोड़ देता और स्टेज में ऐसा निर्देश दे देता, जिससे वे बातें बिना कहे ही सहृदय श्रोता के समझ में आ जातीं। इब्सन आदि आधुनिक नाटककार उस प्रकार के घटना-बहुल दृश्यों की अवतारणा न करके एक खास बात पर घटनाओं को इस प्रकार केन्द्रित करते हैं कि उनका उद्देश्य प्रतिफलित हो जाता है। इसलिए नाटकीय कथावस्तु औपन्यासिक कथावस्तु से ज्यादा कठिन होती है।

इस (नाटक के) कथावस्तु के दो अंग होते हैं—दृश्यांश और सूच्यांश। अर्थात् एक तो वह वस्तु जो नाटक की क्रिया को अग्रसर करती है और सहृदय को रसानुभूति के अनुकूल करती है। नाटककार को यह समझना चाहिए कि कथावस्तु में कौन-सा दृश्यांश होगा और कौन-सा सूच्यांश। हिन्दी के एक नामी नाटककार ने राम के वन जाते

समय नागरिकों को रोकना, वशिष्ठ का व्याख्यान देना आदि बातें बड़े आडम्बर के साथ दृश्य-रूप में अंकित की हैं, जबकि कैकेयी का वर माँगना और राजा का शोकाकुल होना केवल नागरिकों के बातचीत के रूप में सूचित भर कर दिया है। स्पष्ट ही वे कथा के उस मार्मिक अंश को तरह दे गये हैं, जो सहृदय के रसबोध को जागृत करना और अभिनेता के अभिनव-कौशल की कसौटी होता। अगर कालिदास ने दो नागरिकों में बातचीत कराके यह सूचना दे दी होती कि शकुन्तला को राजा दुष्यन्त ने अस्वीकार कर दिया, तो उनका 'अभिज्ञान शाकुन्तल' अत्यन्त दरिद्र हो जाता। इसलिए नाटक की कथावस्तु का विचार करते समय देखना चाहिए कि नाटककार जिन बातों को रंगमंच पर अभिनीत होते दिखाना चाहता है वे मार्मिक अंश हैं या नहीं, और पूर्ववर्ती या परवर्ती घटनाओं की अनुभूति को गाढ़ करने में कोई सहायता पहुँचा रही हैं या नहीं।

†८५. पुराने जमाने के नाटकों में केवल सूचना देने के लिए पाँच प्रकार के कौशल का निर्देश है। इन्हें अर्थोपस्थापक कहा गया है। प्रधान दो हैं—'प्रवेशक' और 'विष्कंभक' या 'विष्कंभ' सिर्फ दो पात्रों में (जो कभी भी उत्तम श्रेणी के नहीं होते। बातचीत के द्वारा भावी या अतीत अर्थ की सूचना देने के लिए अंक के प्रारम्भ में जोड़ा जाता है। जब इसके पात्र मध्यम श्रेणी के होते थे और शुद्ध (संस्कृत) भाषा में बात करते थे तो इसे 'शुद्ध विष्कंभक' कहा जाता था। और जब उनमें से एक निम्न-श्रेणी का होता था और लौकिक (प्राकृत) भाषा बोलता था तो उसे 'मिश्र विष्कंभक' कहा जाता था। 'विष्कंभक' नाटक के आरम्भ में भी आ सकता था। 'प्रवेशक' ठीक इसी तरह की चीज है। अन्तर केवल यह है कि इसके पात्र निम्न श्रेणी के होते थे, प्राकृत में बात करते थे और नाटक के आरम्भ में इसका प्रयोग नहीं होता था।

पर्दे के भीतर से किसी आवश्यक बात की सूचना देने को 'चूलिका' या 'खंड चूलिका' कहते थे। किसी अंक के अन्त में आगामी अंक के विषय में दी गयी सूचना को 'अंकमुख' और एक अंक की क्रिया लगातार दूसरे अंक तक जब चलती रहे तो उसे 'अंकावतार' कहा जाता था। इन कौशलों से ऐसी बातों की सूचना दी जाती थी, जो रंगमंच पर अभिनीत होने के योग्य नहीं समझी जाती थीं।

†८६. उपन्यास की भाँति नाटक में भी एकाधिक कथा-वस्तुयें रह सकती हैं। एक घटना प्रधान होती है, बाकी अप्रधान। प्रधान को पुराने आचार्य 'आधिकारिक' और अप्रधान को 'प्रासंगिक' कह गये हैं। रामायण में राम की कथा 'आधिकारिक' है और सुग्रीव की 'प्रासंगिक'। 'प्रासंगिक' कथाएँ दो प्रकार की होती हैं :—

(१) वे, जो 'आधिकारिक' कथा के साथ बराबर चलती रहें और (२) वे जो थोड़ी दूर तक ही चलें। पहली को 'पताका स्थान' और दूसरी को 'प्रकरी' कहते हैं। नाटक में यदि दो कथा-वस्तुओं का इस प्रकार सन्निवेश हो कि दोनों ही प्रधान-सी लगें या परस्पर एक-दूसरे से असंबद्ध जान पड़ें, तो वहाँ नाटककार सफल नहीं कहा जा सकता। इस बात को 'अजातशत्रु' नामक 'प्रसाद' जी के नाटक से समझा जा सकता है। 'अजातशत्रु' की कथा में तीन घटनाएँ एक-दूसरे से गूँथी गयी हैं।

(२) मगध के राजघराने की कलह, जिसके कारण वृद्ध राजा बिंबसार और रानी वासवी राजच्युत हुई हैं। (२) कौशल के राजा प्रसेनजित् और उनके पुत्र तथा रानी का पारस्परिक मनोमालिन्य और (३) कौशाम्बी के राजा उदयन और उनकी रानी मागंधी तथा पद्मावती का विवाद। मागंधी ही अन्त में चलकर श्यामा वेश्या बन जाती है और वही आगे चलकर आम्रपाली। यह तीसरी घटना बहुत सार्थक नहीं है। मागंधी का श्यामा के रूप में घर छोड़कर बाजार में जा बैठना थोड़ा-सा नाटकीय उद्देश्य सिद्ध जरूर करता है, पर वह नाटक का अत्यन्त आवश्यक अंग नहीं है। अब इन घटनाओं पर विचार किया जाए।

वस्तुतः प्रथमोक्त दो राजघरानों के घरेलू कलह से ही नाटक की घटना बनी हुई है। वे दोनों घटनाएँ समानान्तर-सी हैं, यद्यपि दोनों का वियोग दो तरह से हुआ है। दोनों में ही पिता-पुत्र का झगड़ा है। दोनों में ही विद्रोही पुत्रों की माताएँ उन्हें उत्तेजित करने में प्रमुख भाग लेती हैं। परन्तु मगध का बूढ़ा सम्राट बिंबसार नकारात्मक चरित्र का पात्र है (दे० †७५), जब कि कौशल का प्रसेनजित् धनात्मक (दे० †७५)। इसका नतीजा यह होता है कि पहला सिंहासन त्याग कर बंदी हो जाता है और उसका विद्रोही पुत्र सम्राट बन बैठता है, जबकि दूसरा (प्रसेनजित्) गद्दी पर जमा रहता है और पुत्र को देश-निकाले की सजा देता है।

ये दोनों कथानक बहुत-कुछ निरपेक्ष से हैं। कोशलवाली कहानी मगधवाली कहानी की अपेक्षा गौण केवल इस अर्थ में है कि मगध का गृह विवाद पहले होता है और उसका समाचार पाने पर ही कोशलवाला गृह-विवाद आरम्भ हो जाता है, यद्यपि आगे की घटनाओं से हम मानते हैं कि इस गृह-विवाद के पीछे बहुत पुराना झगड़ा है। यह निर्णय करना कठिन है कि इनमें कौन-सी घटना 'आधिकारिक' है और कौन-सी 'प्रासंगिक'। नाटक के नाम से जान पड़ता है कि मगधवाली कथा को ही नाटककार प्रधान मानता है। इस कथा को अग्रसर करने में कोशलवाली घटना से थोड़ी सहायता मिली जरूर है, पर वहाँ भी यह निर्णय करना कठिन ही है कि अजात को शैलेन्द्र से अधिक सहायता मिली है या शैलेन्द्र को अजात से। केवल एक चरित्र—मल्लिका से—जो कोशलवाली घटना का परिणाम है—दोनों घटनाओं का घनिष्ठ सम्बन्ध है और इस एक ही सूत्र की सहायिका होने के कारण कोशलवाली घटना में प्रासंगिकता आ गई है। उदयनवाली तीसरी कथा की एकमात्र देन श्यामा है, जो नाटक के घटना-विकास में महत्वपूर्ण भाग लेती है, पर अगर यह पहले मागंधी के रूप में रानी न रही होती और सिर्फ काशी की वेश्या ही होती तो नाटक की कोई हानि नहीं होती। उसके रानीत्व की सूचना बाद में केवल विदूषक की बातचीत में आती है—खुद वह विदूषक भी इस दृश्य में केवल इसलिए खड़ा कर दिया गया है कि नाटककार ने आम्रपाली की जो कहानी नाटक में लिख दी है उसको कुछ सार्थक बना दिया जाय। किन्तु वह भी बेकार ही है। यदि आम्रपाली के मागंधी रूप का कथन नितान्त आवश्यक भी होता तो कई दृश्यों की अवतरणिका न करके उसे सूक्ष्म रूप में उपस्थित किया जा सकता था।

†८७. कुछ लोगों ने यह भ्रम फैला दिया कि नाटक में चरित्र-चित्रण गौण वस्तु है। वस्तुत: चरित्र-चित्रण और घटना-विन्यास दोनों सम्मिलित भाव से उस महान गुण को उत्पन्न करते हैं जिसे क्रिया कहते हैं। उत्तम चरित्र-चित्रण नाटककार की कृति को महान बनाता है। सिर्फ घटनाएँ ही यदि बाहर से आ-आकर पात्रों को विशेष दिशा में अग्रसर करती रहें तो पात्र निर्जीव जड़-पिंड के समान मालूम होंगे और नाटकीय प्रभाव उत्पन्न नहीं हो सकेगा। शकुन्तला का आश्रम में आत्म समर्पण और बाद में अपने प्रेमी के द्वारा प्रत्याख्यात होकर रोषदीप्त होना महज अपने-आपमें स्वतन्त्र बाहरी घटनाएँ नहीं हैं, बल्कि शकुन्तला के सरल और निष्कपट चरित्र के भीतर से उत्पन्न हुई हैं। 'उत्तररामचरित' में राम द्वारा सीता का निर्वासन राम के भीतरी चरित्र की तर्कसंगत परिणति है।

यह जरूर है कि नाटककार उपन्यासकार की भाँति अपने पात्रों के चरित्र-विश्लेषण का सुयोग नहीं पाता। उसे अपने पात्रों का चरित्र-चित्रण थोड़े से इशारों से कर देना पड़ता है। उसका प्रधान अवलम्ब उस पात्र की बातचीत और अन्य पात्रों की, उसके सम्बन्ध में की हुई, उक्तियाँ होती हैं। परन्तु, जैसा कि शुरू में कहा गया है, नाटक में यह बात उतनी महत्त्वपूर्ण नहीं है कि पात्र क्या कहता है, महत्वपूर्ण बात यह है कि वह क्या करता है। घटना और पात्र एक दूसरे से धक्का खाकर आगे बढ़ते रहते हैं और इस घात-प्रतिघात से उत्पन्न क्रियाओं के द्वारा हम पात्रों के चरित्र रूपी ग्रन्थ के पन्ने खोलते जाते हैं। नाटककार का बड़ा कठिन कार्य यह है कि वह प्रति मुहूर्त भिन्न-भिन्न पात्रों के रूप में नया नया मनोभाव स्वीकार करता है और इसलिए उसका व्यक्तिगत मत और विचार बराबर दबते रहते हैं। इसी बात को नाटक का 'निर्वैयक्तिक तत्व' कहते हैं।

†८८. कथा-वस्तु और पात्रों के घात-प्रतिघात से नाटक महान् बनता है। नाटककार यदि पात्रों और घटनाओं को होशियारी से सम्हाल सका और घटना-विन्यास की सुकुमार अवस्थाओं को पहचान सका, तो अत्यन्त मामूली कहानी को भी महिमा मण्डित कर दे सकता है। इसका सर्वोत्तम उदाहरण कालिदास का 'अभिज्ञान शाकुन्तल' है, जिसे संक्षेप में 'शकुन्तला नाटक' कहा जाता है। महाभारत की सीधी-सादी कहानी को सम्हालने में नाटककार ने कमाल की सुकुमारता का परिचय दिया है।

महाभारत की कहानी सीधी है। राजा दुष्यन्त कण्व के आश्रम में जाता है। शकुन्तला को देखकर आकृष्ट होता है। वह निस्संकोच अपना अप्सरा से जन्म होना बता जाती है। दोनों में कुछ बहस होने के बाद उसे यकीन हो जाता है कि गांधर्व विवाह धर्म-संगत है। गांधर्व-विवाह हो जाता है, परन्तु उसमें शकुन्तला शर्त करा लेती है कि उसी का पुत्र राजा होगा। राजा राजधानी लौट आता है। शकुन्तला के पुत्र होता है। उसे ऋषि के शिष्य दरबार तक पहुँचाकर चले आते हैं। राजा अस्वीकार करता है। शकुन्तला कड़ी-कड़ी बातें सुनाती है। फिर आकाशवाणी होती है कि शकुन्तला का पुत्र वस्तुत: दुष्यंत का ही पुत्र है और राजा उसे स्वीकार करता है तथा बताता है कि

चालाकी से देव-वाणी द्वारा यह कहलवा लेना ही उसका उद्देश्य था कि भरत वस्तुत: दुष्यंत का ही पुत्र है।

यही वह सीधी-सादी कहानी है जिसे कालिदास ने अपने नाटक के मूल कथानक के रूप में पाया था। इस अत्यन्त सरल कहानी को कालिदास की जादू-भरी लेखनी ने एकदम नई काया दे दी है। यहाँ लज्जाशील तापसकुमारी अपना जन्म-वृत्तान्त स्वयं नहीं कहती। उसकी सखियाँ केवल उस ओर इशारा-भर कर देती हैं। बाकी बुद्धिमान राजा को स्वयं समझ लेने को छोड़ देती है। उसके प्रेमोदय और गांधर्व-विवाह तूली के अत्यन्त सुकुमार स्पर्श से चित्रित किये गये हैं। राजा के अनुचित आचरण को शाप की कथा से ढंक दिया गया है, और इस आचरण की थोड़ी-सी जिम्मेदारी शकुन्तला पर भी डालकर कवि ने करुणतर अनुभूति का अवसर दिया है।

शकुन्तला जब दरबार में पति-दर्शन की आशा से उपस्थित होती है तो शाप की घटना एक विचित्र नाटकीय 'भाग्य-विडंबन' (दे० ९५) का काम करती है। राजा के मर्मान्तक प्रत्याख्यान को इस शाप की कथा ने ऐसा बना दिया है कि सहृदय का क्षोभ एक विचित्र करुण रस से भीग कर ऊपर आने के अयोग्य हो जाता है। राजा पर झुँझलाने के बदले वह उस पर दवा करता है। शकुन्तला को शाप के वृत्तान्तों में अनभिज्ञ रखकर नाटककार ने इस प्रसंग को अद्‌भुत मानसिक द्वन्द्वों का करुण चित्र बना दिया है। शकुन्तला का रोष, राजा का प्रत्याख्यान, ऋषि-शिष्यों का शकुन्तला को छोड़ जाना—सब कुछ विचित्र रसपरिपाक के कारण बन जाते हैं।

महाभारत की शकुन्तला की भाँति कालिदास की शकुन्तला राजा को शाप की धमकी नहीं देती। उसकी बातें राजवधू और ऋषि-कन्या के गौरव के अनुकूल हैं। दुष्यन्त उत्तम नायक है; क्योंकि वह राजकर्त्तव्यों का समुचित पालन करने वाला है। उसका नि:स्वार्थ कर्त्तव्यमय जीवन राजर्षि की तपस्या का जीवन है। शकुन्तला का परित्याग उसके उज्ज्वल चरित्र को उज्ज्वल बनाने योग्य ही सिद्ध हुआ है; क्योंकि अनजाने पराई स्त्री को पत्नी के रूप में स्वीकार कर लेना भी पाप है, और राजा असल में इस पाप से बचने की कोशिश कर रहा था। शकुन्तला का उसके प्रति जो प्रेम है वह दु:ख की अग्नि से परिशुद्ध है। अन्तिम मिलन प्रेम-द्रविता बालिका का नहीं, बल्कि तप:शुद्धा, मातृत्व के गौरव से गौरवान्वित, विगतकल्मषा, साध्वी शकुन्तला का है।

विरोधी परिस्थितियों और व्यक्तित्वों की सृष्टि करके अपने पात्रों के चरित्रगुण को उज्ज्वल करने में कवि ने कमाल की होशियारी से काम लिया है। लेकिन शकुन्तला की तुलना में किसी भी स्त्री-पात्र को रंग-मंच पर दर्शक के सामने नहीं आने दिया है। विदूषक सदा राजा के साथ रहता है, परन्तु अगर वह शकुन्तला के प्रेम का साक्षी होता तो सारे नाटक का रंग फीका हो जाता। ठीक मौके पर से नाटककार ने उसे कौशलपूर्वक हटा दिया है।

कण्व का बड़ा आकर्षक चित्र है। वे सन्तानहीन ऋषि हैं, पर सन्तान के अहेतुक प्रेम से उनका हृदय भरा है। मरीच और दुर्वासा इन दो और ऋषियों की तुलना में खड़ा करके कवि ने उनके हृदय में गम्भीरता, उदारता और प्रेम प्रवणता को अति उज्ज्वल कर दिया है। इसी प्रकार और चरित्रों के चित्रण में और घटनाओं के गति-विकास में उनका संयोजन करके 'शकुन्तला' को कालिदास ने विश्व साहित्य की अमर विभूति बना दिया है। चरित्र चित्रण इतना सूक्ष्म और कौशलपूर्ण है कि थोड़े समय में दिख जाने वाले अत्यन्त गौण चरित्र भी स्पष्ट हो उठे हैं। शार्ङ्गधर और शारद्वत बहुत थोड़े समय के लिए रंगमच पर आते हैं, बातें भी कम ही करते हैं, पर उतने में ही स्पष्ट हो गया है कि शार्ङ्गधर उद्धत गर्वीला है, राजा को खरी-खरी सुना देता है और शारद्वत शान्त गम्भीर है, और कन्या-पक्ष के आदमी को जिस प्रकार बात करनी चाहिए वैसी बात करता है।

†८९. मतलब यह कि पात्रों के चरित्र और घटनाएँ एक-दूसरे से टकराकर जब नाटक को गतिशील बनाये रखें तभी वे सफल होती हैं। यह बात उपन्यास के लिए भी सत्य है। कोई भी रचना तभी सफल हो सकती है, जब हम यह अनुभव करते रहें कि कुछ भिन्न-भिन्न स्वभाव के व्यक्ति विभिन्न उद्देश्यों को लेकर एकत्र हुए और उनके स्वभावगत और उद्देश्यगत विरोधों के संघर्ष से कुछ परिस्थितियों में घटनाएँ अग्रसर होती गईं। इसलिए पात्रों का स्वभाव और उनका उद्देश्य नाटकीय कथा-वस्तु के लिए परम आवश्यक है। उनकी उपेक्षा दोष है।

†९०. जैसा कि ऊपर बताया गया है, पात्रों के चरित्र-चित्रण का एक प्रधान अवलम्ब उनकी बातचीत है। बातचीत से हम उनके भीतरी मनोभावों का आभास पाते हैं और उनकी क्रियाओं के पीछे रहने वाले उनके विचार समझ पाते हैं। इसलिए भरतमुनि के 'नाट्यशास्त्र' में पात्रों की बातचीत को नाट्य का शरीर बताया गया है। उपन्यास में बातचीत के द्वारा लेखक अपने उद्देश्य को व्यक्त कर सकता है, अपने मान्य सिद्धान्तों से गुण-दोष की विवेचना कर सकता है, अन्य पात्रों के चरित्रों की व्याख्या कर सकता है पर नाटककार को इतना अवकाश नहीं होता। नाटककार जो बातचीत कराता है उसका उद्देश्य चरित्र के भीतरी मनोभावों और वास्तविक स्वभाव को व्यक्त करके उसके चरित्रगत वैशिष्ट्य को दिखाना होता है। नाटकीय वार्तालाप का औचित्य विचार करते समय यह देखना चाहिए कि इससे पात्र की चरित्रगत विशेषता पर क्या प्रकाश पड़ता है। इसी पर से उसकी सार्थकता का निर्णय होना चाहिए।

†९१. ऐसा सम्भव है कि पात्र एक ऐसी बात प्रकाश रूप में कहे जो उसका भीतरी मनोभाव न हो, किसी कारणवश वह झूठ बोल रहा हो। ऐसी हालत में नाटककार एक 'कौशल' अवलम्बन करता है। वह या तो पात्र से कोई 'स्वगत' उक्ति कराता है—अर्थात् पात्र अपने आपसे ही बात-चीत करके असली रहस्य खोल देता है, या फिर, यदि पात्र का कोई विश्वसनीय साथी वहाँ मौजूद हो, तो उनसे 'जनान्तिक' में

बात करा देता है। यह 'जनान्तिकवादी' बात सिर्फ़ उसका विश्वासपात्र व्यक्ति ही सुनता है।

ये दोनों बातें अजीब-सी लगती हैं। रंगमंच से बहुत दूर बैठा हुआ श्रोता जनान्तिक की बातें सुन लेता है, पर पास खड़ा आदमी नहीं सुन पाता, ऐसा मान लिया जाता है। 'स्वगत' उक्ति में तो कभी-कभी लम्बा व्याख्यान होता है। नाटक के रंगमंच के सिवा दुनिया में और कहीं भी दुरुस्त होश वाला आदमी इस प्रकार अपने-आपको व्याख्यान नहीं सुनाता। आलोचकों में इस प्रथा के औचित्य को लेकर काफी बहसें हुई हैं, पर ये दोनों बातें सारे संसार के नाटककारों की चिराचरित प्रथाएँ हैं।

वस्तुतः स्वगत-उक्ति पात्र का मानसिक सोच और वितर्क है। नाटककार अपने श्रोताओं की सुविधा के लिए उन वितर्कों को ज़ोर से बोलवाता है। जमाने से श्रोता भी उसके साथ इस प्रकार की रियायत करता आता है। भारतीय नाटकों में मिलती-जुलती एक और भी विधि है इसे 'आकाशभासित' कहते हैं। इसमें पात्र इस प्रकार बातचीत करता है मानो दुतल्ले पर से कोई उससे कुछ पूछ रहा है और वह उसका जवाब दे रहा है। प्रतिबार वह श्रोताओं के सुभीते के लिए स्वयं ही पूछ लेता है—'क्या कहा?—अमुक बात? और फिर अमुक बात का जवाब देता है।

आजकल की यथार्थवादी प्रवृत्ति इस प्रकार की रूढ़ियों को भद्दी रूढ़ि के रूप में ही ग्रहण करने लगी है। आधुनिक नाटककार इस प्रथा को छोड़ने लगे हैं और साधारण बातचीत के भीतर से ही पात्र के भीतरी मनोभावों को चित्रित करने का प्रयत्न करने लगे हैं। यह कठिन कार्य और भी कठिन इसलिए हो गया है कि आजकल के नाटक अधिकाधिक मनोवैज्ञानिक होते जा रहे हैं; फिर भी, आधुनिक नाटककार ने सफलतापूर्वक इन रूढ़ियों का परित्याग किया है।

†९२. 'रंगमंच की सुविधा-असुविधा के अनुसार नाटक की कारीगरी में बराबर परिवर्तन होता आया है। आजकल 'रंगमंच' को वास्तविक और यथार्थ रखने की प्रवृत्ति बहुत बढ़ गई है। ऐसा करने से सब समय दर्शक के साथ न्याय नहीं किया जाता। दर्शक की कल्पना को भी पूरा अवकाश मिलना चाहिए। 'रंगमंच' के दृश्य की ओर इशारा-भर हो और बाकी दर्शक को कल्पना के ऊपर छोड़ दिया जाय तो ज्यादा सरसता आ सकती है। कविवर रवीन्द्रनाथ ठाकुर ने 'रंगमंच' को अति यथार्थवादी बनाने की प्रवृत्ति को 'लड़कपन' कहा था। इस दृष्टि से प्राचीन भारतीय 'रंगमंच' आधुनिक 'रंगमंचों' की अपेक्षा अधिक सरस और गम्भीर कहे जा सकते हैं, यद्यपि वे इतने सुसज्जित नहीं होते थे।

भारतीय आचार्यों ने अभिनय के चार अंग माने हैं :—'आंगिक', 'वाचिक', 'आहार्य' और 'सात्त्विक'। 'आंगिक' अभिनय देह और मुख-सम्बन्धी अभिनय को कहते हैं। प्राचीन ग्रंथों में सिर, हाथ, कटि, वक्ष, पार्श्व और पैर आदि अंगों के सैकड़ों प्रकार के अभिनय बताये गये हैं। इन अभिनयों का किस-किस कार्य में प्रयोग होगा, यह भी विस्तृत रूप से बताया गया है। 'वाचिक' वचन संबंधी अभिनय को कहते हैं।

पदों का स्पष्ट उच्चारण, उचित स्थान पर ज़ोर (काकु) आदि की कला इसी में गिनी जाती है। 'आहार्य' रंगमंच की सजावट और पात्रों के वेश-विन्यास को कहते हैं। रंगमंच में यथार्थता की झलक ले आ देने के लिए उन दिनों तीन प्रकार के पुस्त व्यवहृत होते थे। वे या तो बाँस या सरकण्डे के बने होते थे जिस पर कपड़ा या चमड़ा गढ़ दिया जाता था, ताकि पहाड़, वन आदि की झलक दे सकें; या फिर तंत्रादि की सहायता से फर्जी बना लिये जाते थे; या फिर अभिनेता इस प्रकार की चेष्टाओं का अभिनय करता था कि जिससे दर्शक को उन वस्तुओं का बोध अपने-आप हो जाता था। पुरुषों और स्त्रियों की वेश-रचना और उनका यथाविधि रंगमंच पर उतरना भी 'आहार्य' अभिनय के ही अंग समझे जाते थे। परन्तु इन तीनों की ही अपेक्षा अधिक महत्वपूर्ण है। 'सात्विक' अभिनय। भिन्न-भिन्न रसों और भावों के अभिनय में ही अभिनेता या अभिनेत्री की वास्तविक परीक्षा होती है।

इस प्रकार रंगमंच की सजावट, पात्रों का वेश-विन्यास, उनकी बात-चीत, उनकी आंगिक गति और उनका भावात्मक अभिनय भी भारतीय शास्त्रकार की दृष्टि में अभिनय ही है। 'अभिनय' शब्द का अर्थ वह 'क्रिया' है जो दर्शक को रसानुभूति की ओर ले जाय। रंगमंच की सजावट, पात्रों की बात-चीत, उनका वेश-विन्यास आदि सभी बातें रसानुभूति की सहायिका हैं। परन्तु यदि ये ही प्रधान हो उठें और रसानुभूति गौण हो जाय तो वे दोष हो जायेंगी। रंगमंच को अत्यधिक यथार्थवादी बनाने के प्रयासी इस बात को भूल जाते हैं।

†९३. प्रत्येक नाटकीय कथा कुछ विरोधों को लेकर अग्रसर होती है। जो कथा सरल होती है उसमें यह विरोध दो व्यक्तियों में होता है, परन्तु यह आवश्यक नहीं कि विरोध के लिए हर हालत में एक नायक और एक प्रतिनायक रहे हों। आधुनिक नाटकों में यह विरोध नाना भाव से प्रदर्शित हुआ है। नायक का उसके भाग्य या परिस्थितियों के साथ विरोध हो सकता है, सामाजिक रूढ़ियों के साथ विरोध हो सकता है और फिर अपने मत के परस्पर-विरोधी आदर्शों के संघर्ष के रूप में भी हो सकता है। विरोध व्यक्तियों, मनोभावों और स्वार्थों को केन्द्र करके नाना रूप में प्रकट हो सकता है। इस विरोध के ही नाटक की घटना में गति या क्रिया आती है। विरोध के आरम्भ से ही वस्तुतः कथा-वस्तु का आरम्भ होता है और उसके अन्त से ही उसका अन्त हो जाता है। विरोध कथा-वस्तु को आश्रय करके अग्रसर होता हुआ चरम बिंदु तक उठता है, जहाँ से एक पक्ष की हार शुरू होती है और पक्ष की जीत, और अंत में जब हारने वाला पक्ष एकदम हार जाता है तो विरोध की समाप्ति हो जाती है।

इन क्रियाओं को पश्चिम के पंडितों ने पाँच भागों में बाँट लिया है :—(१) पहली 'आरंभावस्था' है, जिसमें कुछ ऐसी घटनाओं की अवतारणा होती है जिनमें विरोध अंकुरित होता है। (२) दूसरी 'विकासावस्था' है, जहाँ विरोध का विकास होता है, वह अग्रसर होता जाता है। (३) तीसरी अवस्था का नाम 'चरमबिन्दु' है। यहाँ विरोध अपनी सर्वोच्च सीमा पर आ जाता है। (४) चौथी अवस्था 'ह्रासावस्था' कहलाती है,

इसमें विरोध उतार की ओर होता है और एक पक्ष निश्चित रूप से हार की ओर अग्रसर होता रहता है। (५) पाँचवीं अवस्था का नाम 'समाप्ति' है।

इन पाँच अवस्थाओं—'आरंभ'—'विकास'—'चरमबिंदु'—'ह्रासावस्था'—'समाप्ति' को लक्ष्य में रखकर पाँच अंक के नाटक लिखे जाते थे। पर नाना कारणों से अंकों का विभाजन क्वचित्-कदाचित ही इन पाँच अवस्थाओं के स्वाभाविक विकास के आधार पर होता है। कभी दो अंकों तक 'आरंभ' चल रहा है, दो अंकों तक 'विकास' चलता है। फिर धड़ाधड़ अंतिम अंक में 'चरम-बिंदु' 'ह्रास' और 'समाप्ति' की योजना कर दी जाती है। यह दोष है। होना यह चाहिए कि कथा-वस्तु में इन पाँच अवस्थाओं के विकास में सामंजस्य हो। सभी नाटक पाँच अंक में नहीं होते, कुछ दस अंक के भी होते हैं, कुछ चार अंक के और कुछ तो एक ही अंक के। परन्तु ये पाँच तत्त्व में वर्तमान रहते हैं। ऐसी हालत में यह तो कहना ही व्यर्थ है कि प्रत्येक अवस्था का एक-एक अंक में समाप्त कर देना संभव नहीं है, क्योंकि सभी नाटक पाँच अंक के होते ही नहीं। फिर भी यह आवश्यक है कि नाटककार इन पाँच अवस्थाओं में सामंजस्य रखे।

आलोचकों ने त्रिभुजाकार कथा-वस्तु की कल्पना करके यह व्यवस्था दी है कि उत्तम वस्तु वह है जहाँ समत्रिबाहु त्रिभुज की आकृति हो—अर्थात् प्रत्येक व्यवस्था के बीच समान-समान काल लगाना उत्तम है। वस्तुत: प्रत्येक कथा के लिए एक ही प्रकार की सलाह नहीं दी जा सकती, परन्तु उनकी यथा संभव समव्यवधानता होनी चाहिए।

†९४. इन पाँच अवस्थाओं के साथ पुराने भारतीय आचार्यों की बनाई हुई पाँच अवस्थाओं की तुलना की गई है। ये पाँच अवस्थायें हैं—'आरम्भ', 'प्रयत्न', 'प्राप्त्याशा', 'नियताप्ति' और 'फलागम'। इस विभाग में यह मान लिया गया है कि नाटक की समस्त क्रियाओं का कोई फल होता है। 'आरम्भ' नामक अवस्था में वह अंकुरित होता है, 'प्रयत्न' में नायक उसे पाने का प्रयत्न करता है, 'प्राप्त्याशा' में उस फल के पाने की आशा होती है। फिर मार्ग में आये हुए विघ्नों का उच्छेद होता और फल प्राप्त करना निश्चित हो जाता है, इस अवस्था का नाम 'नियताप्ति' है। अन्त में 'फलागम' होता है अर्थात् उसको अभिलषित फल मिल जाता है।

सुप्रसिद्ध विद्वान् बाबू श्यामसुन्दर दास ने इन दोनों विभागों में जो दृष्टिकोण लक्षित हो रहे हैं उनका अन्तर इस प्रकार समझाया है :—विरोध और झगड़े आजकल की सभ्यता के परिणाम हैं। कम-से-कम इनका विकास और वृद्धि आजकल की सभ्यता में हुई है। प्राचीन भारत में भी विरोध और झगड़े थे, पर वे इतने अधिक और प्रत्यक्ष नहीं थे कि रंगशालाओं में उनके अभिनय की आवश्यकता होती। हमारे यहाँ के प्राचीन नाटक तो केवल धर्म, अर्थ और काम के उद्देश्य से रचे और खेले जाते थे।

हमने ऊपर देखा है कि पश्चिमी पंडितों ने जिसे 'विरोध' कहा है वह दो व्यक्तियों या दलों के विरोध तक ही सीमित नहीं है, वह सत् और असत् के विरोध तक ही मर्यादित नहीं है, वह नायक के भीतरी मनोभावों, सामाजिक रूढ़ियों या परिस्थितियों के साथ भी हो सकता है। नाटक में विरोध इसलिए नहीं होता कि विरोध के आजकल

रंगभूमि में दिखाने की कोई 'आवश्यकता' आ पड़ी है, बल्कि इसलिए होता है कि किसी-न-किसी विरोध के भीतर से ही नाटक की क्रिया अग्रसर हो सकती है। यह गति-शास्त्र का सामान्य नियम है कि दो विरोधी शक्तियों के संघर्ष से ही गति पैदा होती है। यह 'विरोध' 'मृच्छकटिक' में भी है और 'शकुन्तला' में भी है।[१] इतना अवश्य ही कहा जा सकता है कि इन नाटकों में 'विरोध' का सुर कभी प्रबल करके नहीं दिखाया जाता, उसका अन्त सामंजस्य में होता है। 'उत्तर रामचरित' भवभूति का लिखा हुआ प्रसिद्ध भारतीय नाटक है। इस नाटक का विश्लेषण करके देखा जाय कि यहाँ यह विरोध या द्वन्द्ध किस प्रकार दिखाया गया है। इस नाटक का हिन्दी अनुवाद कविवर सत्यनारायण 'कविरत्न' ने किया था।

†९५. कई आलोचकों ने कहा है कि भवभूति का 'उत्तर रामचरित' नाटक की अपेक्षा काव्य अधिक है। इसमें बारह वर्ष से भी अधिक दीर्घकाल की घटनायें कही गई हैं। और कुछ पात्र तो (जैसे—लव, कुश और अंद्रकेतु) ऐसे हैं जो नाटक में महत्वपूर्ण भाग लेते हैं, फिर भी नाटक की घटना आरम्भ होने के समय जनमें ही नहीं थे। जिस वस्तु को पश्चिमी नाट्य-शास्त्रियों ने 'समय-संकलन' और 'देश-संकलन' कहा है [दे० †९९] उसकी भवभूति ने बिल्कुल उपेक्षा की है, परन्तु फिर भी उनकी प्रतिभा ने इतने दीर्घकाल में व्याप्त घटना को बड़ी सावधानी से सम्हाला है। पाठक समय के व्यवधान को एकदम भूल जाता है। भवभूति की उर्वर कल्पना ने एक-पर-एक आकर्षक और हृदयग्राही चित्रों की सृष्टि की है कि पाठक उन्हीं में उलझा रह जाता है। प्रथम अङ्क में ही उस अपूर्व योग्यता का परिचय मिलने लगता है। नाटक में जब कोई ऐसा दृश्य आता है, जिसमें पात्र विपत्ति के कगार पर खड़ा होकर सुख की कल्पना करता रहता है और वह स्वयं तो उस विपत्ति की खबर नहीं रखता पर दर्शक उसे जानता होता है, तो इस परिस्थिति को नाटकीय 'भाग्य-विडम्बना' कहते हैं।

प्रथम अङ्क में सीता एक अतिशय क्रूर 'भाग्य-विडम्बना' के दरवाजे पर खड़ी हैं। यह वे नहीं जानतीं और पूर्व-जीवन के वनवासकालीन आनन्द और दुःख से मिश्रित चित्रों को देखती जाती हैं, तथा फिर एक बार उन दृश्यों को देखने की अभिलाषा प्रकट करती हैं। इस प्रकार उनके भावी निर्वासन का बहाना राम को बड़ी आसानी से मिल

---

१. यह भी स्मरण रखना चाहिये कि भारतीय नाट्य-शास्त्र में बताई हुई वे अवस्थायें नाटकीय कथानक के विकास की अवस्थायें हैं। नाटक के पाँच उपादान और होते हैं। उन्हें शास्त्रों में 'अर्थ प्रकृति' कहा जाता है। पाँच और अवस्थायें गिनाई गई हैं, जिनका नाम 'संधि' दिया गया है। ये नाटकीय क्रिया को ध्यान में रखकर उद्‌भावित की गई हैं। 'संधि' का शब्दार्थ 'जोड़' है और इसलिये सहज ही अनुमान होता है कि पहले बताई हुई अवस्थाओं को जोड़ना ही संधियों का कार्य है। जहाँ नाटकीय क्रिया का स्वाभाविक विराम होता है, एक अवस्था से दूसरी अवस्था संक्रमित होती है, वहीं संधि होती है। पाँच संधियाँ इस प्रकार हैं:—मुख (आरंभ), प्रतिमुख (क्रिया की प्रगति), गर्भ (उद्‌भव या विकास), विमर्श (विराम) और परिसमाप्ति या निर्वहरण।

जाता है। उस समय समस्त वृद्धजनों को अयोध्या से दूर रखकर नाटककार ने राम के क्रूर निश्चय के मार्ग की सभी बाधाओं को एकदम दूर कर दिया है। इस प्रकार शुरू में ही नाटक के अन्तर्निहित 'द्वन्द्व' या 'विरोध' का सूत्रपात हो जाता है। समस्त नाटक के भीतर राम का अन्तर्द्वन्द्व—उनके भीतरी प्रेम और बाहरी राजकर्त्तव्य का द्वन्द्व—बहुत चतुरता के साथ शुरू में ही दिखा दिया गया है।

राम के चरित्र में व्यक्ति की अपेक्षा राजा के बाह्य कर्त्तव्य का जो प्राधान्य है उसी ने नाटक को एक अपूर्व करुण भाव से आर्द्र बना दिया है। परन्तु चूँकि सीता के चरित्र में एकरसता अधिक है इसलिए नाटककार शुरू में ही उनकी ओर पाठक का ध्यान नहीं आकृष्ट कर सका है। परन्तु तृतीय अङ्क में जब सीता अपने प्रियतम को देखती और क्षमा करती हैं तो भवभूति का चित्रण अत्यन्त सुकुमार हुआ है। राम यद्यपि कर्त्तव्य-पालन में कठोर हैं पर सीता के प्रति उनका प्रेम निस्संदेह अत्यधिक है। राम के चरित्रगत इस भीतरी विरोध को जितना इस अङ्क की घटनायें स्पष्ट करती हैं उतना और किसी अङ्क की नहीं। देशी और विदेशी सभी पंडितों ने स्वीकार किया है कि इस अङ्क में सीता के शान्त, गंभीर और उदार आत्मसमर्पण में एक ऐसी रस-वस्तु का साक्षात्कार होता है जो भवभूति की अपनी विशेषता है। सारे अङ्क में यद्यपि कुछ अप्राकृतिक अवस्थाओं का सहारा नाटककार ने लिया है, पर बड़ी चतुरता के साथ इस दैवी सहायता ने भावी मिलन और प्रेम को सांद्ररूप में प्रकट करने का मार्ग प्रशस्त कर लिया है।

'उत्तरचरित' का तृतीय अङ्क कवित्व, कल्पना और रस-परिपाक की दृष्टि से बेजोड़ है। अन्तिम अङ्क में भवभूति की नाटकीय प्रतिभा सर्वोच्च स्थान पर उठी है। केवल भारतीय नाटकों की मिलनान्त होने वाली रूढ़ि के पालन के लिए भवभूति ने अन्तिम अंक में मिलन नहीं कराया है। वस्तुतः नाटक जिस रास्ते अग्रसर हुआ है उसकी सर्वोत्तम परिणति यही है। ऐसा न होता, तो जैसा कि ए० बी० कीथ ने लिखा है, आधुनिक पश्चिमी आलोचक की दृष्टि में भी नाटक अपूर्ण ही रह जाता।

†९६. नाटक की क्रिया वस्तुतः दो प्रकार की होती है:—'साक्षात् प्रवर्तित' या 'प्रत्यक्ष' तथा 'असाक्षात् प्रवर्तित' या 'परोक्ष'। 'प्रत्यक्ष' और 'परोक्ष' शब्द अधिक सुगम हैं, इनके लिए 'साक्षात् प्रवर्तित' और 'असाक्षात् प्रवर्तित' ये दो शब्द शास्त्र में प्रयुक्त होते हैं। 'प्रत्यक्ष' क्रिया नाटक के रंगमंच पर दिखाई देती है। मारना, लड़ना आदि ऐसी ही क्रियायें हैं, परन्तु 'अप्रत्यक्ष' या 'परोक्ष' क्रियायें सात्त्विक अभिनय से दिखाई जाती हैं। [दे० †९२] दुःखी होना, आनंदित होना आदि ऐसी ही क्रियायें हैं। शेक्सपियर के नाटकों में 'प्रत्यक्ष' क्रिया का बाहुल्य है और बर्नार्ड शा तथा रवीन्द्रनाथ के नाटकों में 'परोक्ष' क्रिया का। दोनों में सामंजस्य-विधान होना चाहिए। नाटककार को इस बात का पूरा ध्यान रखना चाहिए कि अकारण कोई क्रिया न दिखाई जाय। प्रत्येक क्रिया का उद्देश्य होना चाहिए। इसी उद्देश्य से नाटक की क्रिया रसोद्रेक में सहायता करती है।

†९७. भरत मुनि ने कहा कि नाटक अवस्थाओं के अनुकरण का नाम है। अनुकरण केवल तीन तत्वों तक ही सीमित है—(१) घटना का, (२) पात्र का और (३) बातचीत का। तीनों के अनुकरण तीन-तीन तरह से हो सकते हैं। या तो उन्हें, जैसा वे होते हैं उससे अच्छा करके दिखाया जा सकता है, या बुरा करके दिखाया जा सकता है, या ज्यों -का-त्यों दिखाया जा सकता है। चाहे नाटक यथार्थवादी हो या आदर्शवादी, पहले दो तरीके भद्दी रुचि के परिचायक हैं। यथार्थ से बुरा करके जो अनुकरण होगा उसमें खून-खच्चर, शराब-कबाब, हत्या-डकैती आदि का प्राधान्य होगा। जो यथार्थ से अच्छा होगा उसमें आकाशवाशी, देवत्वारोप, पुष्पवृष्टि आदि का प्राधान्य होगा।

वस्तुतः नाटक का अनुकरण वास्तविक होना चाहिए। केशव उसका प्रभाव ऐसा होना चाहिए जो मनुष्य को पशु-सुलभ मनोवृत्तियों से ऊपर उठावे। मनुष्य नाना प्रकार की दुर्बलताओं और शक्तियों का समन्वय है, उसका अनुकरण भी वैसा ही होना चाहिए। कुछ लोगों का यह भ्रम है कि पाश्चात्य देशों में जिसे 'ट्रेजेडी' कहते हैं वह दुःखान्त या वियोगान्त घटना है। असल बात यह नहीं है। 'ट्रेजेडी' दुखान्त नाटक है, इसमें संदेह नहीं, परन्तु यदि चरित-नायक में ऐसी स्वाभाविक दुर्बलता न हो, जो उसके दुःखमय अन्त को स्वाभाविक रूप में वहाँ ले चले, तो वह चीज 'ट्रेजेडी' नहीं कही जायेगी। यदि शुरू में ही मान लिया जाय कि चरित नायक कभी सत्पथ से विचलित नहीं होने वाला व्यक्ति है तो 'ट्रेजेडी' का रस-परिपाक अच्छा नहीं होगा, क्योंकि 'ट्रेजेडी' के समस्त दुःखों का मूल उस चरित-नायक की दुर्बलता ही है। इसलिए नाटकीय चित्रण में वास्तविकता आवश्यक है। इन वास्तविकताओं के भीतर से ही उत्तम नाटककार महान् बनाने वाले नाटकीय प्रभाव को पैदा करता है।

९८. चरित्र-प्रधान नाटकों के प्रसंग में हिन्दी के प्रसिद्ध नाटककार श्री जयशंकर 'प्रसाद' का नाम लिया जा सकता है। उसके नाटकों के प्रधान आकर्षण दो हैं:—(१) शक्तिशाली चरित्र और (२) कवित्वमय वातावरण। यद्यपि उनके चरित्रों में अनेक श्रेणी के लोग नहीं हैं तथापि वे इतने सजीव हैं कि पाठक उनको भूल नहीं सकता। उनके आदर्श पात्रों में वीरता, प्रेम और देशभक्ति आवश्यक रूप से विद्यमान रहते हैं। जिसका परिणाम यह हुआ है कि उनमें बहुविधता नहीं आ पाई है।

उनके सभी आदर्श और आकर्षक पुरुष पात्रों को तीन मोटे विभागों में बाँट लिया जा सकता है:—

(१) तत्वचिंतक (२) कर्मठ वीर सैनिक और (३) कुटिल राजनीतिज्ञ। ये सभी पात्र प्रेमी होते हैं और प्रेम ही इनको दुर्बल या सबल बनाता है। उनके स्त्री-पात्रों में भी ये ही बातें लागू होती हैं। उन्हें भी तीन श्रेणियों में बाँट लिया जा सकता है:—(१) कुटिल राजनीतिज्ञाएँ (२) प्रेमिकाएँ और (३) दुर्बल हृदय की महत्वाकांक्षिणी स्त्रियाँ।

उनके सभी नाटकों में कुछ घटा-बढ़ाकर ये छः प्रकार के चरित्र खोजे जा सकते हैं। फिर भी 'प्रसाद' जी के पात्र उस प्रकार के 'टाइप' नहीं हैं, जैसा कि पुराने साहित्य

में राजा, रानी, ब्राह्मण, मंत्री आदि के 'टाइप' बन चुके थे। रानी को कैसा होना चाहिए, राजा को कैसा होना चाहिए, ये बातें पहले से ही तय हो गयी होती थीं। नाटककार इन 'टाइपों' को ही रसोद्रेक का वाहन बनाता था। 'प्रसाद' जी के नाटक उस प्रकार के 'टाइप' नहीं हैं। परंतु उनकी समूची ग्रन्थावली पढ़ने वाला पाठक यह जरूर अनुभव करेगा कि यद्यपि उनके पात्र पुरानी रूढ़ियों के अनुसार 'टिपिकल' तो नहीं हैं परन्तु उनके अपने ही मन में गढ़े हुए 'टाइप' अवश्य हैं।

'प्रसाद' जी के नाटकों का दूसरा आकर्षण उनका कवित्वमय वातावरण है। उनके कई चरित्र मनुष्य रूप में प्रगत मुक्तक हैं। देवसेना और कार्नेलिया ऐसे ही मुक्तक काव्य हैं। उनके जीवन में एक प्रकार का संगीत है, एक विशेष 'छंद' है। परन्तु केवल चरित्र ही नहीं 'प्रसाद' जी के सारे नाटकों का वातावरण ही कवित्वमय है। पात्रों की बातचीत में, नाम में, हिलने-डुलने में, सर्वत्र कवित्व का सुर ही प्रबल है। उन्होंने अपने युग के प्रधान प्रश्नों से मुँह नहीं मोड़ा है।

उनके नाटकों में राष्ट्रीयता, साम्प्रदायिक झगड़े, स्त्री का समानाधिकार, युद्ध का विषमय परिणाम, साम्राज्यवाद, विदेशी शासन आदि सभी बातें आई हैं। पर सब कुछ पर कवित्त का एक मोहक आवरण पड़ा हुआ है। इस प्रकार 'प्रसाद' जी के नाटकों को उनके चरित्रों और कवित्वमय वातावरण ने आकर्षक बना दिया है।

†९९. ऊपर जिस देश-संकलन, काल-संकलन और वस्तु-संकलन की चर्चा की गयी उस पर यहाँ विचार किया जाय। प्राचीन काल से यूनान के नाट्य-शास्त्रियों ने वस्तु, काल और देश-संबंधी तीन बातों के संकलन की मर्यादा बाँध दी थी—अर्थात् किसी नाटक का पूरा अभिनय किसी एक ही कृत्य से सम्बद्ध होना चाहिये; चौबीस घंटे में घटित घटना का ही संक्षिप्त रूप होना चाहिये और किसी एक ही स्थान पर घटित घटना का रूप होना चाहिये। इनको क्रमशः 'वस्तु-संकलन','काव्य-संकलन', और 'देश-संकलन' कहा जाता है। शेक्सपियर ने इन तीन संकल्पों को नहीं माना और आजकल के नाटककार भी इन्हें ज्यों-का-त्यों नहीं मानते। क्योकि इससे नाटककार अनावश्यक बंधनों से जकड़ जाता है; पर इन तीनों संकलनों के अंतर्निहित सत्य को भुलाया नहीं जा सकता। रंगमंच पर यदि एक दृश्य आज का दिखाया गया हो और दूसरा दस वर्ष बाद का तो सहृदय श्रोता के चित्त में विकल्प उत्पन्न होगा और उसकी रसानुभूति में बाधा पड़ेगी। इसी तरह दृश्य यदि दूर देशों में पटापट परिवर्तित होते जायँ तो भी सहृदय का चित्त विकल्प में पड़ जायेगा। इसीलिये नाटक के देश,काल और वस्तु में यथासंभव कम अंतर होना आवश्यक है। दीर्घकाल का कौशल दिखाने के लिये नाटककार को कौशल से काम लेना चाहिये। यदि बीच-बीच में कुछ दूसरे दृश्य से दर्शन को इस प्रकार उलझा दें कि दर्शक देशगत और कालगत व्यवधानों को भूल जाय तो कालगत व्यवधान खटकता नहीं। कालिदास ने शकुन्तला के प्रत्याख्यान और पुनर्मिलन के बीच इतने अनेक दृश्यों की अवतारणा की है कि काल और देश-विषयक व्यवधान दर्शक को याद ही नहीं रहता।

†१००. नाटक बहुत अधिक नि:संग रचना है। सारे नाटक में कहीं भी यह मौका नहीं रहता कि हम नाटककार के अपने जीवन या अपने विचारों के विषय में कुछ जान सकें। प्राचीन-काल में भारतीय नाटककारों ने इस कठिनाई पर विजय पाने के लिये नाटक के आरम्भ में 'प्रस्तावना' रखने की प्रथा चलाई थी। प्रस्तावना में नाटक का सूत्रधार (व्यवस्थापक) अपनी पत्नी नटी से बात-चीत करता था और कवि के नाम,काम और यश का पता तो बताता ही था, नाटक किस अवसर पर खेलने के लिये बनाया गया था और उसमें किस प्रकार की बात आने वाली है, इसकी सूचना भी बड़े कौशल से दे देता था। नये युग में यह प्रथा उठ गयी है। छापे की मशीन ने इस विषय में दर्शक की सहायता की है। साधारणत: नाटककार का नाम और अभिनेताओं के नाम भी छाप कर दर्शकों तक पहुँचा दिये जाते हैं। इस पर नवीन प्रयत्न में तो पुराना कौशल ही रह गया है, और न वह रसमय कवित्व ही, जो प्रस्तावना को जीवन्त बना देते थे। फिर भी नाटक निस्संग रचना है, यह बात भुलाई नहीं जा सकती। इसलिये नाटक में कवि का क्या उद्देश्य है, यह समझना कठिन रह ही जाता है।

†१०१. प्राचीन युग में नाटक काव्य का ही एक भेद माना जाता था। इसलिये उसमें काव्यत्व प्रचुर मात्रा में पाया जाता था। इधर पश्चिम के बर्नार्ड शॉ आदि लेखकों से प्राप्त प्रेरणा ने लेखकों को अधिक गद्यात्मक और बुद्धिमूलक नाटक लिखने को प्रवृत्त किया हैं। इन नाटकों ने सामाजिक रूढ़ियों के पर्दे के पीछे जो नग्न सत्य है उसके तथा चिराचारित प्रथा के मूल में निहित सत्य का विरोध दिखाया जाता है। विरोधी प्राय: तुल्यबल होते हैं ओर नाटक के अन्त में दर्शक केवल समाज का विश्लेषण करने की बुद्धि और अनिश्चय लेकर उठता है। इन्हें 'समस्या नाटक' नाम दिया गया है।

व्यक्ति और समाज के सम्बन्ध में सबसे प्रमुख और प्रधान है स्त्री और पुरुष का सम्बन्ध, जिसे बर्नार्ड शा ने एक जगह 'अंध-जीवन-शक्ति' (ब्लाइन्ड लाइफ-फोर्स) कहा है। अंध-शक्ति के साथ मनुष्य के परिमार्जित संस्कारों का पदे-पदे विरोध है।

हिन्दी 'समस्या नाटकों' में सबसे अधिक प्रतिभाशाली लक्ष्मीनारायण मिश्र हैं। उन्होंने, 'जो अनुभव किया है', उसे 'नाटक के रूप में' हमारे सामने रख दिया है, यथार्थ ज्यों-का-त्यों। उन्होंने जान-बूझकर मनोरंजन के लिये या धोखा देने के लिये किसी को पापी, या पुण्यात्मा नहीं बनाया, बल्कि अपने चरित्रों को ज़िन्दगी की सड़क पर छोड़ दिया है। वे अपनी प्रवृत्तियों और परिस्थितियों के चक्करदार घेरे में होकर रुकते हुए, थमते हुए, ठोकर खाते हुए आगे बढ़ते गये हैं, और नाटककार बराबर एक सच्चे जिज्ञासु की तरह बड़ी सावधानी से चलता गया है। प्रेमचन्द जी के चरित्रों की तरह उनके मूल में ही क्रांति नहीं है क्रांति है उनके अन्त में। यह सच है कि उन्होंने भी क्रांति की है, सामाजिक या राजनैतिक नियमों की अवहेलना की है; किन्तु कब?—विरोधी उपकरण जब जिन्दगी की राह रोककर खड़े हो जाते हैं। यही स्वाभाविक है। मिश्र जी की यह ईमानदारी उनके नाटकों में भारी आकर्षक ले आ देती है। उन्होंने पुरानी भावुकता के प्रति विद्रोह किया है। उनका कहना है कि 'प्रतिभा

यदि वास्तव में कहीं है तो वह उसी पुराने रास्ते में धूल के भीतर घसीटी नहीं जा सकती। उसकी इच्छा कानून है, वह जिधर नजर डालती है, नियम बनते जाते हैं। कलाकार का कम्पास है जो तूफान ठीक उत्तर की ओर इशारा—संकेत—करता है।'' इस दृष्टि से इनके नाटकों में 'ठीक उत्तर की ओर संकेत करना ही आदर्श है, फिर भी उन्होंने अपने नाटकों को जो 'समस्या नाटक' कहा है उसका कारण यह है कि वह पहले ही समाधान को दृष्टि में रखकर अपनी रचना नहीं करते। वे उस बात की ओर उन्मुख हैं, जो एक नयी दुनिया का निर्माण करेगी, 'जिसका आधार संस्कार और सेवा होगा—रंगों की विषमता और घृणा नहीं।' इसीलिये वे बर्नार्ड शा की उस प्रवृत्ति का अनुकरण करना पसंद नहीं करते जिसका काम उपहास करना है, सुधार करना नहीं।

मिश्र जी के नाटकों में नाटकीय कारीगरी निर्दोष नहीं कही जा सकती। दृश्यों के विधान में और समस्याओं की बेमेल योजना में त्रुटि खोजी जा सकती है, पर निस्संदेह उनमें अपने प्रतिपाद्य के भीतर प्रवेश करने की पैनी दृष्टि वर्तमान है।

लेकिन हिन्दी में आज भी नाटकों में कवित्व पूरी मात्रा में है। तीन श्रेणी के नाटक ऐसे लिखे गये हैं जो काव्य के तत्वों से परिपूर्ण हैं :—

(१) प्रथम हैं 'रूपक नाट्य'—जिनमें या तो मानवीय मनोरागों-जैसे—कामना, विलास, सन्तोष, करुणा आदि—की मनुष्य रूप में कल्पना करके नाटकीय रस-सृष्टि करने का प्रयास होता है, या प्रकृति के भिन्न-भिन्न उपादानों की मानव-रूप में अवतारणा की जांती है। प्रसाद जी की 'कामना' प्रथम श्रेणी में और सुमित्रानन्दर पंतजी की 'ज्योत्स्ना' दूसरी श्रेणी में आती है। इन रूपकों के माध्यम से नाटककार अपना अभिमत उद्देश्य व्यक्त करता है।

(२) 'गीति नाट्य' पद्यात्मक बातचीत के रूप में लिखे जाते हैं। यह भी कवित्व की मात्रा लिये होते हैं। कवित्व से मतलब केवल पद्य-बद्धता से नहीं बल्कि भावावेग, कल्पना और झंकार के वातावरण से है। नाटकों की गद्यात्मक क्रिया का इसमें प्राधान्य नहीं होता, यद्यपि वह नाटकीय गुण इसमें रहना आवश्यक है, जो पात्रों और घटनाओं के घात-प्रतिघात से गति उत्पन्न करना है। हिन्दी में बहुत बड़ी प्रतिभा वाला गीति नाट्यकार कोई नहीं है।

(३) इन्हीं से मिलते-जुलते अर्थात् भावावेग, कल्पना और झंकार का कवित्वमय वातावरण लिये हुए एक और प्रकार के नाटक होते हैं, जो गद्य में लिखे जाते हैं। उन्हें 'भाव नाट्य' नाम दिया गया है। ऐसे नाटकों में सबसे प्रख्यात है गोविन्द बल्लभ पन्त की 'वरमाला'। श्री उदयशंकर भट्ट ने भी अनेक गीतिनाट्यों और भावनाट्यों की रचना की है।

†१०३. इधर 'एकांकी नाटकों' का भी प्रचलन बढ़ रहा है। पुराने जमाने में भी एक अंक में भी समाप्त होने वाले नाटक लिखे गये हैं। परन्तु इधर के प्रयत्न नये हैं। इनमें गद्यात्मकता, मनोविश्लेषण की प्रवृत्ति और समस्याओं की ओर संकेत ही प्रधान हो

उठा है। ये कहानी की भाँति वैयक्तिक स्वाधीनता और गद्य-युग की उपज हैं। इनमें बड़े नाटकों की भाँति चरित्र के विकास का ज्यादा अवकाश नहीं होता। कहानी के बाद एकांकी नाटक के चरित्र भी लेखक के उद्देश्य के साधन होकर आते हैं। स्थान, समय और वस्तु का संकलन एकांकी के कौशल की जान है। कहानी की भाँति एकांकी नाटक भी एक घटना, एक परिस्थिति और एक उद्देश्य से बनता है। हिन्दी में डॉ० रामकुमार वर्मा ने सबसे अधिक एकांकी नाटक लिखे हैं।

†१९४. नाटककार का उद्देश्य समझना उपन्यासकार के उद्देश्य के समान सरल नहीं है। नाटक भिन्न-भिन्न स्वभाव वाले पात्रों के मुख से बोलता है। प्रत्येक पात्र की उक्ति में नाटककार का अपना मत व्यक्त नहीं होता, परन्तु दो बातों को ध्यान में रखने से नाटककार का अपना उद्देश्य समझ में आ जाता है। प्रथम यह लक्ष्य करना चाहिये कि नाटककार किस पात्र की ओर सबसे अधिक सहानुभूति उत्पन्न कर रहा है और किस पात्र की ओर घृणा या उपेक्षा का भाव दिखा रहा है। सहानुभूति वाले पात्र के मुख से नाटककार प्राय: अपना मत प्रकट किया करता है।

आजकल तो नाटककार दीर्घ भूमिकायें लिखकर अपना मत प्रकट करने लगे हैं। नाटककार की गलतियों से भी उसके पक्षपात का अनुमान होता है, क्योंकि कभी-कभी उत्तम नाटककारों को भी अपने सिद्धान्तों के प्रति अतिरिक्त मोह होने के कारण शिथिल और अनावश्यक दृश्यों का अवतरण करते देखा गया है। 'प्रसाद जी' प्राय: नाटकों को गतिमान बनाने के बदले अपने ऐतिहासिक मतों और दार्शनिक विश्वासों को व्यक्त करने के फेर में पड़ जाते हैं और इस प्रकार गतिहीन दृश्यों की योजना कर बैठते हैं।

परन्तु नाटक की परिसमाप्ति से भी नाटककार का उद्देश्य स्पष्ट होता है। 'शकुन्तला नाटक' के प्रथम अङ्क में कालिदास ने दुष्यन्त और शकुन्तला के आकर्षण की योजना यौवन-लीला के भीतर से की है। परिस्थितियाँ इस उच्छृङ्खल प्रेमाकर्षण को भिन्न-भिन्न कर देती हैं। अन्तिम अङ्क में मलिन धूसरवसना, नियमाचरण से शुष्कमुखी, शुद्धशीला शकुन्तला का दर्शन होता है। यहाँ कवि ने मिलन का माध्यम बालक को बनाया है। इस आदि और अन्त को देखकर सहृदय के हृदय पर यह प्रभाव पड़ता है कि ''मोह में जो अकृतार्थ हुआ है वह मंगल में परिसमाप्त है। धर्म में जो सौंदर्य है वही ध्रुव है और प्रेम का जो शान्त, संयत तथा कल्याणमय रूप है वही श्रेष्ठ है; बंधन में ही यथार्थ शोभा है; और उच्छृङ्खलता में सौन्दर्य की आशु विकृति। भारतवर्ष के प्राचीन कवि ने प्रेम को ही प्रेम का लक्ष्य नहीं माना, मंगल को ही प्रेम का अन्तिम लक्ष्य घोषित किया है। उनके मत में नर-नारी प्रेम तब तक सुन्दर नहीं होता जब तक वह वन्ध्य (निष्फल, निस्सन्तान) रहता है, कल्याण को नहीं अपनाता और संसार में पुत्र, कन्या तथा अतिथि-प्रतिवेशियों में विचित्र सौभाग्य से व्याप्त नहीं हो जाता।'' (रवीन्द्रनाथ)

†१०५. और सही बात यह है कि अन्यान्य साहित्यांगों की भाँति नाटक का भी चरम लक्ष्य वही परम मंगलमय ऐक्यानुभूति है जिससे वह पशु-सामान्य प्रवृत्तियों से ऊपर उठता है और प्रमाणपत्र के सुख-दु:ख को अपना समझ सकता है। नाटक की

आलोचना के नाम पर आजकल बहुत ऊल-जलूल भ्रामक बातें फैलायी जा सकती हैं। सुप्रसिद्ध नाटककार बर्नार्ड शा ने एक जगह लिखा है :—

'कोई ऐसी बात नहीं कहता कि 'मैं पूर्वकालीन सुखान्त और दुःखान्त नाटकों से उसी प्रकार घृणा करता हूँ जिस प्रकार धर्मोपदेशं से या संगीत से। किन्तु मैं पुलिस-केस या विवाह-विच्छेद के समाचार की या किसी भी प्रकार के नृत्य और सजावट आदि को पसन्द करता हूँ, जो मुझ पर और मेरी पत्नी पर अच्छा प्रभाव डालते हैं। बड़े लोग चाहे जो कहें मैं किसी प्रकार के बुद्धिमूलक कार्य से आनन्द नहीं उठा पाता और न यही विश्वास करता हूँ कि कोई दूसरा ही उससे आनन्द उठा सकता होगा'—ऐसी बातें नहीं कही जातीं। फिर भी यूरोप और अमेरिका के ९० फीसदी प्रसिद्ध पात्रों में नाटकों की समालोचना के नाम पर इन्हीं बातों का विस्तृत और पालिश लिया हुआ अर्थान्तर प्रकाशित होता है। अगर इन समालोचनाओं का यह अर्थ नहीं तो उनका कुछ भी अर्थ नहीं है।''

९.

साहित्यिक समालोचना और निबन्ध

† १०६. 'समालोचना' शब्द का व्यवहार आजकल बहुत अस्त-व्यस्त अर्थ में हो रहा है। अंग्रेजी के 'क्रिटिसिज्म', 'रिव्यू', 'ओपीनियन' आदि शब्दों के सिवा संस्कृत के 'टीका-व्याख्या' आदि सभी अर्थों में इसका व्यवहार होते देखा गया है। साधारणतः समालोचक का कर्तव्य यह समझा जाता रहा है, कि वह कवि और काव्य के दोष-गुणों की परीक्षा करे, उत्कर्ष-अपकर्ष का निर्णय बतावे, और उपादेयता या अनुपादेयता के सम्बन्ध में परामर्श दे। सनातन काल से समस्त देशों में काव्य-समालोचक निम्नलिखित बातों में से एक, दो या तीनों का कार्य करते आये हैं—विश्लेषण, व्याख्या, और उत्कर्षापकर्ष-विधान। लेकिन बहुत हाल में समालोचक के इस सनातन-समर्थित कर्तव्य को सन्देह की दृष्टि से देखा जाने लगा है।

सबसे पहला आक्रमण 'समालोचना' नामक विषय पर ही किया गया है। कवि और पाठक के बीच इस मध्यवर्ती बाधा की उपकारिता पर ही सन्देह प्रकट किया गया है। विभिन्न देश और काल के इतिहास से इस प्रकार सैकड़ों प्रमाण एकत्रित किये जा सके हैं कि एक ही कवि या नाटककार को दो समालोचक एकदम विरुद्ध रूप में दखते हैं। फ्रांस के आलोचक बहुत दिनों तक शेक्सपियर को असभ्य, जंगली और कला-शून्य समझते रहे और इंग्लैण्ड वाले संसार का सर्वश्रेष्ठ कलाकार। मिल्टन के 'पैराडाइज लास्ट' को एक पंडित ने बहुत ही उत्तम और दूसरे ने अत्यन्त निकृष्ट कोटि का काव्य बताया था। हिंदी में कुछ दिन तक देव और बिहारी के काव्योत्कर्ष के विषय में परस्पर-विरोधी मतों का चख-चख चलता रहा। केवल कवियों की ही नहीं आलोचकों की भी समीक्षा करते समय परस्पर-विरोधी मतों की बातं सुनाई देती हैं। श्री रामनाथ लाल 'सुमन' को जिस महीने श्री नगेन्द्र ने 'इमेजिनेटिव' या कल्पनावादी 'स्कूल' का बताया, उसी महीने श्री बनमाली ने 'इम्प्रेशनिष्ट' या प्रभाववादी संप्रदाय का मान लिया! इस प्रकार प्रत्येक देश और प्रत्येक काल में समालोचक के विश्लेषण, व्याख्या और उत्कर्षापकर्ष विधानों में गहरा मतभेद देखा जाता है। फिर भी इसके बिना काम भी नहीं चलता।

† १०७. समस्त हिन्दी साहित्य को पढ़ना सम्भव नहीं है। उस पर अपना मत भी स्थिर करना सब के बूते का नहीं है। इस अज्ञान की अपेक्षा पं० राम चंद्र शुक्ल का विशेष दृष्टि से देखा हुआ साहित्यिक निष्कर्ष पढ़ना कहीं अधिक अच्छा है। इस प्रकार पं० रामचंद्र शुक्ल का मत एक-दो स्थानों पर भ्रामक होते हुए भी, सब मिलाकर

काम की चीज सिद्ध हो सकता है; पर खतरा यह है कि पं० रामचन्द्र शुक्ल को 'क' 'ख', 'ग' नामक समालोचकों से विशेष कैसे मान लें? कौन-सा बाँट है जिससे हम शुक्ल जी के भारीपन और दूसरों के हल्केपन का निर्णय कर लें? स्पष्ट ही हमें फिर एक दूसरे आदमी की राय लेनी पड़ेगी और इस प्रकार मूल पुस्तक और अपने बीच हम एक और बाधा खड़ी कर लेंगे। सच पूछा जाय तो मूल पुस्तक और पाठकों के बीच इस प्रकार की बाधाओं की परम्परा बड़ी खतरनाक साबित हुई है। इस वैज्ञानिक युग में इसीलिए इन उत्कर्षापकर्ष-विधायिनी समालोचनाओं के प्रति एक तरह के विराग का वातावरण तैयार हुआ है! इसलिए कुछ पंडितों ने समालोचना को बिल्कुल नये ढंग का शास्त्र बनाना चाहा है; क्योंकि उसके बिना जब काम चल ही नहीं सकता और पुराना ढंग जब खतरनाक साबित हो ही चुका है, तो क्यों न इस शास्त्र का आमूल संस्कार कर लिया जाय?

† १०८. इन नये पण्डितों का मत है कि समालोचना में उत्कर्ष या अपकर्ष का निर्णय नहीं होना चाहिए। वनस्पति-शास्त्री बबूल और गुलाब के सौन्दर्य या गुणों की मात्रा का विचार नहीं करता, वह केवल इनकी जाति का भेद बताता है। इसी प्रकार आलोचक को भी आलोच्य ग्रन्थकार की जाति का निर्णय करना चाहिए, गुण और दोष की मात्रा का नहीं।

प्राचीन निर्णयात्मिका समालोचना (जुडिसियल) के विरोध में इसका नाम दिया गया है 'अभ्यूहमूला समालोचना' या (इंडक्टिव क्रिटिसिज्म)। इसमें कवियों के प्रकार—(काइंड) में भेद किया जाता है, मात्रा (डिग्री) में नहीं। समालोचक काव्य का विश्लेषण करते हैं, गुण-दोष का विवेचन नहीं। लेकिन वनस्पति-शास्त्र के बबूल और गुलाब का जाति-भेद बताने के बाद भी एक ऐसे शास्त्र की आवश्यकता रह जाती है जो बतावे कि इन दोनों में से किसका नियोग मानव-जाति के किस कल्याण में किया जा सकता है। उसी प्रकार इस समालोचक के बाद भी इस बात की जरूरत रह जाती है कि, समालोचक नहीं तो कोई और ही बतावे कि, किस कवि से समाज को क्या लाभ या हानि है—अर्थात् समाज के लिए कौन कितना उत्कृष्ट या अपकृष्ट है? इस प्रकार समस्या जहाँ की तहाँ रह जाती है। असल में सवाल 'जुडिशियल' या 'इन्डक्टिव' आलोचना का नहीं है, सवाल है एक सामान्य निर्णायक साधन का। भारतवर्ष के पण्डितों ने अनेक रगड़-झगड़ के बाद एक सामान्य मान (या 'कामन स्टेंडर्ड') बनाने की चेष्टा की थी; पर हमने देखा है कि जमाने के परिवर्तन के साथ वह अब आदर्श व्यवस्था नहीं मानी जा सकती। फिर भी उनके सुझाये हुए मार्ग से नये 'स्टेंडर्ड' का उद्भावन किया जा सकता है।

† १०९. **मनुष्य का मन हजारों अनुकूल और प्रतिकूल धाराओं के संघर्ष से रूप ग्रहण करता है, उसे अगर प्रमाण मान लें तो मूल्य-निर्धारण का कोई एक सामान्य मानदंड बन ही नहीं सकता। ग्राहक और विक्रेता को अपने-अपने मन के अनुसार 'सेर' बनाने दिया जाय तो बाजार बंद हो जायेंगें। कवि का कारबार इसी मानसिक 'सेर' से**

चलता है, अन्तत: अब तक चलता रहा है। इधर समालोचक लोग अपने-अपने मन के गढ़े 'सेर' लेकर पहुँचे हैं। जब हम समालोचक की रुचि की बात कहते हैं तो उसके इसी मन-गढ़न्त 'सेर' की बात करते हैं। 'क' नामक समालोचक जिसको तीन सेर कहता है, 'ख' उसे पौन सेर मानने को भी तैयार नहीं। 'देव पुरस्कार' के एक निर्णायक ने एक पुस्तक पर ८५ नंबर दिये थे, दूसरे ने २० और तीसरे ने शून्य!! अब, यह तय है कि अपनी-अपनी रुचि और अपने-अपने संस्कार लेकर वस्तु का यथार्थ निर्णय नहीं हो सकता, कोई एक सामान्य मानदंड होना चाहिए।

प्रभाववादी समालोचकों ने इस सामान्य मानदंड के रास्ते में विघ्न खड़ा किया है। पं० रामचन्द्र शुक्ल ने इनकी समालोचना के सम्बन्ध में अपने इतिहास में कहा है कि—प्रभावाभिव्यंजक समालोचना कोई ठीक-ठिकाने की वस्तु ही नहीं। न ज्ञान के क्षेत्र में उसका कोई मूल्य है न भाव के क्षेत्र में। उसे समीक्षा या आलोचना कहना ही व्यर्थ है। किसी कवि की आलोचना कोई इसलिए पढ़ने बैठता है कि उस कवि के लक्ष्य को, उसके भाव को ठीक-ठीक हृदयगम करने में सहारा मिले; इसलिये नहीं कि सजीले पद-विन्यास द्वारा अपना मनोरंजन करे। यदि किसी रमणीय अर्थगर्भित पद्य की आलोचना इसी रूप में मिले कि 'एक बार इस कविता के प्रवाह में पड़ कर बहना ही पड़ता है। स्वयं कवि को भी विवशता के साथ बहना पड़ा है; पर एकाधिक बार मयूर की भाँति अपने सौंदर्य पर आप ही नाच उठा है', तो उसे लेकर कोई क्या करेगा?

आचार्य शुक्ल का यह वक्तव्य जहाँ विशुद्ध बुद्धिमूलक चिन्तन को प्रधान मान कर समालोचना के प्रभाववादी रूप की उचित समीक्षा करता है, वहाँ यह भुला देता है कि काव्य की समीक्षा जितनी भी बुद्धिमूलक क्यों न हो, है वह भावावेग को समझने का प्रयत्न ही। सहृदय के हृदय में वासना रूप से स्थित भाव ही तो काव्य के अलौकिक चत्मकार का कारण है, रस सहृदय के स्वीकार से अभिन्न है [दे० † २९] । फिर वह निस्संग कैसे हो सकता है? जब तक सहृदय का व्यक्तित्व कवि के साथ एकाकार नहीं हो जाता तब तक रस का अनुभव नहीं हो सकता। समीक्षक जब तक अपना अहङ्कार लेकर बैठा रहेगा तब तक रस नहीं पा सकेगा। स्वयं शुक्ल जी ने कहा है कि 'काव्य का चरम लक्ष्य सर्वभूत को आत्मभूत कराके अनुभव कराना है, उसके साधन में भी अहंकार का त्याग आवश्यक है।'

† ११०. लेकिन किसी भी बात के निर्णय का सामान्य मानदंड मनुष्य के पास वर्तमान है। यह मानदण्ड है बुद्धि। किसी 'वस्तु', 'धर्म' या 'क्रिया' के वास्तविक रहस्य का पता लगाने के लिए उसे अपने अनुराग-विराग या ईर्ष्या-द्वेष के साथ सान नहीं देना चाहिये, बल्कि देखना चाहिए कि वह वस्तु-धर्म या क्रिया, देखने वाले के बिना भी, अपने-आप में क्या है। गीता में इस बात को नाना भाव से बताया गया है। समालोचना का जो ढर्रा प्रभाववादियों ने चला दिया है उसमें द्वन्द्वों द्वारा परिचालित होने के दोष को कारण तो माना ही नहीं जाता, उल्टे कभी-कभी उसके लिए गर्व किया जाता है।

† १११. सम्मतियों की इस बहुमुखी विरोधिता का कारण यह है कि आलोच्यवस्तु को आलोचक अपने मानसिक संस्कारों के भीतर से देखता है। कभी-कभी वह अपनी अपनी ग़लती खुद ही महसूस करता है और इसलिए अपनी सम्मति के समर्थन में वेदान्त से लेकर कामशास्त्र तक का हवाला पेश किया करता है। इसी प्रकार शुरू से ही अपनी रुचि-अरुचि के जाल से आलोच्य को आच्छादित करने वाली समालोचना का भी नाम कभी-कभी 'निर्णयात्मिका' (जुडिशियल) बताया जाता है। परन्तु वस्तुतः यह समालोचना 'निर्णयात्मिका' नहीं होगी, क्योंकि निर्णायक होने के लिए ईर्ष्या-द्वेष से परे होना बहुत जरूरी है। परन्तु कहा जाता है कि समालोचना की दुनिया निराली होती है। अन्य वैज्ञानिक ठोस-ठोस वस्तुओं की नाप-जोख करते रहते हैं, पर समालोचक अनिन्द्रियग्राह अलौकिक रस-वस्तुओं की जाँच करता है। इसलिये पहले उसे अपने मनोभावों को ही प्रधानता देनी चाहिए। अर्थात् छूटते ही उसे जो काव्यादि 'अपील' कर जायँ, उसी को उसे बुद्धि-परक विवेचना का रूप देना चाहिए। परन्तु ऐसा करके आलोचक वस्तुतः कवि बनता है। अन्तर यही होता है कि कवि फूल-पत्ती को देखकर भावोन्मत्त होता है और आलोचक उसकी कविता को, दोनों कब क्या कह जायँ, कुछ ठीक नहीं।

ऐसा स्वीकार करने में किसी को कोई आपत्ति नहीं होनी चाहिए कि कवि के चित्त के अन्तस्तल में या उसके मन के अवचेतन स्तर में ऐसी बहुत-सी चीज होती है जो अनजान में उसकी कविता में आ जाती है, और आलोचक का दावा बिल्कुल ठीक है कि वह उन अनजान प्रवृत्तियों से पाठक का परिचय कराता है। परन्तु जब वह कहता है कि उससे किसी अनिर्वचनीय हेतु या कला का संधान मिलता है, तो मुझे ऐसा लगता है कि मानव-बुद्धि पर जितना विश्वास करना चाहिये उतना नहीं करता। कोई चीज हमें सौ-दो-सौ कारणों से प्रभावित करती है। आज मनुष्य की बुद्धि शायद उनमें से दस-पाँच का ही ज्ञान रखती है। बाकी अज्ञात हैं। किन्तु वैज्ञानिक का यह धर्म है कि उसे जितना मालूम है उतना कह कर बाकी के लिए भावी पीढ़ियों में कुतूहल और उत्सुकता का भाव जगा जाय। यह नहीं कि कह दे कि बाकी किसी अज्ञात या अज्ञेय उत्स से आ रहे हैं। यही कारण है कि आज का समालोचक पुराने समालोचकों के रास्ते से हटता जा रहा है।

पुराने समालोचक आलोच्य काव्य और कविता को अपने-आप में सम्पूर्ण मान लेता था, नया समालोचक ऐसा मानना नहीं चाहता; क्योंकि ऐसा मान लेने से काव्यादि साहित्यांग मानवता के साध्य हो जाते हैं; मानवता की अग्र गति में साधन का कार्य करते हुए नहीं माने जाते। और अगर साध्य रूप से ही साहित्य को पढ़ना हो तो प्राचीन हिन्दी के अधिकांश साहित्य को याद रखने की कोई जरूरत नहीं। आधुनिक समालोचना की दृष्टि अपने सामने की समस्याओं पर रहती है। साहित्य उसके समझने में और सुलझाने में उसके लिए सहायक का काम करता है। कवि उसके लक्ष्य नहीं उपलक्ष्य होते हैं।

लेकिन समालोचना केवल साहित्यिक ग्रन्थ तक ही सीमित नहीं रहती। संसार के विविध पदार्थों को मनुष्य की बुद्धि से समझने का प्रयत्न करती है। यह प्रयत्न जब केवल सूक्ष्म तर्क और बौद्धिक विलास के आगे बढ़कर मनुष्य की भावनाओं और अनुभूतियों को आश्रय करके प्रकट होता है तो उसमें साहित्यिकता आ जाती है। साहित्यिक कृतियों की आलोचना में भी हमने इस प्रकार का भाव मिश्रण लक्ष्य किया है। प्राय: कविता को देखकर भाव-मंदिर भाषा में प्रकट किये गये उद्‌गार देखने को मिलते रहते हैं। वस्तुत: इनको 'साहित्यिक समालोचना' न कहकर समालोचना के रूप में 'व्यक्तिगत निबंध' कहना उचित है।

† १११ क. समालोचना के क्षेत्र में संतुलित दृष्टि या कभी-कभी सिर्फ 'संतुलन' की आवश्यकता अनुभव की जाती है। यह क्या चीज है? दो या कई अतिवादिताओं से बच कर कोई मध्यम मार्ग निकालने को संतुलित दृष्टिकोण नहीं कहते, क्योंकि ऐसी व्याख्या में एक प्रकार की समझौता वाली मनोवृत्ति का आभास मिलता है जो सत्य-निर्णय में सब समय सहायक नहीं होती। संतुलित दृष्टिकोण का मतलब बिल्कुल दूसरा है। भावावेगवश या पक्षपात या मोहवश कभी-कभी मनुष्य जीवन के किसी एक पर आवश्यकता से अधिक बल देने लगता है और इस प्रकार जीवन को देखने और समझने की एकांगी दृष्टि का विकास होता है। यदि इस प्रकार की दृष्टि वाला व्यक्ति बौद्धिक शक्ति से संपन्न हुआ तो वह साहित्य में इस दृष्टि की प्रतिष्ठा बढ़ा देता है। इस प्रकार समय-समय पर जीवन को देखने को एकांगी दृष्टियों का प्रादुर्भाव होता रहता है। इन दृष्टियों में सच्चाई के एक-एक पार्श्व को जरूरत से ज्यादा महत्त्व दे दिया जाता है। संतुलन दृष्टिकोण इन्हीं एकांगी दृष्टियों की अतिवादिता से विनिर्मुक्त और इन सबमें पायी जाने वाली सच्चाई पर आधारित समय दृष्टि है! वह किसी पक्ष की आवश्यकता से अधिक महत्व नहीं देती और किसी पक्ष की सच्चाई की उपेक्षा नहीं करती। जो शक्तिशाली विचारकों के आवेग तरल विचार-प्रवाह में अपने को बह जाने देने से रोक सकता है और यथा-संभव अधिक-से-अधिक सावधानी में सत्य की खोज कर सकता है, यही संतुलित दृष्टि भी पा सकता है। इसलिये मेरा मत है कि संतुलित दृष्टि वह नहीं है जो अतिवादिताओं के बीच एक मध्यम मार्ग खोजती फिरती है, बल्कि वह है जो अतिवादियों की आवेग-तरल विचारधारा का शिकार नहीं हो जाती और किसी पक्ष के उस मूल सत्य को पकड़ सकती है जिस पर बहुत बल देने और अन्य पक्षों की उपेक्षा करने के कारण उक्त अतिवादी दृष्टि का प्रभाव बढ़ा है। संतुलित दृष्टि सत्यान्वेषी की दृष्टि है। एक ओर जहाँ वह सत्य की समझ मूर्ति को देखने का प्रयास करती है, वहीं दूसरी ओर वह सदा अपने को सुधारने और शुद्ध करते रहने को प्रस्तुत रहती हैं। वह सभी प्रकार के दुराग्रह और पूर्वाग्रह से मुक्त रहने की ओर सब तरह के सही विचारों को ग्रहण करने की दृष्टि है। हम लोग जो भी कार्य करते हैं, उनके मूल में हमारे जीवन का कोई-न--कोई तत्त्ववाद अवश्य रहता है। सब समय वह तत्त्ववाद स्पष्ट नहीं होता। कभी-कभी हम उसे ठीक-ठीक जानते भी नहीं होते। परन्तु हर भले बुरे कार्य के पीछे रहने वाली मनोवृत्ति का विश्लेषण किया जाय तो

स्पष्ट हो जायेगा कि करने वाले ने अपने मन में किसी विशेष ढंग से सोचकर ही कार्य किया है। उसके मन से कुछ बातों का मूल्य दुनिया की अन्यान्य बातों से अधिक होता है और जानकर या अनजान में वह इन्हीं मूल्यों की बात सोचकर कोई कार्य कर डालता है। जाने में या अनजाने में हमारा तत्त्ववाद हमेशा हमारे क्रिया-कलाप का नियंत्रण करता रहता है। विचार के क्षेत्र में वह अधिक स्पष्ट और सुचिन्तित रूप से आता है। साहित्य पर जब हम विचार करते हैं तो भी हमारा अपना दृष्टिकोण उसमें अवश्य प्रधान हो उठता है।

इससे एक बात और स्पष्ट हो जाती है। हमारे मन के अज्ञात कोने में जो हलचल होती रहती है, जो हमारे प्रत्यक्ष जीवन के मूल्यों को नियंत्रित और निर्धारित करती रहती है, उस पर तत्कालीन चिंतन-प्रणाली का बड़ा जोर होता है। इसी बात को दूसरे शब्दों में युग-सत्य कहते हैं। एक देश और एक काल का मनुष्य जिस प्रकार सोचता है, उसी प्रकार से दूसरे देश और काल का मनुष्य नहीं सोचता। प्रत्येक युग में मनुष्य के कुछ सामान्य निश्चित विश्वास होते हैं। उनके सोचने का ढंग कुछ अलग होता है। विचित्र सामाजिक परिस्थितियाँ कुछ-न-कुछ सामान्य विश्वासों को उत्पन्न करती हैं। हमारे देश के पुराने साहित्यकारों ने भिन्न-भिन्न दृष्टियों से साहित्य को देखने का प्रयास किया है। परन्तु अंतिम विश्लेषण से स्पष्ट हो जायेगा कि यद्यपि प्रत्येक विचारक की बातें कुछ अंशों में मिलती-जुलती हैं और कुछ ने खुले रूप में पूर्ववर्ती विचारक की बात के प्रचार करने का ही दावा किया है, तथापि युग और काल का प्रभाव उन पर पड़ा अवश्य है।

जिस युग में हम वास कर रहे हैं वह विज्ञान और टेकनालोजी की अभूतपूर्व उन्नति के कारण अन्यान्य युगों से भिन्न हो गया है। ज्ञान के प्रसार कर जैसा साधन हम लोगों के पास है, वैसा हमारे पूर्वजों के पास नहीं था। आज के विद्यार्थी को देश-विदेश के कवियों, विचारकों और शिल्पियों को समझने का जैसा अवसर मिला है, वैसा पहले नहीं मिलता था। इन दिनों तरलमति विद्यार्थी के बहकने के भी जितने साधन विद्यमान हैं, उतने साधन पहले नहीं थे और आज के युग में प्रचार के भी इतने साधन बन गये हैं जो सब प्रकार । विपुल और विचित्र हैं। कोई आश्चर्य नहीं कि आजकल एकांगी, अधकचरा और अविचारित रमणीय विचारों का अम्बार लग गया हो इसीलिये आज संतुलित दृष्टिकोण दुर्लभ हो गया है। सर्वत्र ले उड़ने की प्रवृत्ति बल पकड़ रही है। जीवन को देखने की एकांगी दृष्टियों का जितना जोर इन दिनों है, उतना कभी नहीं था।

परन्तु फिर भी, इस युग में मनुष्य एक सामान्य सत्य को पकड़ने के लिए प्रयत्नशील अवश्य है। वह सत्य यदि उसकी पकड़ में आ जाय तो साहित्य को देखेन की उसकी सृष्टि भी संतुलित हो जाय। इस समय साहित्य के क्षेत्र में दिखायी देने वाले 'वाद' नामधारी अनेक दृष्टिकोण इसी सर्वमान्य सत्य को ढूँढ़ निकालने के प्रयत्न हैं। मेरी दृष्टि में इनमें से कई सत्य के एक-एक पहलू पर अत्यधिक जोर देने के कारण अलग दीखते हैं। कोई जीवन के मानसिक पक्ष पर अधिक बल देता है, कोई आर्थिक

पक्ष पर, कोई सामाजिक पक्ष पर, कोई वैयक्तिक पक्ष पर और कोई आध्यात्मिक पक्ष पर। ऊपर-ऊपर से ये एक-दूसरे से बहुत भिन्न प्रतीत होते हैं। इनकी व्याप्तियों-अतिव्याप्तियों से चिन्तित होकर कुछ लोग बहुत व्यग्र हो उठे हैं और घबड़ा कर यह नारा लगाने लगे हैं कि यह सब गलत है। साहित्य की मीमांसा की एक अपनी दृष्टि होनी चाहिये जिस पर इन एक पक्षीय विचारों का कोई असर न हो। परन्तु अंत तक व्याकुलता कुछ कार्य नहीं कर पाती, क्योंकि असर आजकल पड़ ही जाता है। मैं इनसे बिल्कुल चिन्तित नहीं हूँ, क्योंकि मैं जानता हूँ कि ये सब प्रयत्न सत्य को ढूँढ़ने के प्रयत्न हैं। एक उदाहरण से इसे समझने का प्रयत्न किया जाय।

इन दिनों साहित्य की सबसे नयी प्रवृत्ति 'प्रगतिवाद' की है। 'प्रगतिवाद' वैसे तो सामान्य शब्द है और जिस किसी भी आगे बढ़ने वाली प्रवृत्ति को इस नाम से पुकरा जा सकता है। किन्तु फिर भी इसका प्रयोग एक निश्चित अर्थ में होने लगा है। 'प्रगतिवादी साहित्य' मार्क्स के प्रचारित तत्वदर्शन पर आधारित है। इस विचारधारा के अनुसार—(१) संसार का स्वरूप भौतिक है। वह किसी चेतन सर्वसमर्थ सत्ता का विवर्त्त वा परिणाम नहीं है, (२) उसकी प्रत्येक अवस्था रहस्यमयी या उलझनदार नहीं है। इस मत को मानने वाला साहित्यिक रहस्य में विश्वास नहीं कर सकता, प्रकृति या ईश्वर के निष्ठुर परिहास की बात नहीं सोच सकता, भाग्यवाद ढकोसले को बर्दाश्त नहीं कर सकता, (३) इस मत में समाज निरंतर विकासशील संस्था है। आर्थिक विधानों के साथ-साथ समाज में भी परिवर्तन होता है। इस मत को स्वीकार करने वाला साहित्यिक समाज की रूढ़ियों को सनातन से आया हुआ या ईश्वर की निर्भ्रान्त आज्ञाओं पर बना हुआ और उच्च-नीच मर्यादा को अपरिवर्तनीय सनातन विधान नहीं मान सकता। इस प्रकार प्रगतिवादी समाज की किसी व्यवस्था को सनातन नहीं मानता, किसी भी वस्तु को रहस्य और अज्ञेय नहीं समझता तथा किसी अज्ञेय-अलक्ष्य निरन्तर प्रियतम की लीला को साहित्य का लक्ष्य नहीं मानता। वह समाज को बदल देने में विश्वास करता है। उसका विश्वास है कि मनुष्य प्रयत्न करके इस समाज को ऐसा बना सकता है जिसमें शोषकों और शोषितों के वर्ग न हों और मनुष्य शांतिपूर्वक जीवन बिता सके। इसलिए उनके अनुसार साहित्य वर्गहीन समाज की स्थापना का एक साधन है। साहित्यकार को इसकी साधना इसी महान् संकल्प के लिए करनी चाहिए। आज के समाज का अगर विश्लेषण किया जाय तो स्पष्ट होगा कि इसमें समूह उन लोगों का है जो आर्थिक दृष्टि से सम्पन्न हैं। उत्पादन के समस्त साधन उन्हीं लोगों के पास हैं। इन साधनों पर अधिकार होने के कारण उनके हाथ में धन पुंजित होता जा रहा है। पूँजीवाद इस वर्तमान सामाजिक अवस्था में 'निगेटिव' या प्रतिगामी शक्ति है। वह असंख्य जनता के शोषण पर आधारित है और इस व्यवस्था को चालू रखने के लिए हर प्रकार का काम करना चाहता है। इन लोगों के मत से 'समाजवाद' प्रगतिशील विचारधारा है, क्योंकि वह वर्तमान समाज को वर्गहीन समाज में बदलने को कृतसंकल्प है।

साधारणत: समझा जाता है कि यह विचार-पद्धति आर्थिक दृष्टि की उपज है। परन्तु एक बार इसके महान् संकल्प और तितिक्षा की वृत्ति पर ध्यान दें तो स्पष्ट हो जायेगा कि इसमें एक बहुत बड़ी बात है जो केवल आर्थिक दृष्टि की उपज नहीं कही जा सकती। यह मनुष्य जीवन को कल्याण मार्ग की ओर ले जाने के जीवन-दर्शन से अनुप्राणित है। मैं ऐसे संकल्प को जड़वादी या भौतिक कहने में हिचकता हूँ। साहित्य को महान् बनाने के मूल में साहित्यकार का महान् संकल्प होता है। वह संकल्प इस विचार-पद्धति के साथ है। मेरा विचार है कि अपने देश की विशाल आध्यात्मिक परम्परा मूलत: इसकी भावधारा के विरुद्ध नहीं पड़ती। यह और बात है कि इनका विनियोग सब समय ठीक रास्ते नहीं होता। मैं समझौते की दृष्टि से यह नहीं कह रहा हूँ। मैं शुरू में ही इसका प्रत्याख्यान कर चुका हूँ। नये और पुराने विचारों का अन्तर मैं जानता हूँ। संक्षेप में इस अन्तर को इस प्रकार समझाया जा सकता है—

इस युग में धीरे-धीरे शिक्षित जनता का चित्त मनुष्य पर केन्द्रत हुआ है। पहले सारे संसार में धर्म-कर्म, साहित्य-शिल्प आदि का उच्चतम उद्देश्य मनुष्य की मुक्ति और स्वर्ग आदि प्राप्त करने की प्रेरणा थी। इस संसार में जो कुछ त्याग, तप और कष्ट सहन किया जाता है, उसका उच्चतम उद्देश्य इस दुनिया से सम्बद्ध नहीं था, बकि इस दुनिया से परे के किसी बड़े उद्देश्य (मोक्ष, स्वर्ग, देवत्व प्राप्ति) के लिए होता था। बाद में वैज्ञानिक उन्नति और नयी शिक्षा के प्रवर्तन के साथ इस युग के शिक्षित मनुष्य के सोचने का ढंग बदला है। वह अब परलोक में मनुष्य के सुखी होने की बात नहीं सोचता, बल्कि इसी लोक में, इसी मर्त्यकाया में मनुष्य को सब प्रकार की दुरवस्थाओं और विपत्तियों से मुक्त करके सुखी बनाने की बात सोचता है। वह भी केवल व्यक्ति-मानव को दुरवस्थामुक्त करना ही उसका लक्ष्य नहीं है, बल्कि सामूहिक रूप से या समाज-मानव को सुखी और स्वतन्त्र बनाने का प्रयत्न करना है। इस प्रकार जीवन के प्रति दृष्टिकोण बदलने के साथ ही साहित्य की आलोचना की भी दृष्टि बदली है। कला और शिल्प-विधान में प्राप्त वाक्यों और मंगल-अमंगल विधान को, नांदी-सूत्रधार को, मंगलाचरण-भरत-वाक्य को अब उतना आवश्यक नहीं माना जाता। साहित्य-विचार के समय आप इस बदली मनोवृत्ति को भुला नहीं सकते। किन्तु मनुष्य के सामूहिक कल्याण की दृष्टि प्रधान अवश्य हो गयी है, परन्तु यह नहीं समझना चाहिये कि यह कोई एकदम नवीन बात है। हमारी पुरानी काव्यलोचन-परम्परा में भी यह दृष्टि कुछ भिन्न ढंग से पायी जाती है। उस पुरानी परम्परा को एकदम भुलाना अत्यन्त भयंकर भूल है। मुझे यह समझ में नहीं आता कि आधुनिक समालोचना-पद्धति क्यों नहीं पुराने अनुभवों से अपने को समृद्ध कर सकती। नवीन परिस्थितियों के अनुसार पुराने अनुभवों का प्रयोग सर्वत्र हितकर होगा—जीवन में भी और साहित्य में भी।

११२. 'निबन्ध' क्या है? प्राचीन संस्कृत साहित्य में 'निबन्ध' नाम का एक अलग साहित्यांग है। इन निबन्धों में धर्मशास्त्रीय सिद्धान्तों की विवेचना है। विवेचना का ढंग

यह है कि पूर्वपक्ष में ऐसे बहुत-से प्रमाण उपस्थित किये जाते हैं जो लेखक के अभीष्ट सिद्धान्त के प्रतिकूल पड़ते हैं। इस पूर्वपक्ष वाली शंकाओं को एक-एक करके उत्तरपक्ष में जवाब दिया जाता है। सभी शंकाओं का समाधान हो जाने के बाद उत्तरपक्ष के सिद्धान्त की पुष्टि में कुछ और प्रमाण उपस्थित किये जाते हैं। चूँकि इन ग्रन्थों में प्रमाणों का निबन्धन होता है इसलिए इन्हें 'निबन्ध' कहते हैं।

इस शंका-समाधान-मूलक पक्ष-स्थापन में लेखक की रुचि-अरुचि का प्रश्न नहीं उठता। वह प्रमाणों और उनके पक्ष या विपक्ष में उठ सकने वाले तर्कों से बँधा होता है। इसलिए इन निबन्धों में बौद्धिक निस्संगता ही प्रधान रूप से वर्तमान रहती है।

† ११३. निस्संग बुद्धि से विचार करने का आदर्श रूप यह है कि यह दिखाया जाय कि कोई वस्तु द्रष्टा बिना भी कैसी है। प्रत्येक वस्तु द्रष्टा की रुचि-अरुचि से सुनकर थोड़ा भिन्न हो जाती है। एक सुन्दर फूल इसलिए सुन्दर लगता है कि वह द्रष्टा को सामंजस्य की ओर उन्मुख करता है। वैज्ञानिक विवेचन से सिद्ध हो सकता है कि फूल और कोयला दोनों ही वस्तुतः एक ही वस्तु हैं, क्योंकि दोनों ही कुछ विद्युदणुओं के जिन्हें 'इलेक्ट्रॉन' और 'प्रोट्रान' कहते हैं, समवाय हैं। वह निस्संग बुद्धि का विषय है और उसका रास्ता विश्लेषण और सामान्यीकरण का है। किन्तु जब कोई दृष्टा वस्तु को अपनी रुचि-अरुचि के भीतर से देखता है तो वस्तुतः वह संश्लिष्ट और विशिष्ट वस्तु को देखता है। वह यह नहीं देखता कि फूल-किन-किन उपदानों से बना है, बल्कि यह देखता है कि फूल बन-बना लेने के बाद कैसा है? और संसार की सौ-पचास वस्तुओं से क्या वैशिष्ट्य रखता है?

निस्संग बुद्धि वैज्ञानिक विवेचन का सहारा है और आसक्त चित्त सौन्दर्य-मर्मज्ञ का। संसार के विविध पदार्थों को दोनों दृष्टि से देखा जाता है। साहित्य में दूसरा मार्ग स्वीकार किया गया है, इसलिए उन्हीं निबन्धों का इस प्रसंग में विवेचन होगा जो संश्लिष्ट और विशिष्ट रूप में वस्तुओं को देखते हैं।

† ११४. हमने पहले ही लक्ष्य कर लिया है कि साहित्यिक समालोचना के सिवा और भी बहुत-से ऐसे निबन्ध हैं जो साहित्य के अन्दर माने जा सकते हैं। निबन्ध का प्रचलन भी कोई नया नहीं है। पुराने जमाने से ही निबन्धों का प्रचार है। हमने यह भी देखा है किसी प्रतिपाद्य सिद्धान्त के विरुद्ध जितने प्रमाण हो सकते थे, उनको एक-एक करके उठाना और उनकी समीक्षा करते हुए अपने सिद्धान्त पर पहुँचना, यही पुराने निबन्धों का कार्य था। परन्तु नये युग में जिस नवीन ढंग के निबन्धों का प्रचलन हुआ है वे 'तर्कमूलक' की अपेक्षा 'व्यक्तिगत' अधिक हैं। ये व्यक्ति की स्वाधीन चिन्ता की उपज हैं। जो निबन्ध किसी तत्त्ववाद के विचार के लिये लिखे जाते हैं। उनमें थोड़ा-बहुत प्राचीन ढङ्ग अब भी पाया जाता है। साधारणतः जिन निबन्धों में निस्संग विचार का प्राधान्य होता है वे साहित्यिक आलोचना के प्रसंग में आलोचित नहीं होते।

† ११५. निबन्धों की नाना कोटियाँ हैं। उनको साधारणतः पाँच श्रेणियाँ में बाँट लिया जा सकता है—(१) वार्तालाप-मूलक (२) व्याख्यान-मूलक, (३) अनियन्त्रित

गप्प-मूलक, (४) स्वगत-चिन्तन-मूलक (५) कलह-मूलक। इस प्रकार का विभाजन बहुत अच्छा नहीं है। इसमें साहित्यिक सूक्ष्मता नहीं है। आपात दृष्टि ही प्रधान है।

(१) 'वार्तालाप-मूलक' निबन्ध का लेखक मन-ही-मन एक ऐसे वातावरण की कल्पना करता है, जिसमें कुछ सच्चे जिज्ञासु लोग किसी तत्व का निर्णय करने बैठे हों और अपने-अपने विचार सत्य-निर्णय की आशा से सहज भाव से प्रकट करते जाते हों (२) परन्तु 'व्याख्यान-मूलक' निबन्ध-लेखक व्याख्यान देता रहता है। वह अपनी युक्तियों और तर्कों को बिना इस बात की परवा किये उपस्थित करता जाता है कि कोई उसे टोक देगा। (३) 'अनियन्त्रित गप्प' मारते समय गप्प करने वाला हल्के मन से बातें करता है, वह अपने विषय के उन सरस और हास्योद्रेचक पहलुओं पर बराबर घूम-फिर कर आता रहता है, जो उसके श्रोता के चित्त को प्रफुल्ल कर देंगे। (४) 'स्वगत-चिन्तन-मूलक' लेखक अपने-आप से ही बात करता रहता है। उ मन में जो युक्तियाँ उठती रहती हैं, उन्हें तन्मय होकर वह विचारता जाता है र-पक्ष की आशंका उसे नहीं रहती। (५) परन्तु 'कलह-मूलक' निबन्ध का लेखक अपने सामने मानो एक प्रतिपक्षी को रखकर उससे उत्तेजना पूर्ण बहस करता रहता है, प्रतिपक्षी की युक्तियों का निरास करना उसका उतना लक्ष्य नहीं होता जितना अपने मत को उत्तेजित होकर व्यक्त करना। इस अन्तिम श्रेणी के निबन्धों में कभी-कभी अच्छी साहित्यिक रचना मिल जाती है, पर साधारणत: ये 'साहित्य' की श्रेणी के बाहर जा पड़ते हैं।

निबन्धों के व्यक्तिगत होने का अर्थ यह नहीं है कि उनमें विचार-शृंखला न हो। ऐसा होने से तो वे 'प्रलाप' कहे जायँगे। संसार में हम जो कुछ देखते हैं वह द्रष्टा की विभिन्नता के कारण नाना भाव से प्रकट होता है। अपनी रुचि और संस्कार के कारण किसी द्रष्टा का ध्यान वस्तु के एक पहलू पर जाता है तो दूसरे द्रष्टा का दूसरे पहलू पर फिर वस्तुओं के जो पारस्परिक सम्बन्ध हैं वे इतने तरह के हैं कि इन सम्बन्धों में से सबकी दृष्टि में नहीं पड़ते। इसीलिए प्रत्येक व्यक्ति यदि ईमानदारी से अपने विचारों को व्यक्त कर ले तो हमें नवीन का परिचय-मूलक आनन्द मिल सकता है और साथ ही उस उद्देश्य की सिद्धि भी हो सकती है जो साहित्य का चरम प्रतिपाद्य है।

द्रष्टा के भेद के दृश्य का अभिनव रूप हमें दूसरे के हृदय में प्रवेश करने की क्षमता देता है और हम केवल अपनी व्यक्तिगत रुचि-अरुचि के संकीर्ण दायरे से निकल कर दूसरों की अनुभूतियों के प्रति संवेदनशील होते हैं। वस्तुत: जो निबन्ध इस उद्देश्य की ओर उन्मुख करे वह साहित्यिक निबन्ध कहे जाने का अधिकारी है। जो लेख हमारे हृदय की अनुभूतियों को व्यापक और संवेदनाओं को तीक्ष्ण नहीं बनाता, वह अपने उद्देश्य में च्युत हो जाता है।

† ११६. इस व्यक्तिगत अनुभूति के कारण ही साहित्यिक निबन्ध-लेखक नि:संग तत्वचिन्तक से भिन्न हो जाता है। ''तत्त्वचिन्तक या वैज्ञानिक से निबंध लेखक की भिन्नता इस बात में भी है कि निबन्ध लेखक जिधर चलता है उधर सम्पूर्ण मानसिक सत्ता के साथ—अर्थात् बुद्धि और भावात्मक हृदय दोनों लिए हुए। जो करुण प्रकृति के

हैं उनका मन किसी बात को लेकर, अर्थ-सम्बन्ध-सूत्र पकड़े हुए, करुण स्थलों की ओर झुकता और गम्भीर वेदना का अनुभव करता चलता है, जो विनोदशील हैं उनकी दृष्टि उसी बात को लेकर उसके ऐसे पक्षों की ओर दौड़ती हैं, जिन्हें सामने पाकर कोई हँसे बिना नहीं रह सकता। पर अब अवस्थाओं में कोई एक बात अवश्य चाहिये। इस अर्थगत विशेषता के आधार पर ही भाषा और अभिव्यंजना-प्रणाली की विशेषता—शैली की विशेषता—खड़ी हो सकती है। जहाँ नाना अर्थ-सम्बन्धों का वैचित्र्य नहीं, जहाँ गतिशील अर्थ की परम्परा नहीं, वहाँ एक ही स्थान पर खड़ी-खड़ी तरह-तरह की मुद्रा और उछल-कूद दिखाती हुई भाषा केवल तमाशा करती हुई जान पड़ेगी।''—

—(रामचन्द्र शुक्ल)।

† ११७. चूँकि व्यक्तिगत रुचि और संस्कार अनन्त प्रकार के हैं और भिन्न वस्तु के अर्थ-सम्बन्ध भी, जो इन रुचियों और संस्कारों को प्रभावित करते हैं, अनन्त प्रकार के हैं, इसलिए व्यक्तिग अनुभूति-मूलक निबन्धों की केवल मोटी-मोटी श्रेणियाँ बताई जा सकती हैं। इस क्षेत्र में अनुकरण नहीं चल सकता, क्योंकि कोई भी दो व्यक्ति हू-ब-हू एक ही रुचि और संस्कार के नहीं होते। यही कारण है कि भिन्न-भिन्न भाषाओं में ऐसे - ऐसे निबन्ध लेखक हैं जिनकी समानता दूसरी भाषाओं में खोजी नहीं जा सकती। ये आधुनिक युग के अत्यन्त सजीव साहित्यांग हैं। उनमें नित्य नवीन तत्वों का समावेश और परिहार होता जा रहा है। निबन्ध लेखक भी वस्तुत: एक समालोचक ही है। उसकी समालोचना पुस्तकों की नहीं होती, बल्कि उन वस्तुओं की होती है जो पुस्तकों का विषय है।

† ११८. संक्षेप में हम इस प्रकार कह सकते हैं कि वस्तु को चाहे वह साहित्यिक ग्रन्थ हो या अन्य पदार्थ—देखने को दो रास्ते हैं :—'निर्वैयक्तिक' या अनासक्त रूप में 'वैयक्तिक' या आसक्त रूप में। दूसरा रास्ता अनुभव करने का है, पर उसे प्रथम से विच्छिन्न कर देने पर दूसरों तक उसे नहीं पहुँचाया जा सकता। विश्लेषण और सामान्यीकरण का रास्ता वैज्ञानिक रास्ता है। तत्त्व-निर्णय के लिए हमें इस रास्ते को अपनाना ही पड़ेगा। परन्तु साहित्य केवल तत्त्व निर्णय से ही सन्तुष्ट नहीं होता; वह कुछ नया निर्माण भी करना चाहता है। कोई भी व्यक्ति केवल भाववेगों का गट्ठर नहीं होता, वह वस्तु को देखते समय यथाशक्य निस्संग बुद्धि से उसका याथार्थ्य का निर्णय करता है। इसीलिए वैयक्तिक आसक्तवाद से देखना वैज्ञानिक के देखने की क्रिया का विरोधी नहीं है, बल्कि उसी का भावावेगों से सना हुआ कार्य है।

† ११९. इस प्रकार विश्लेषण के द्वारा समालोचक आलोच्य वस्तु के उपादानों को समझ सकता है, पर विश्लेषण चाहे जितना भी उत्तम हो उससे वस्तु का समग्रसत्य नहीं प्रकट होता। हमें साहित्य की उपादेयता की परीक्षा के लिये अपने पूर्ववर्ती सिद्धान्त पर दृढ़ रहना चाहिये। जो साहित्य हमारी क्षुद्र संकीर्णताओं से हमें ऊपर उठा ले जाय और सामान्य मनुष्यता के साथ एक कराके अनुभव करावे वही उपादेय है। उसके भाव-पक्ष के लिये किसी देश-विदेश या काल-विशेष की नैतिक आचार-

परम्परा का मुँह जोहना आवश्यक नहीं है। हमें दृढ़ता से केवल एक बात पर अटल रहना चाहिए, और वह यह कि जिसे काव्य, नाटक या उपन्यास-साहित्य कहकर हमें दिय जा रहा है वह हमें हमारी पशु-सामान्य मनोवृत्तियों से ऊपर उठाकर समस्त जगत् के दु:ख-सुख को समझने की सहानुभूतिमय दृष्टि देता है या नहीं—हमें 'एक' की अनुभूति में सहायता पहुँचा रहा है या नहीं। जो भी साहित्य इसके बाहर पड़े, अर्थात् हमारी पशु-सामान्य वृत्तियों को बड़ी करके दिखावे हमें स्वार्थी और खंड-विच्छिन्न बनावे, उसे हम साहित्य नहीं कह सकते, चाहे जितने बड़े साहित्यिक दल या संप्रदाय का समर्थन उसे प्राप्त हो। इस विषय में हमें साहित्यिक सिद्धांत पर दृढ़ रहना चाहिये।

† १२०. साहित्यिक सिद्धान्तों की दृढ़ता क्या है? प्राचीन पंडितों की पोथियों में जब किसी नई काव्य-परिभाषा की स्थापना करनी होती है तो उसके पूर्व और उत्तर पक्ष की कल्पना करके बहस की जाती है। पूर्व-पक्ष में यह प्रश्न उठाया जाता है अगर इस परिभाषा को मान लेंगे तो पुराने कवियों की लिखी हुई बहुत-सी कवितायें इसके बाहर पड़ जायँगी और उन्हें काव्य नहीं कहा जा सकेगा। उदाहरणार्थ :—

यदि काव्य का लक्षण यह हो कि 'रसात्मक वाक्य ही काव्य है' तो ऐसी बहुत-सी कवितायें—जैसे चित्रकाव्य, अलंकार-बहुल पद्य आदि—इस परिभाषा के बाहर पड़ जायँगे; फिर इनको कविता नहीं कहा जा सकेगा। इसके उत्तर में कहवाया जाता है, 'तुमने तो हमारा अभीष्ट ही कह दिया, यही तो हम चाहते थे!' शास्त्र की भाषा में इसी को 'इष्टापत्ति' कहते हैं। फिर प्रश्न होता है कि 'तुम ऐसा कैसे कह सकते हो? तुम्हारी यह इष्टापत्ति असंगत है, क्योंकि ऐसा करने से शिष्ट-संप्रदाय का विरोध होगा।' प्राय: ही इस प्रश्न के साथ समझौता करने के लिए उन नीरस बातों को भी निचली श्रेणी की कविता मान लिया जाता है।

परन्तु आज के जमाने में हमें अपने सिद्धान्त पर दृढ़ता के साथ जमें रहने की जरूरत है। आजकल प्राचीन कवि-सम्प्रदाय (शिष्ट-संप्रदाय) के विरोध का तो डर नहीं रह गया है, पर छापे की मशीन ने जो अत्यधिक साहित्यिक उत्पादन करना शुरू किया है उसके फलस्वरूप नित्य नये-नये 'शिष्ट-सम्प्रदाय' पैदा होते जाते हैं और होते रहेंगे—डर उन्हीं का है। हमें दृढ़ता के साथ मानना चाहिए कि भाव और शैली आदि में कितने भी परिवर्तन क्यों न होते रहें, जो साहित्य हमें एकत्व की अनुभूति की ओर उन्मुख करेगा, हमें पशु-सामान्य मनोवृत्तियों से ऊपर उठाकर प्रेम और मंगलमय मनुष्य-धर्म प्रतिष्ठा करेगा वही वस्तुत: साहित्य कहलाने का अधिकारी होगा।

१०.

रस क्या है?

† १२१. सन् ईसवी की नवीं शताब्दी के मध्य भाग में आनन्दवर्धन का प्रादुर्भाव हुआ था। उनका ग्रन्थ ध्वन्यालोक है, जिसमें कुछ कारिकाएँ और उनके ऊपर वृत्तियाँ लिखी हुई हैं। पण्डितों में इस विषय में मतभेद है कि कारिका और वृत्ति दोनों के लेखक आनन्दवर्धन ही हैं या वे केवल वृत्तियों के लेखक हैं। साधारणतः विश्वास किया जाने लगा है कि केवल वृत्तियाँ ही आनन्दवर्धन की लिखी हुई हैं और कारिकाएँ किसी अन्य आचार्य—शायद उनका नाम सहृदय था—की लिखी हुई हैं। इस पुस्तक में आनन्दवर्धन को जब मैं ध्वनि का प्रतिष्ठाता आचार्य कहता हूँ तो उससे यह नहीं समझना चाहिए कि 'सहृदय' नामक किसी सन्दिग्ध आचार्य के प्रति मैं किसी तरह असम्मान दिखाना चाहता हूँ। यदि वे सचमुच ही कारिकाओं के लेखक हैं तो उन्हें ही ध्वनि का प्रतिष्ठाता मानना चाहिए। नाना कारणों से मुझे ऐसा जान पड़ता है कि कारिकाएँ और वृत्तियाँ दोनों ही आनन्दवर्धन की लिखी हुई हैं। परन्तु वस्तुतः ध्वनि का सिद्धान्त कारिकाकार से भी प्राचीन है क्योंकि कारिकओं के आरम्भ में ही कहा गया है कि यह सिद्धान्त ('काव्य का आत्मा ध्वनि है') पूर्वाचार्यों का कहा हुआ है—

'काव्यस्यात्मा ध्वनिरितिबुधैर्यः समाम्नात पूर्वः'

फिर भी इसमें कोई सन्देह नहीं कि इस मत को इतने युक्तिपूर्ण ढंग से उपस्थित करने का श्रेय आनन्दवर्धन को ही है। उससे भी अधिक इस ग्रन्थ के टीकाकार अभिनव गुप्त को। और वाग्देवता के अवतार कहे जाने वाले मम्मटाचार्य ने इन दोनों के मत का समर्थन करके इस सिद्धान्त को इतना सुदृढ़ बना दिया कि बाद में किसी को इस सिद्धान्त के विषय में कोई सन्देह नहीं हुआ। निस्सन्देह ध्वनि-सम्प्रदाय का काव्य-विवेचन समस्त जगत् के सौकुमार्य-विवेचन-शास्त्र में अद्वितीय महिमा का अधिकारी है।

शब्द की तीन वृत्तियाँ या शक्तियाँ है—अभिधा, लक्षणा और व्यंजना। अभिधा शब्द के कोष-व्याकरण सम्मत अर्थ को प्रकट करती है। इस अर्थ को अभिधेय या वाच्य अर्थ कहते हैं जैसे गंगा शब्द का अर्थ जलप्रवाह-विशेष या एक नदी है। घोष शब्द का अर्थ घर है। पर कभी-कभी ऐसा प्रयोग किया जाता है जबकि अभिधा-वृत्ति काम नहीं कर सकती है। जैसे यदि कहा जाय कि 'वह पठान बैल है' तो स्पष्ट ही यहाँ पठान और बैल की एकता के समझने में बाधा पड़ेगी। पठान आदमी हो सकता है, बैल नहीं। फिर भी हम यह अर्थ समझ लेते हैं कि पठान बैल के समान मूर्ख है। इस अर्थ का

ज्ञान शब्द की लक्षणावृत्ति से होता है और इस अर्थ को लक्ष्य अर्थ कहते हैं। अब यह तो स्पष्ट ही है कि बैल का अर्थ मूर्ख किया गया है क्योंकि बैल और मूर्खता में सम्बन्ध है। यदि सम्बन्ध नहीं होता तो बैल का अर्थ कभी मूर्ख नहीं हो सकता था।' पठान बैल है' का अर्थ कभी भी 'पठान तैराक है' नहीं हो सकता, क्योंकि बैल और तैराकपन का कोई सम्बन्ध नहीं है। इसीलिए लक्ष्यार्थ सदा वाच्य से संबद्ध होता है। पर मूर्ख न कहकर 'बैल' कहने वाले का कोई-न-कोई प्रयोजन होता है। वह पठान को इतना अधिक मूर्ख कहना चाहता है कि उसको आदमी की श्रेणी में रखना ही नहीं चाहता। यह प्रयोजन अर्थात् 'पठान की अतिशय मूर्खता' कहकर नहीं बताई जाती। वह ध्वनित होती है। ऐसा हो सकता है कि लक्षणा केवल रूढ़ि के पालनार्थ ही हो। जैसे किताब का पन्ना 'पन्ना' शब्द का मूल अर्थ पर्ण या पता है। जब किसी जमाने में पत्तों पर पुस्तकें लिखी जाती थीं तो उनके पन्ने ठीक ही पत्ते कहे जाते थे। अब वह 'पुस्तक के पृष्ठ' के अर्थ में रूढ़ हो गये हैं। फिर भी वाच्य अर्थ से लक्ष्य अर्थ का सम्बन्ध है ही। तो यह लक्षणा भी शब्द के सम्पूर्ण व्यवहारों के लिए काफी नहीं है। ऊपर जिस प्रयोजन की चर्चा की गई है वह न तो लक्ष्य अर्थ है और न वाच्य ही। वह व्यंग्य अर्थ है और इस अर्थ को सिद्ध करने के लिए शब्द की एक तीसरी शक्ति व्यंजना की जरूरत है। काव्य-शास्त्रियों के सिवा और कोई भी शास्त्रकार इस तीसरी वृत्ति को नहीं स्वीकार करते। दीर्घ व्यापार-वादियों के मत से शब्द की केवल एक ही वृत्ति है—अभिधा। जैसे एक ही बाण योद्धा का कवच, चर्म और हड्डी बेध कर निकल जाता है, वैसे ही एक ही वृत्ति उन तीनों अर्थों का बोध करा देती है, जिसे ऊपर अनेक नाम दिए गए हैं। मीमांसकों के अभिहितान्वयवादी दार्शनिकों का सिद्धान्त था कि वाच्य शब्दों के गठन में ही एक ही तात्पर्य नामक शक्ति है जो सभी अर्थों को प्रकट कर देती है। अन्विताभिदानवादी इस तात्पर्य-वृत्ति की भी जरूरत नहीं समझते। वे शब्दों में ऐसी शक्ति को स्वीकार करते थे जो संपूर्ण अर्थ को प्रकट करने के लिये अन्य शब्दों के साथ स्वतः सम्बन्ध स्थापित करती है। कुछ न्याय-दर्शन के अनुयायी काव्य-शास्त्री अनुमान द्वारा ही सभी अर्थों को जान लेना सम्भव मानते थे। मम्मटाचार्य ने अपने काव्य-प्रकाश में इन एक-एक के मत का निपुण भाव से खण्डन करके 'ध्वनि' सिद्धान्त का जोरदार समर्थन किया है।

ध्वनिकार कहते हैं कि वाक्य के अर्थ दो प्रकार के होते हैं, वाच्य और प्रतीयमान। जिस प्रकार रमणी के शरीरावयवों के अतिरिक्त एक दूसरी ही कोई वस्तु लावण्य रूप से प्रकाशित होती है उसी प्रकार महाकवियों की वाणी में वाच्य अर्थ के अतिरिक्त एक दूसरा ही प्रतीयमान अर्थ होता है।[१] यह प्रतीयमान या ध्वनित अर्थ अनेक बार वाच्य अर्थ के एकदम उल्टा जा सकता है। एक उदाहरण लिया जाय। कोई नायिका किसी

---

१. प्रतीयमानः पुनरन्यदेव वाच्यस्तु वाणीषु महाकवीनाम्।
यत्तत् प्रसिद्धावयवातिरिक्तं विभाति लावण्यमिवाङ्गनासु॥

धार्मिक से जो नित्य एकान्त कुञ्ज में पुष्पचयन करने जाकर, उसके प्रिय मिलन में विघ्न उपस्थित किया करते थे, कहती है—'हे धार्मिक तुम अब निश्चिन्त होकर वहाँ घूम सकते हो। वह जो कुत्ता था उसे गोदावरी तटवासी दृप्त सिंह ने मार डाला—

मम धम्मिअ वं सद्धो सो सगुणो अज्जम मारिओ तेण।
गालाणई कच्छ कुडंग वासिणा दरि असीहेण॥

श्लोक में जिस कुत्ते की चर्चा है वह इसी नायिका या इसके प्रिय का कुत्ता था। धार्मिक सज्जन को देखकर वह भौंका करता था और उनके पुष्पचयन में विघ्न उत्पन्न करता था। अब इस श्लोक में जो कहा गया है कि 'हे धार्मिक, तुम अब निश्चिन्त होकर भ्रमण करो' उसका असली अर्थ यह है कि 'अब तुम उधर हर्गिज न जाना' क्योंकि अब तक तो वहाँ कुत्ता था, अब सिंह है! अब जहाँ तक वाच्यार्थ का सम्बन्ध है, वह विधि को ही बताता है, निषेध को नहीं। 'घूमो' का अर्थ घूमो है, 'मत घूमो' एकदम नहीं। फिर भी यहाँ अर्थ 'मत घूमो' यही है। लक्षणा से यह अर्थ नहीं निकल सकता। क्योंकि लक्षणा के लिये मुख्य अर्थ में बाधा होना जरूरी है। 'पठान बैल है' इस वाक्य में बैल के मुख्य अर्थ में बाधा पड़ी थी क्योंकि पठान आदमी है, बैल नहीं। इसीलिए वहाँ लक्षणा सम्भव थी। यहाँ कैसे सम्भव होगी? यह भी नहीं कहा जा सकता कि अभिधा नाम वृत्ति से ही, दीर्घ व्यापारवादियों की युक्ति के अनुसार जिस प्रकार बाण पहले वर्म और अस्थिछेदन करता है उसी प्रकार पहले 'घूमो' और फिर 'मत घूमो' दोनों अर्थों का ज्ञान हो जाएगा। क्योंकि 'घूमो' और 'मत घूमो' बिल्कुल विरुद्ध अर्थ हैं, सम्बद्ध नहीं। जहाँ पर सभी अर्थ एक ही जाति के हों वहाँ तो यह व्याख्या मान भी ली जा सकती है, पर यहाँ उससे काम नहीं चलेगा फिर यह तो स्पष्ट ही है कि यहाँ वाक्य के उच्चारण के साथ-ही-साथ समझदार आदमी के निकट 'मत घूमो' यह वाच्यार्थ से एकदम विपरीत अर्थ उत्पन्न होता है। सारे श्लोक में कोई भी ऐसा शब्द नहीं है जिसके लिये किसी कोष या व्याकरण में ऐसा अर्थ लिखा हो। कुछ लोग कहते हैं कि निमित्त जो शब्द है उसी का संकेत अर्थात् कोष व्याकरण परम्परा की प्रसिद्धि आवश्यक है। नैमित्तिक या कार्य रूप जो अर्थ है उसके लिये किसी संकेत की जरूरत नहीं। यह स्पष्ट ही गलत बात है। क्योंकि निमित्त के सिवा नैमित्तिक रह कहाँ सकता है? यदि कहा जाय कि पहले प्रतीयमान अर्थ (मत घूमो) उपस्थित होता है फिर शब्द में इस अर्थ का संकेत आ जाता है तो यह और भी गलत बात है क्योंकि कारण पहले होना चाहिये, कार्य के बाद नहीं। इसी तरह अन्यान्य मतों के खण्डन के बाद ध्वनिकार इस नतीजे पर पहुँचते हैं कि शब्द की एक ध्वनि नामक विशेष शक्ति स्वीकार की जानी चाहिए।

अब काव्यत्व वहीं हो सकता है जहाँ व्यंग्यार्थ या ध्वनि—जो वस्तुतः काव्य की आत्मा है, हो। अगर यह व्यंग्यार्थ, वाच्यार्थ या लक्ष्यार्थ से अधिक स्पष्ट और उन्हें दबा देने लायक हो तो काव्य उत्तम है, और उसे ध्वनि-काव्य कहा जायेगा, यदि दोनों के बराबर है या उनसे कम शक्तिशाली है तो मध्यम है और यदि अत्यन्त कम है तो

अवर या चित्र है। जिन दिनों ध्वनि का सिद्धान्त प्रतिष्ठा लाभ करने लगा था उसके पहले 'काव्य' नाम से कहे जाने वाले साहित्य में ऐसी बहुत-सी बातें स्वीकृत हो चुकीं जिनको इस सिद्धान्त के मानने वालों को छोड़ देना पड़ता। ऊपर राजशेखर के काव्यांगों को भी यदि एक बार सरसरी निगाह से भी देखा जाय तो उसमें अलंकार की प्रधानता स्पष्ट हो जायेगी। अट्ठारह काव्यांगों में से आधे तो विशुद्ध अलंकार ही हैं। फिर दण्डी और भामह आदि के ग्रन्थों में अलंकारों की विशद व्याख्या है और शब्दालंकार के सम्बन्ध में तो महज शाब्दिक चमत्कार को बहुत अधिक तूल दिया गया है। मम्मट के लिये अलंकारों का काव्य में रहना कोई जरूरी बात नहीं थी। वे मानते थे कि 'रस-ध्वनि काव्य का आत्मा है' शब्द, अर्थ शरीर हैं, गुण शौर्य-औदार्य आदि की भाँति हैं, दोष काना-लँगड़ा-लूला होने के समान हैं और अलंकार गहने के समान बाहरी चीज हैं। अपने काव्य की परिभाषा में उन्होंने स्पष्ट ही कहा है कि शब्द और अर्थ गुण-युक्त होने पर काव्य हैं। कभी-कभी उनमें अलंकार रह भी सकते हैं, नहीं भी रह सकते हैं! रस और अलंकारों के एक साथ रहने न रहने से काव्य के ६ भेद टीककारों ने गिनाये हैं—(१) सरस और स्पष्ट अलंकार सहित (२) सरस और अस्पष्ट अलंकार सहित, (३) सरस और अलंकार शून्य, (४) नीरस और स्पष्ट अलंकार सहित, (५) नीरस और अस्पष्ट अलंकार सहित, (६) नीरस और अलंकार रहित। इनमें अंतिम तीन ध्वनिवादियों के सम्मत नहीं हो सकते। परन्तु पूर्ववर्ती आलंकारिक ऐसे पद्यों को भी काव्य की मर्यादा दे सकते थे जो अन्तिम को छोड़कर बाकी किसी भी श्रेणी में आ जायें। इस प्रकार यद्यपि ध्वनिवादियों ने बहुत-कुछ स्वीकृत काव्य में अस्वीकार कर दिया तथापि बहुत-कुछ उन्हें स्वीकार भी करना पड़ा। इसीलिए उन्होंने ध्वनि को तीन प्रकार का बताया। वस्तु-ध्वनि, अलंकार ध्वनि और रस ध्वनि। जहाँ कोई वस्तु या अर्थ ध्वनित हो वहाँ वस्तु-ध्वनि, जहाँ कोई अलंकार ध्वनित हो वहाँ अलंकार-ध्वनि और जहाँ रस ध्वनित हो वहाँ रस-ध्वनि होती है। इनके भेद-उपभेदों का एक विशाल महल खड़ा किया गया है। यद्यपि सभी ध्वनि उत्तम काव्य हैं, पर रस सबसे श्रेष्ठ है। मम्मट ने रस के सिलसिले में जिस एकमात्र आचार्य का नाम श्रद्धा के साथ लिया है, वे अभिनव गुप्तपाद स्पष्ट ही कहते हैं कि रस के बिना काव्य हो ही नहीं सकता। नहि रसादृते कश्चिदर्थः प्रवर्तते—यह वाक्य नाट्य-शास्त्र से ही लिया गया है (देखिये चौदहवाँ नाट्य-शास्त्र, पृ० ७१) (लोचन, पृ० ६२) विश्वनाथ तो रसात्मक वाक्य को ही काव्य मानते हैं। इस प्रकार इस जटिल ध्वनिवाद के भीतर रस को गूँथा गया है। अब भी यह विचार करना बाकी है कि रस जो इतने प्राचीनकाल से नाट्यशास्त्र में प्रसिद्ध था, और उससे भी प्राचीन काल से 'आदि रस' के रूप में परिचित होने का श्रेय पा सकता है, ध्वनि के रूप में कैसे आ गया? भरत ने कहा कि विभाव, अनुभाव, संचारी के योग से रस की निष्पत्ति होती है। विभाव दो हैं आलंबन और उद्दीपन; आलंबन जैसे नायक और नायिका, उद्दीपन जैसे चाँदनी, उद्यान, मलय-पवन इत्यादि। अनुभाव शरीर-विकार को कहते हैं, जैसे कटाक्षपात, रोमांच इत्यादि। संचारी या व्यभिचारी भाव तैंतीस है। इनके अतिरिक्त आठ रसों के आठ स्थायी भाव हैं। शृङ्गार

का स्थायी भाव रति या लगन है, हास्य का हास, करुणा का शोक, रौद्र का क्रोध, वीर का उत्साह, भयानक का भय, वीभत्स का जुगुप्सा, अद्‌भुत का विस्मय। भरत मुनि का कथन है कि विभाव, अनुभाव और संचारी भावों के संयोग से रस की निष्पत्ति होती है। इस 'निष्पत्ति' शब्द के अर्थ को लेकर आचार्यों में बहुत बहस हुई है। एक स्थायी भाव शुरू से आखिर तक काव्य या नाटक में रहता है। यह भाव आश्रय के चित्त में आलम्बन के सहारे प्रवृत्त होता है और उद्दीपन द्वारा उद्दीप्त किया जाता है, जिसके कारण आलंबन के अङ्ग में विकार होते हैं जो अनुभाव कहलाते हैं। स्थायी भाव यद्यपि आदि से अन्त तक स्थिर रहता है तथापि बीच में शंका, असूया, भय आदि संचारी भाव आते और जाते रहते हैं। इनकी निष्पत्ति का क्या अर्थ हो सकता है? नाट्यशास्त्र कहता है कि स्थायी भाव ही राजा है और अन्य भाव उनके सेवक। नाट्यशास्त्र में लिखा है कि जिस प्रकार नाना व्यंजन, औषध, द्रव्यादि के संयोग से 'रस' या स्वाद की निष्पत्ति होती है या जिस प्रकार गुड़ादि द्रव्य, व्यंजन और औषध से ६ रस निष्पन्न होते हैं उसी प्रकार नाना भावों से उपहित स्थायी भाव रसत्व को प्राप्त होता है। भरत मुनि से भी प्राचीनतर दो परम्परा प्राप्त श्लोकों में कहा गया है कि जिस प्रकार बहुत द्रव्यों और व्यंजनों से युक्त खाद्य-वस्तु खाद्य-रस के जानकार लोग आस्वादन करते हैं उसी प्रकार भाव और अभिनय से युक्त स्थायी भावों को चतुर लोग मन-ही-मन आस्वादन करते हैं। इसीलिए (जिस प्रकार पूर्वोक्त वस्तु को अन्न का रस कहते हैं उसी प्रकार इन्हें) नाटक-रस कहते हैं (ना० शा० ६-३१-३२)। भट्टलोल्लट प्रभृति पण्डितों का मत था कि निष्पत्ति का अर्थ यह है कि (१) आलम्बन और उद्दीपन आदि विभावों से रस पहले उत्पन्न होता है, (२) कटाक्ष, भुज-क्षेप आदि अनुभावों से फिर वह प्रतीति योग्य किया जाता है और (३) फिर निर्वेदादि व्यभिचारी तथा संयोग रूप सहकारी भावों से पुष्ट होता है। इस प्रकार प्रथम का रस के साथ उत्पाद्य-उत्पादक सम्बन्ध है, द्वितीय का गम्यगमक सम्बन्ध है और तृतीय का पोष्य-पोषक सम्बन्ध है। इस प्रकार रस क्रमशः उत्पन्न, अभिव्यक्त और पुष्ट होता है। यद्यपि रति आदि भाव अनुकार्य रामादि में होते हैं, अनुकर्त्ता नट आदि में नहीं तथापि नाट्य की निपुणता से नर्तक में प्रतीयमान होते है। और प्रकार सहृदय के हृदय में चमत्कार पैदा करके रस की पदवी प्राप्त करते हैं। इस मत में स्पष्ट ही यह शङ्का हो सकती है, कि यदि रति आदि भाव अनुकार्य में हैं और अनुकर्त्ता अर्थात् नट में केवल प्रतीयमान होते हैं—जैसे रज्जु में भ्रमवश, या नकली खिलौने में नैपुण्य वश साँप की प्रतीति होती है—तो इससे नाटक देखने वालों का क्या? उसे क्यों आनन्द आये? इस मत के विरुद्ध श्री शंकुक का मत था। वे रस का उत्पन्न होना नहीं स्वीकार करते थे। वे नैयायिकों के ढंग पर रस को अनुमान का विषय मानते थे। जिस प्रकार धुआँ देखकर आग का अनुमान होता है वैसे ही विभावानुभावादि से रस का अनुमान होता है। निष्पत्ति शब्द का अर्थ अनुमान है। अब लोक-प्रसिद्धि यह है कि 'प्रत्यक्षमेव ज्ञानं चमत्कारजनक नानुमित्यादिः' अर्थात् प्रत्यक्षज्ञान ही (अनुभूत) चमत्कारजनक होता है, अनुमान द्वारा प्राप्त नहीं। इस लोक-प्रसिद्धि के साथ इस मत का स्पष्ट ही विरोध है। काव्य-रस का अनुमान करके आनन्द पाना कष्ट-कल्पना ही

है। इसीलिए इस मत का भी विरोध किया गया है। इस तीसरे मत के प्रतिष्ठाता भट्टनायक हैं। ये निष्पत्ति शब्द का अर्थ 'मुक्ति' करते हैं। रस के साथ विभावादि का सम्बन्ध इनके मत से भोज्य-भोजक सम्बन्ध है। उनका मत है कि रस न तो उत्पन्न होता है, न प्रतीति होता है और न अभिव्यक्त होता है। काव्य और नाटक में अभिधा के अतिरिक्त दो और विलक्षण व्यापार होते हैं जिन्हें भावकत्व और भोजकत्व व्यापार कहते हैं। भावकत्व व्यापार राम में से रामत्व, सीता में से सीतात्व, आदि को हटा कर साधारणीकरण के द्वारा साधारण स्त्री और पुरुष के रूप में उपस्थित करता है और भोजकत्व व्यापार के द्वारा उक्त रूप से साधारण किए हुए विभावादि के संयोग से रति आदि स्थायी भाव सहृदय द्वारा आस्वादित या भुक्त होते हैं। यह जो भोजकत्व व्यापार है वह सहृदय के चित्त को सत्त्वस्थ कर देता है, उसमें से इच्छा-द्वेष को दूर कर देता है, रजोगुण और तमोगुण का प्रभाव हटा देता है और उसे इस प्रकार प्रकाश रूप आनन्दमय अलौकिक-संवित या ज्ञान में प्रतिष्ठित कर देता है और अन्यान्य श्रेय वस्तुओं के सम्पर्क से हटा लेता है। इस प्रकार रति का आस्वाद ही रस-निष्पत्ति है। इस मत में जो दो नये व्यापार कल्पित किये गये हैं, उनके लिए कोई प्रमाण नहीं है। यदि यह कहा जाय कि व्यञ्जना के स्थान में ही भोजकत्व व्यापार की कल्पना है, तो भी भावकत्व तो अधिक ही हुआ। इस प्रकार इस मत में बहुत अधिक कष्ट-कल्पना की जरूरत है। चौथा और सर्व-स्वीकृत मत अभिनव गुप्त का है। वे निष्पत्ति का अर्थ व्यंग्य होना समझते हैं। रस के साथ स्थायी भाव का विभावादि के संयोग के साथ व्यंग्य-व्यञ्जक सम्बन्ध है। नाटक के देखने वाले या काव्य के सुनने वाले सहृदय के चित्त में ही वासना रूप से स्थायी भाव स्थित होता है। काव्य द्वारा और नाटक के अभिनव द्वारा वही रति उद्‌बुद्ध होकर आस्वादित होती है। यह ठीक है कि काव्य में एक ऐसी शक्ति होती है जो राम में से रामत्व और सीता में से सीतात्व आदि हटाकर साधारण स्त्री-पुरुष से रूप में उपस्थित करती है। इस साधारणी वृत्ति से, जैसा कि विश्वनाथ ने कहा है, जब काव्यार्थ उपस्थित होता है तो उसमें फलस्वरूप सत्त्वगुण का उद्रेक होता है और चित्त स्व-प्रकाश और आनन्दमय हो जाता है। क्योंकि प्रकाश और आनन्द दोनों ही सत्त्वगुण के धर्म हैं। इस प्रकार जो रस अभिव्यक्त होता है वह विश्वजनीन होता है। उसमें कोई वैयक्तिक राग-द्वेष नहीं होता। लौकिक भय-प्रीतिजनक व्यापारों से यह भिन्न होता है क्योंकि इसमें व्यक्तिगत सुख-दुःख का स्पर्श नहीं होता। लोक में एक स्त्री एक पुरुष के प्रति जब अभिलाषा प्रकट करती है तो उसमें व्यक्तिगत सुख-दुःख का भाव रहता है, पर काव्य और नाटक में जब यही बात होती है तो उसमें वह व्यक्तिगत रागद्वेष नहीं होता। इसमें सहृदय एक निर्वैयक्तिक अलौकिक आनन्द का उपभोग करता रहता है। यह आनन्द उस आनन्द के समान है जो योगियों को प्राप्त होता है, यद्यपि वह अपने ही चित्त का पुनः-पुनः अनुभूत स्थायी भाव अपने आकार के समान ही अभिन्न है तथापि काव्य-नैपुण्य से गोचर किया जाता है, आस्वादन ही इसका प्राण है, विभावादिक के रहने पर ही यह रहता है, नाना प्रकार के मीठे-खट्टे पदार्थों के संयोग से बने हुए शरबत्त की भाँति यह आस्वादित

होता है, मानों सामने परिस्फुरित होता हुआ हृदय में प्रवेश करता हुआ, सर्वाङ्ग को आलिंगन करता है। अन्य सब कुछ को तिरोहित करता हुआ ब्रह्मानन्द को अनुभव करने वाला यह रस अलौकिक चमत्कार का कारण है। वह कार्य नहीं है, क्योंकि कारण के नाश होने पर कार्य नष्ट नहीं होता और यह विभावादि के अभाव में नहीं रह सकता। वह ज्ञाप्य भी नहीं है, अर्थात् जिस प्रकार अन्धकार में रखी हुई वस्तु दीपक आदि से प्रकाशित होकर ज्ञाप्य बनती है, उस प्रकार यह नहीं होता, क्योंकि वह स्वयंसिद्ध है। बल्कि वह विभावादि से व्यंजित होकर आस्वादित होता है। जो कारक द्वारा कार्य नहीं ज्ञापक द्वारा ज्ञाप्य भी नहीं, ऐसी कोई वस्तु दुनिया में नहीं हो सकती, इसीलिए रस अलौकिक है। अभिनव गुप्त के इस मत में जो सबसे बड़ी विशेषता है वह यह कि वे स्थायी भाव को पहले ही सहृदय के चित्त में स्थित मानते हैं, जबकि अन्यान्य व्याख्याकार उसे सहृदय से बाहर मानते हैं। निस्सन्देह अभिनव गुप्त का सिद्धान्त मनोविज्ञान-सम्मत है और रसानुभूति का सर्वोत्तम मार्ग बताता है।

नाट्य-शास्त्र में रस के विष्य में जो कुछ कहा गया है उससे अनुमान होता है कि भरतमुनि भी निष्पत्ति का अर्थ आस्वाद ही समझते थे। उन्होंने अनेक बार भोज्य वस्तु के रस के साथ इसकी तुलना की है। नीबू और चीनी आदि के संयोग से जो एक विशेष प्रकार का रस बनता है वह न तो नीबू है,न चीनी है, न जल है, न इन सबका मिश्रित रूप है और न इनके बिना ही रह सकता है। ठीक इसी प्रकार विभावादि से जो रस निष्पन्न होता है वह न तो नायक है, न नायिका है, न पुष्पोद्यान-विहार है, न स्थायी भाव है, न अनुभाव है, न व्यभिचारी भाव है और न इन सबका मिश्रण है, न इनके बिना रह सकता है। वह इन सबसे भिन्न है, और फिर भी इन्हीं चीजों से निष्पन्न या अभिव्यक्त हुआ है। इसलिए कवि का उद्देश्य इन वस्तुओं का सूक्ष्म भाव से प्रकट करना नहीं है बल्कि इनको साधन बनाकर उस अलौकिक चमत्कार-स्वरूप रस को व्यंग्य करना है। यह भारतीय कवि का विशेष दृष्टिकोण है। उसका प्रयत्न भावनाओं का चित्रण नहीं है, उनके द्वारा उनके उचित संयोग से अलौकिक ब्रह्मानन्द-तुल्य रस को अभिव्यक्त करने का है। ठीक जिस प्रकार संसार आपातत: असत् होकर भी उसके निकट किसी अन्य व्यापक सत्ता की ओर इशारा करता रहता है, उसी प्रकार प्रकृति और मनोभाव भी किसी अलौकिक रस की ओर इशरा करते हैं। यदि कवि के वर्णन से या नाटक के अभिनय से हम रस तक नहीं पहुँच सके तो वह काव्य और नाटक व्यर्थ हैं। नायक (ले जाने वाला) नायक है क्योंकि वह सहृदय को रस तक ले जाता है; नायिका (ले जाने वाली) नायिका है क्योंकि वह सहृदय को रस तक ले जाती है; अभिनय, (भीतर तक ले जाने वाला) अभिनय है क्योंकि वह रस के भीतर ले जाता है; पात्र, (बर्तन) पात्र है क्योंकि वे रस के आधार हैं, और रूपक (रूप देने वाला) रूपक है क्योंकि वह इस अरूप रस को रूप देकर प्रत्यक्ष कराता है। समूचा भारतीय काव्य-साहित्य रस को प्रत्यक्ष करने का प्रयत्न है। तथाकथित "Deeper question of human life" या 'मानव जीवन के गम्भीरतर प्रश्न' के उत्तर देने के लिए यह साहित्य

नहीं रचा गया। इसका उद्देश्य मानव जीवन के गम्भीरतम उद्देश्य ब्रह्मास्वाद—को सुलभ करना है। इस रस को जो स्वरूप ऊपर बताया गया है वह ध्वनित ही हो सकता है। इसीलिए ध्वनि-संप्रदाय अन्यान्य अलंकार-संप्रदायों की अपेक्षा नवीन था तथापि 'रस' के प्राचीन सिद्धान्त को आत्मसात् करने की शक्ति उसी में थी। रस प्रकृत्या ही व्यंजनीय है। उसे ध्वनि के अन्तर्गत ही आना चाहिए था। यह तो हमें नहीं मालूम कि ध्वनिकार का यह दावा कि काव्य का आत्मा ध्वनि है, यह सिद्धान्त पूर्वाचार्यों का है, कहाँ तक ठीक हैं, परन्तु इसमें कोई सन्देह नहीं कि भरत मुनि के ग्रन्थ में रस-ध्वनि का बीज हमें मिल सकता है।

रस की नीरस चर्चा यहीं समाप्त कर रहा हूँ। थोड़ा और बढ़ाया जा सकता तो यह प्रकरण इतना अधूरा नहीं दिखाई देता। परन्तु हमारे काम की बातें सभी आ चुकी हैं और जिस बात पर विचार करना आवश्यक है उस पर यहीं से विचार शुरू किया जा सकता है। हमने 'रस' के मूल अर्थ और उसके विकास की कहानी सुन ली है। यह 'रस' ही भारतीय शिल्प और कला का प्राण है। इस लक्ष्य पर ही इस देश के सहृदय की आँख लगी हुई थी। दीर्घकाल की साधना के बाद यह दृष्टि समाज में सुप्रतिष्ठित हुई थी। हमने शुरू में ही लक्ष्य किया है कि कलात्मक सुकुमार विनोदों के लिए इस प्रकार की एक गम्भीर सुप्रतिष्ठित दृष्टि नितान्त आवश्यक है। वह दृष्टि भारतीयों में सुप्रतिष्ठित हो चुकी थी। गलत कहिये या सही, उनका विश्वास एक अलौकिक ब्रह्मानन्द में था और जिस किसी चीज को वे श्रेष्ठ और ग्राह्य मान लेते थे उसे उस आनन्द की कोटि में रख देते थे। रस भी ऐसा ही आनन्द है। वह भी ब्रह्मानन्द है। वह भी ब्रह्मानन्द सहोदर है। इसीलिए उसकी अनुभूति के प्रकार को लेकर बहस हुई है पर उसकी अनुभूति की सच्चाई पर कभी सन्देह नहीं किया गया है। पर भारतीय जीवन की और उसकी सर्वोत्तम अभिव्यक्ति को समझने के लिए एक और बात की जानकारी भी निहायत जरूरी है। उसने समस्त भारतीय मनीषा को अपने ढंग का अद्वितीय बना दिया है।

११.

साहित्य का नया रास्ता

† १२२. साहित्य में बड़ी तेजी से परिवर्तन हो रहा है। हमारा तरुण साहित्यकार यह विश्वास करने लगा है कि अब तक के साहित्यकार जिस मार्ग पर चलते रहे वह मार्ग चरम गन्तव्य तक पहुँच चुका है; अब अगर उसी पर रहना है तो धीरे-धीरे पीछे लौटना होगा या फिर दौड़कर एक बार आगे से पीछे और एक बार पीछे से आगे की ओर आने की कसरत करनी होगी। इस क्रिया से दौड़ने वाले की फुर्ती, ताकत और हिम्मत की तारीफ कर ली जा सकती है पर इतना निश्चित है कि उससे आगे बढ़ने की आशा नहीं की जा सकती। आगे बढ़ना हो तो इस सड़क के अन्तिम किनारे से मुड़ जाना होगा। सब लोग उस रास्ते को नहीं देख पाते, क्योंकि वह अब भी अच्छी तरह से बना नहीं है, काँटे और कंकड़ के ढेर में से एक अस्पष्ट पगडंडी उस रास्ते की ओर इशारा कर रही है, लहूलुहान हो जाने का खतरा भी बहुत है पर अगर मनुष्य-जाति को वर्तमान दुर्गति से बचना है तो इस मार्ग पर चलने के सिवा और कोई उपाय नहीं है।

यह जो मनुष्य-जाति को दुर्गति के पंक से बचाने का संकल्प है यह एक बहुत बड़ा उपादान है जो आज के साहित्य को नये रास्ते की ओर ठेल रहा है। मैंने मार्क्स-लिखित एक वाक्य किसी पुस्तक से उद्धृत देखा था। पुस्तक चूँकि मार्क्स के बहुत बड़े प्रशंसक की लिखी हुई है इसलिए उसके उद्धरण को प्रमाणित मान लेने में कोई आपत्ति नहीं है। उस छोटे-से किन्तु सारगर्भित वाक्य का भावार्थ हिन्दी में इस प्रकार प्रकट किया जा सकता है, "अब तक तत्वज्ञानियों ने विश्व की नाना भाव से व्याख्या मात्र की है, लेकिन असली प्रश्न व्याख्या करने का नहीं, बल्कि परिवर्तन करने का है।" इसका मतलब यह हुआ कि मार्क्स का प्रचारित तत्वज्ञान कोई शास्त्रीय मतवाद नहीं है बल्कि दुनिया को बदल कर मनुष्य के सुख-सौविध्य के अनुकूल निर्माण करने का विज्ञान है। वह केवल बहस की चीज नहीं है। उसने दुनिया का ही नहीं, दुनिया के इतिहास को भी एक खास दृष्टि से देखा है और सब देख-सुन लेने के बाद जिस नतीजे पर पहुँचा है उस तक मनुष्य को पहुँचा देने को वह एक कर्तव्य मानता है। इस मत को मानने वाला उसी लक्ष्य तक मानव-जाति को पहुँचा देने के उद्देश्य से ही काव्य लिखता है, नाटक खेलता है, पार्लियामेट की सीटें दखल करता है और सेना के संचालन में अपना हक खोजता है। यह नहीं है कि साहित्य के मैदान में वह सौन्दर्य के निरीह मृग का शिकार करता हो, राजनीति में झूठ-सच की आँख-मिचौनी खेलता हो। और धर्म के क्षेत्र में आत्मोद्धार के लिए सपाद लक्ष मंत्र का जाप करता हो। वह

सब क्षेत्रों में केवल एक ही लक्ष्य को सामने रखकर काम करता है—मनुष्य जाति को उस लक्ष्य तक पहुँचा देना जो उसके अभीष्ट मतवाद के आचार्यों द्वारा अनुध्यात है और जिस लक्ष्य तक पहुँचकर उसके विश्वास के अनुसार मनुष्य जाति का अभ्युदय निश्चित है।

दो बातें इस प्रसंग में स्मरण कर ली जानी चाहिए। भारतवर्ष में तटस्थ पर्यालोचक द्वारा की गई दुनिया की व्याख्या को दर्शन नहीं कहा गया। इस देश में प्रत्येक दार्शनिक विचार का विकास धार्मिक साधना के कारण हुआ है। इसीलिए साधना का जो उद्देश्य हुआ करता है वह उद्देश्य दार्शनिक विचारधारा के साथ बराबर अनुस्यूत रहा है। धार्मिक साधना का एक उद्देश्य यह अवश्य होता है कि वह साधक को बदल कर एक विशेष कोटि का बना दे। अर्थात् धार्मिक साधना भी विश्व की व्याख्या मात्र नहीं है बल्कि साधक को परिवर्तित कर देने की चेष्टा है। इसलिए अन्यान्य देशों के तत्वज्ञानियों की भांति इस देश के दार्शनिक केवल तटस्थ व्याख्याता नहीं कहे जा सकते। यह अवश्य है कि वे साधना से और दर्शन से व्यक्ति को बदलने का प्रयास करते थे, सारी दुनिया को नहीं। दूसरी बात यह कि यद्यपि प्राचीनतर तत्त्ववाद जीवन के भिन्न-भिन्न क्षेत्रों में व्यावहारिक को भिन्न-भिन्न रूप में मानते थे तथापि सर्वत्र एक-रस सत्य को खोजने और आचरण करने का प्रयास बहुत नई बात नहीं है। व्यावसायिक क्रान्ति के बाद से नाना मनीषियों ने नाना भाव से इस बात को प्रमाणित किया है। इन दोनों बातों के होते हुए भी यह सत्य मालूम होता है कि जितने व्यापक और वैज्ञानिक रूप में मार्क्स के अनुयायियों ने ऊपर बताई हुई विशेषता को अपनाया है, उतना अब तक कभी नहीं हुआ था।

अपने को प्रगतिशील घोषित करने वाली रचनाओं ने ऐसे लोगों को एक अजीब भ्रम में डाल रखा है जो मेरे समान जिज्ञासु तो हैं पर अर्थशास्त्र की पुरानी, आधुनिक (पूँजीवाद) और मार्क्सवादी व्याख्याओं को समझने का सुयोग नहीं पा सके हैं और इसीलिए जीवन के विभिन्न क्षेत्रों में उसके व्यापक प्रयोग को ठीक-ठीक समझ नहीं पाते। पर इधर हाल ही में प्रगतिशीलता-आन्दोलन के नेताओं ने उत्तम कोटि की प्रगतिशील कविताओं का संग्रह करना शुरू किया है। इन रचनाओं के पढ़ने से मेरे मन में जो बात लगी है वह यह कि जिन रचनाओं को प्रगतिशील कहा गया है उनकी आधारभूत तत्व-चिंता कोई आर्थिक या राजनीतिकवाद नहीं है। सम्पूर्ण मानव-जाति ने अनादिकाल से जो ज्ञान-राशि संचय की है उस सम्पूर्ण का रस निचोड़ कर ही वह तत्वज्ञान अपनी सत्ता बताता है! कम से कम उसकी इच्छा ऐसी ही है। इस तत्ववाद को चार सूत्रों मे बाँट लिया जा सकता है सो केवल सुविधा के लिए; (१) दुनिया या प्रकृति (जिनमें मानव-समाज भी शामिल है) परस्पर सापेक्ष वस्तुओं से बनी है, कोई भी वस्तु अपने आप में निरपेक्ष नहीं; (२) कुछ भी स्थिर नहीं है, प्रत्येक वस्तु गतिशील है और परिवर्तनशील है, या तो वह विकासोन्मुख है या पतनोन्मुख, पर है गतिशील; (३) वस्तुओं का विकास आसानी से नहीं हो जाता—थोड़ी देर तक वह

जरूर आसानी से ही चलता रहता है पर एक ऐसे स्थल पर पहुँचता है जब वह एकाएक तेजी से विलट जाता है। पानी में गर्मी का संचार करते रहिए। निश्चित है कि थोड़ी देर तक कुछ परिवर्तन नहीं दिखेगा। एकाएक एक खास सीमा तक आने पर पानी खौलने लगेगा, उसमें उथल-पुथल मच जायेगी और वह वाष्प बनकर उड़ने लगेगा। पतनोन्मुख पानी और विकासोन्मुख वाष्प की यह सादी कहानी अत्यन्त जटिल मानव समाज में भी इसी प्रकार दिखाई देती है; (४) प्रत्येक वस्तु में दो तत्व होते हैं; विकासोन्मुख और ह्रासोन्मुख। जो विकसित हो रहा है उसे दूसरा तत्व बाध देता है, अभिभूत करने की चेष्टा करता है; जब विकसनशील तत्व काफी सबल हो जाता है तो द्वन्द्व तीव्रतम हो उठता है और फिर धीरे-धीरे बाधा देने वाला या प्रतिकर्त्ता तत्व ठप्प हो जाता है। ये चार मूल प्रकृति के कण-कण में लागू हैं। इनको आवश्यकतानुसार अपने उद्देश्य-साधन में लगाया जा सकता है। ज्ञान-विज्ञान की चर्चा का फल वही उद्देश्य साधन है, राजनीति और अर्थनीति का लक्ष्य इन्हीं नियमों के अनुकूल विश्व-निर्माण में लगाना और साहित्य और कला का उद्देश्य भी ऐसा ही है। अलौकिक आनन्द का अनुभव हो जाय तो उसे आनुषंगिक फल मान लेना चाहिए। वही साहित्य का वास्तव फल नहीं है।

ऊपर जो कुछ लिखा जा चुका है वह आधुनिक प्रगतिशीलता का ठीक-ठीक विश्लेषण है या नहीं, यह मैं नहीं कह सकता। इसमें ईमानदारी के साथ समझने की चेष्टा के सिवा और किसी सद्गुण की बात का दावा मैं नहीं पेश कर सकता। पर यह अगर सत्य के नजदीक है तो मुझे ऐसी कोई बात नहीं दिखती जिससे वे लोग चिढ़ें या घबराएँ जो अपने को प्राचीन-पंथी कहते हैं। ऊपर मैंने जो कुछ लिखा है वह न तो हमारी प्राचीन काव्य-परम्परा के स्वाभाविक विकास का परिपंथी है न आधुनिक सहृदय के मानव-संस्कारों का प्रतिगामी। प्राचीन कवि अपने काव्य का उद्देश्य "रामादिवदाचरितव्य न तु रावणादिवत्" समझता था। इसका अन्तर्निहित अर्थ यह था कि काव्य दुनिया के आचरण को अच्छे मार्ग की ओर मोड़ देने के संकल्प से लिखा जाता था। उस समय सत् और असत् की सीमाएँ निर्धारित थीं, धर्म और अधर्म की मर्यादा स्थिर मान ली गई थी; ऐसा विचार केवल बाह्य सतह पर चक्कर काटने वालों के लिए ही ठीक है। कभी भी प्राचीन विचारकों ने कर्म-विशेष को सदा के लिए सत् या असत् नहीं बताया। कर्म की गति सदा गहन समझी जाती है, इसीलिए गीता में कर्म, अकर्म और विकर्म तीनों को ठीक-ठीक समझने पर जोर दिया गया है—

कर्मणोह्यपि बोद्धव्यं बोद्धव्यं चविकर्मण:

अकर्मणश्च बोद्धव्यं गहना कर्मणो गति:।

सत्य बोलना धर्म है, यह मोटी-सी बात है। पर सत्य बोलना क्या चीज है यह अवस्था के विचार के बिना नहीं समझा जा सकता। शुकदेव से नारद ने कहा था कि सच बोलना ठीक है, पर हित की बात बोलना और भी ठीक है। सत्य की अपेक्षा हित श्रेष्ठ है! क्योंकि मेरा विचार यह है कि सत्य वह नहीं है जो मुँह से बोला जाता है,

सत्य वह है जो समस्त जगत् का ज्यादा-से-ज्यादा उपकार करता है, आपाततः वह चाहे झूठ जैसा ही क्यों न सुनाई देता हो—

सत्यस्य वचनं श्रेयः सत्यादपि हितं बदेत।

यद्भूतहितमत्यन्तमेतत् सत्यं मतं मम। —म० भा० शान्तिपर्व ३२९.१३

महाभारत में अन्यत्र बताया गया है अवस्था-विशेष में सत्य के बदले असत्य बोलना ही विहित है (शां १०९.१६) सो यह समझना कि कर्म की सत् और असत् की मर्यादा प्राचीन विचारकों ने लोहे की मोटी दीवार बाँध दी थी सत्य का अपलाप-मात्र है। यह अवश्य है कि साधारण जनता को उन्होंने इतनी गहराई में उतरने की शिक्षा नहीं दी और उनके लिए पाप-पुण्य की मर्यादा बाँध दी। यहाँ वे गलती कर सकते हैं पर प्राचीन तत्ववादियों की गलतियों को अपनी खुराक बनाकर प्रगतिशीलता का आन्दोलन अपनी गति को कुण्ठित भर कर सकता है, किसी का कोई उपकार नहीं कर सकता।

प्रगति-आन्दोलन के नेताओं ने हरदम क्लास, वर्ग और श्रेणी का नाम लेकर भी अपना वक्तव्य धूमिल बना दिया है। वे ऐसी बहुत-सी बातें कहते हैं जो वर्ग-भावना के बिना भी समझाई जा सकती थी परन्तु उनका उद्देश्य उस बात को समझाना शायद कम होता है और वर्ग-संघर्ष की भावना को परिचित बनाना अधिक। 'संस्कृति' शब्द बड़ा अस्पष्ट है इसलिए उसे छोड़कर 'ज्ञान' शब्द को लेकर विचार किया जाय। मानव-समाज ने प्रत्येक काल में किसी-न-किसी रूप में ज्ञान-धारा को आगे बढ़ाया है। प्रत्येक काल में ज्ञान की साधना एक खास वर्ग या श्रेणी ने की है। समय ने उस वर्ग को दुनिया की सतह से पोंछ दिया है पर उनका आविष्कृत ज्ञान मानव मात्र की सम्मति होकर उपकार कर रहा है। शुल्व-सूत्रों के जिन ब्राह्मण पुरोहितों ने प्रथम रेखागणित के विश्वव्यापक नियमों का आविष्कार किया था वे मिट गये पर जो ज्ञान वे दे गये वह सारे जगत् की अपनी चीज है। इसलिए यद्यपि प्रत्येक ज्ञान का एक ऐसा व्यावहारिक रूप रहा है जो वर्ग-विशेष के अर्थार्जन का मूल रहा है पर यह उसका शाश्वत रूप नहीं है। उसका एक स्थिर रूप भी है जो अपने उद्भावक वर्ग के नष्ट हो जाने पर भी बना रहता है। मैं ठीक नहीं कह सकता कि ज्ञान के उस रूप को प्रगतिवादी नेता क्या कहेंगे पर जो कुछ भी कहें उस शब्द का अर्थ शाश्वत या स्थिर जैसा ही कुछ होगा। ज्ञान का जिस प्रकार एक स्थिर या शाश्वत रूप है जो वर्ग-स्वार्थ के परे हैं उसी प्रकार काव्य-सौन्दर्य का भी है। उसको 'ब्रह्मानन्द सहोदर' कहकर समझने को चेष्टा किए बिना ही मजाक उड़ा देना आसान है पर उससे मिलते-जुलते शब्द का व्यवहार किए बिना उसे समझाया नहीं जा सकता।

हम लोग यह समझने के अभ्यस्त हैं कि काव्य के पढ़ने-सुनने वाले या नाटक के देखने वाले सहृदय के चित्त में ही वासना रूप से स्थायी भाव स्थित होता है। काव्य के श्रवण द्वारा या अभिनय के दर्शन द्वारा वही रति उद्बुद्ध होकर आस्वादित होती है। काव्य में एक ऐसी शक्ति होती है जो राम में से रामत्व और सीता में से सीतात्व आदि हटा कर साधारण स्त्री पुरुष के रूप में उपस्थित करती है। इस साधारणी वृत्ति रूप से,

जैसा कि विश्वनाथ ने कहा है, जब काव्यार्थ उपस्थित होता है तो उसके फलस्वरूप सत्वगुण का उद्रेक होता है, और चित्त स्वप्रकाश और आनन्दमय हो जाता है। क्योंकि प्रकाश और आनन्द दोनों ही सत्वगुण के धर्म हैं। इस प्रकार जो रस अभिव्यक्त होता है वह विश्व-जनीन होता है। उसमें कोई वैयक्तिक राग-द्वेष नहीं होता। लौकिक भय-प्रीति-जनक व्यापारों से यह भिन्न होता है क्योंकि इसमें व्यक्तिगत सुख-दुःख का स्पर्श नहीं होता। लोक में एक स्त्री एक पुरुष के प्रति अभिलाषा प्रकट करती है तो उसमें व्यक्तिगत सुख-दुःख का भाव रहता है, पर काव्य और नाटक में जब यही बात होती है तो उसमें वह व्यक्तिगत राग-द्वेष नहीं होता। इसमें सहृदय एक निर्वैयक्तिक अलौकिक आनन्द का उपभोग करता रहता है। यद्यपि अपने ही चित्त का पुनः-पुनः अनुभूत स्थायी भाव अपने आकार के समान ही अभिन्न है तथापि वह काव्य-नैपुण्य से गोचर किया जाता है, आस्वादन ही उसका प्राण है, विभावादिक रहने पर ही यह रहता है, नाना प्रकार के मीठे-खट्टे पदार्थों के संयोग से बने हुए शरबत की भाँति यह आस्वादित होता है, मानों सामने परिस्फुरित होता हुआ हृदय में प्रवेश करता हुआ, सर्वाङ्ग को आलिंगन करता है, अन्य सब कुछ को तिरोहित करता हुआ ब्रह्मानन्द को अनुभव करने वाला यह रस अलौकिक चमत्कार का कारण है। यह कार्य नहीं है क्योंकि कारण के नाश होने पर कार्य नष्ट नहीं होता और यह विभावादि के अभाव में नहीं रह सकता। वह ज्ञाप्य भी नहीं है, अर्थात् जिस प्रकार अंधकार में रखी हुई वस्तु दीपक आदि से प्रकाशित होकर ज्ञाप्य बनती है, उस प्रकार यह नहीं होता, क्योंकि वह स्वयंसिद्ध है। बल्कि वह विभावादि से व्यंजित होकर आस्वादित होता है। जो कारक द्वारा कार्य नहीं, ज्ञापक द्वारा ज्ञाप्य भी नहीं ऐसी कोई वस्तु दुनिया में नहीं हो सकती, इसीलिए रस अलौकिक है। अभिनव-गुप्त के इस मत में जो सबसे बड़ी विशेषता है वह यह है कि वे स्थायी भाव को पहले से ही सहृदय के चित्त में स्थित मानते हैं। जबकि अन्यान्य व्याख्याकार रस को सहृदय से बाहर मानते हैं। निस्सन्देह अभिनवगुप्त का सिद्धान्त मनोविज्ञान-सम्मत है और रसानुभूति का सर्वोत्तम मार्ग बताता है। वही हमारा अब तक का सर्वोत्तम समझा जाने वाला मत है। यह मत भारतीय सहृदय के रोम-रोम में रमा है।

द्वन्द्वात्मक भौतिकवाद काव्यास्वादन के इस नियम को स्वीकार नहीं कर सकता। परन्तु इन भौतिकवादियों की भी कई श्रेणियाँ हैं। यदि वह साधारण राजनीतिक प्रचारक होगा तो अभिनवगुप्त या आनन्दवर्धन को किसी वर्ग-विशेष का प्रतिनिधि मानकर उनकी नीयत पर ही आलोचना की कैंची चला देगा। परन्तु यदि वह गम्भीर तत्व-चिंतक होगा तो मानेगा कि ये विचार चाहे जिस क्लास की उपज हों ज्ञान-धारा को आगे बढ़ाने में सहायक हैं, पर इन विचारों को तटस्थ तत्त्ववादी की भाँति विश्लेषण करके और विचार करके दूर नहीं फेंक देगा बल्कि अपने अनुध्यात भविष्य के निर्माण में इनसे किस प्रकार सहायता ली जा सकती है यही सोचेगा। मार्क्सवादी के लिए कोई सत्य लोहे की मोटी दीवारों से घिरा नहीं है और इसीलिए वह संसार के प्रत्येक स्टेज में

अर्जित ज्ञान को अपने काम में लाने से नहीं हिचकता। नीति को अवस्थाएँ रूप देती हैं। जो लोग इस देश में प्रगतिशील साहित्य के आन्दोलन का नेतृत्व कर रहे हैं उन्हें अपने देश के संचित ज्ञान की उपेक्षा नहीं करनी चाहिए। आज नहीं तो कल उन्हें उस विशाल ज्ञानराशि के संरक्षण और आलोचना का भार अपने कंधे पर लेना होगा। हजारों वर्ष की समृद्ध ज्ञानराशि को फेंक देना बुद्धिमानी नहीं है। दुनिया की अन्य सभी वस्तुओं को फेंक देने से भार हल्का हो सकता है पर ज्ञान के फेंकने से भार बढ़ जाता है।

प्रगतिशील कही जाने वाली सब रचनाओं को तो मैं नहीं कहता—उनमें बहुतेरी ग्राम्य,. अश्लील, जुगुप्सित और रसाभासमूलक हैं—पर चुने नमूने के तौर पर संगृहीत कविताओं और कहानियों तथा नाटकों को देखकर मैं कह सकता हूँ कि वे अपनी प्राचीन परम्परा के स्वाभाविक विकास के रूप में समझाई जा सकती हैं। दो बातें मान लेने से वे इस देश के लिए भी ग्राह्य बनाई जा सकती हैं—ज्ञान और सौंदर्य का चिरंतन रूप और सहृदय के वासना रूप में स्थित रस का उद्‌बोध। मैं ठीक नहीं जानता कि आधुनिक साहित्य-मीमांसक इन बातों को स्वीकार करेंगे या नहीं पर मेरा अपना विश्वास है कि एक समय आएगा जब भारतवर्ष के सभी क्षेत्रों पर समाजवाद में किसी-न-किसी रूप का आधिपत्य होगा। उस दिन के लिए हमें अभी से तैयारी करनी होगी। आज से ही हमारे प्रगतिशील तरुण साहित्यकारों को यह याद रखना होगा कि किसी दिन ऐसे सैकड़ों मतवादों और तत्त्व-चिन्ताओं का उन्हें आत्म-निरपेक्ष भाव से अध्ययन, मनन, संपादन और विवेचन करना होगा जो उनके आज के प्रचारिक मत के विरुद्ध पड़ेंगी। आज का तरुण आलोचक जिस मत को बिना समझे ही मजाक का विषय बना रहा है, कल उसी मत की संरक्षा का भार उसी पर आने वाला है। दुनिया जैसी आज है वैसी ही नहीं बनी रहेगी, शास्त्रों की जो ढीलम-ढाल संरक्षण-व्यवस्था आज जारी है वह शीघ्र ही खत्म हो जायेगी और तरुण साहित्यकार की गैर-जवाबदेह मस्ती भी कपूर की भाँति उड़ जायेगी। उस दिन जो प्राचीन संचित ज्ञाननिधि प्रकट होगी वह थोड़े-से बुद्धि-विलासियों के मनोविनोद का साधन नहीं होगी, वह वृहत्तर मानव-जीवन को कर्म विधि का रूप देगी। उस दिन निश्चित है कि नया तत्वज्ञान उससे समृद्ध होगा और कुछ आश्चर्य नहीं यदि वह थोड़ा परिवर्तित भी हो जाय। यदि संसार की कोई वस्तु स्थिरशील नहीं है, सभी परिवर्तनशील हैं, तो ऊपर लिखे हुए प्रगतिसूत्र ही क्यों स्थिर होंगे। मार्क्स का तत्वज्ञान भी तो कोई स्थिर और शाश्वत चीज नहीं है। यदि इतनी-सी बात हमारे तरुण साहित्यकार याद रखें तो उनकी रचनाएँ अधिक गम्भीर, अधिक उत्तरदायित्वपूर्ण और अधिक प्रभावोत्पादक होंगी। नवीन रचनाओं में जो प्राण है सो कोई अस्वीकार नहीं कर सकता परन्तु मेरा अनुमान है कि यदि किसी दिन इस देश में इन कविताओं ने गहरे तक जड़ जमाई तो दो शर्तें वे किसी न किसी रूप में अवश्य मान लेंगी। वे ज्ञान, सौन्दर्य और कल्याण के अस्थायी परिवर्तनशील रूप के साथ स्थायी शाश्वत रूप को अस्वीकार नहीं कर सकेंगी और न यही अस्वीकार कर सकेंगी कि उनका काम सहृदय के हृदय में स्थायी रूप से विद्यमान

भावों का उद्‌बोध है। इन दो बातों को मानकर ही वे इस देश में अपना प्रभाव विस्तार कर सकेंगी। मेरा दृढ़ विश्वास है कि वे शीघ्र ही ऐसा प्रभाव प्रसार कर सकेंगी इसलिए मेरा यह भी विश्वास है कि एक-न-एक रूप में वे इन दोनों बातों को भी मान लेंगी। अपने देश की चिन्ता-परम्परा न तो उथली है न संकीर्ण इसलिए इन नये तत्ववाद को उसमें आसानी से खपाया जा सकता है, समृद्ध बनाया जा सकता है और अपने ढंग पर अनाया जा सकता है।

१२.

कथा-आख्यायिका और उपन्यास

(एक व्याख्या)

† १२३. लाखों वर्ग मील में फैले हुए हजारों वर्ष के वृद्ध इस भारतवर्ष की साहित्यिक साधना इतनी विराट्, इतनी जटिल और इतनी गंभीर है कि उसकी प्राचीन और नवीन चिन्ताओं पर संक्षेप में फैसला सुना देना हिमाकत भर है। फिर भी मैं आपके सामने जो यह साहस करने के लिये खड़ा हूँ इसके लिए क्षमा माँगने की जरूरत नहीं समझता। हम जिस भीड़-भभ्भड़ और वैयक्तिक-स्वाधीनता के युग में पैदा हुए हैं उसमें इससे कहीं अधिक हिमाकत की बातें क्षम्य ही समझ ली जाती हैं। प्राचीन और नवीन चिन्ता की तुलना, या एक साथ एक आसन पर बैठाना भी कुछ अजीब-सा लगता है। एक तरफ लगभग ६ हजार वर्षों की सुचिन्तित साधना और दूसरी तरफ हर साल रंग बदलने वाली १०० वर्ष की आधुनिक जिज्ञासा—दोनों में कुछ ऐसा असादृश्य, ऐसा अनैक्य और ऐसा प्रकृतिवयोऽनुभूतिभेद है कि दोनों को एक साथ बैठाना नितान्त अनुचित जान पड़ता है। फिर भी यह असादृश्य-अनैक्य, और प्रकृति-भेद वास्तविक हैं, और वह वास्तविकता उपेक्षणीय नहीं है। नवीन चिन्ता जितनी भी कच्ची, जितनी भी अल्पवयस्क और जितनी भी अस्थिर स्वभाव वाली क्यों न हो उसमें नवीन प्राण हैं और प्राणवत्ता सबसे बड़ा गुण है। और केवल इसी एक कारण से हम प्राचीन और नवीन को एक नजर से देख लेने का प्रयास करते हैं। यह तो मेरे लिये असंभव ही है कि भारतवर्ष की विराट् चिन्ताराशि के सभी अंशों की आलोचना करूँ,—वह किसी के लिये भी असंभव ही है—परन्तु अपनी सुविधा के लिये मैंने निश्चय किया है कि सारे भारतीय इतिहास की ओर न देखकर आज से डेढ़ हजार वर्ष पूर्व तक के इतिहास को ही सामने रख के काम चलाऊँ। परन्तु वह भी असंभव कार्य है। इसलिये इसमें से भी एक ही अंश हमने लिया है—गद्य-काव्य,—तत्रापि कथा-आख्यायिका और उपन्यास। इतनी परिमिति पर भी मुझे भरोसा नहीं है। इसलिये भगवान् की ओर से संयोगवश प्राप्त दो और परिमिति सीमाओं पर मैं भरोसा करके अपना कार्य नि:संकोच शुरू कर देता हूँ। पहली सीमा स्वयं मेरी विद्या-बुद्धि है, और दूसरी आपका दिया हुआ घण्टे भर का समय। इसके बाद मैं आपके सामने प्रतिज्ञा करता हूँ कि प्राचीन भारत की बात कहते समय मैं यथासंभव एक भी वाक्य अपनी ओर से नहीं कहूँगा। सभी प्राचीन प्रामाणिक ग्रंथों से उद्धृत वाक्यों के अनुवाद होंगे। बीच-बीच में फाँकों या गैपों को भरने की कोशिश करने की छूट ले लेता हूँ।

सबसे पहले मैं आपके सामने यह स्पष्ट कर देना चाहता हूँ कि मैंने भारतवर्ष की हजारों वर्ष की पुरानी साधना को एक दम छोड़कर आज से १५ सौ वर्ष पूर्व तक की साहित्यिक साधना को ही क्यों आलोचना के लिए चुना है। सन् ईसवी की पहली शताब्दी में मथुरा के कुषाण सम्राटों के शासन सम्बन्धी ऐतिहासिक चिह्नों का मिलना एकाएक बन्द हो जाता है। इसके बाद के दो तीन सौ वर्षों का काल भारतीय इतिहास का अन्धकार-युग कहा जाता है। आये दिन विद्वान् इस युग के इतिहास सम्बन्धी नये-नये सिद्धान्त उपस्थित करते रहते हैं, और पुराने सिद्धान्तों का खण्डन करते हैं। अब तक इस काल का इतिहास लिखने योग्य पर्याप्त सामग्री नहीं उपलब्ध हुई है। किन्तु सन् २२० ई० में मगध का प्रसिद्ध पाटलिपुत्र ४०० वर्षों की गाढ़ निद्रा के बाद अचानक जाग उठता है। इसी वर्ष चन्द्रगुप्त नामधारी एक साधारण राजकुमार, जिसका विवाह सुप्रसिद्ध लिच्छवि वंश में हुआ था और इसीलिए जिसकी ताकत बढ़ गई थी अचानक प्रबल पराक्रम से उत्तर भारत में स्थित विदेशियों को उखाड़ फेंकता है। उसके पुत्र समुद्रगुप्त ने, जो अपने योग्य पिता का योग्य पुत्र था, इस उन्मूलन-कार्य को और भी आगे बढ़ाया और उसके योग्यतर प्रतापी पुत्र द्वितीय चन्द्रगुप्त या सुप्रसिद्ध विक्रमादित्य ने अपने रास्ते में एक भी काँटा नहीं रहने दिया। उसका सुव्यवस्थित साम्राज्य ब्रह्मदेश से पश्चिम समुद्र तक और हिमालय से नर्मदा तक फैला हुआ था। गुप्त-सम्राटों के इस सुदृढ़ साम्राज्य ने भारतीय जनसमूह में नवीन राष्ट्रीयता और विद्या-प्रेम का संचार किया। इस युग में राजकार्य से लेकर समाज, धर्म और साहित्य तक में एक अद्भुत क्रान्ति का परिचय मिलता है। ब्राह्मण धर्म और संस्कृत भाषा एकदम नवीन प्राण लेकर जाग उठे। पुराने क्षत्रपों द्वारा व्यवहृत प्रत्येक शब्द मानों उद्देश्य के साथ बहिष्कार कर दिये गये। कुषाणों द्वारा समर्थित गान्धार शैली की कला एकाएक बन्द हो गई और सम्पूर्णतः स्वदेशी मूर्तिशिल्प और वास्तुशिल्प की प्रतिष्ठा हुई। राजकीय पदों के नाम नये सिरे से एकदम बदल दिये गये। समाज और जाति की व्यवस्था में भी परिवर्तन किया गया था—इस बात का सबूत मिल जाता है। सारा उत्तरी भारत जैसे एक नया जीवन लेकर नई उमंग के साथ प्रकट हुआ। इस काल में भारतीय चिन्ता स्रोत एकदम नई दिशा की ओर मुड़ता है। साहित्य की चर्चा करने वाला कोई भी व्यक्ति इस नये घुमावे की उपेक्षा नहीं कर सकता। जिन दो-तीन सौ वर्षों की ओर शुरू में इशारा किया गया है उनमें भारतवर्ष में शायद विदेशी जातियों के एकाधिक आक्रमण हुए थे, प्रजा संत्रस्त थी, नगरियाँ विध्वस्त हो गई थीं, जनपद आग की लपटों के शिकार हुए थे। कालिदास ने अयोध्या की दारुण दीनावस्था दिखाने के बहाने मानों गुप्त सम्राटों के पूर्ववर्ती काल के समृद्ध नागरिकों की जो दुर्दशा हुई थी उसका अत्यन्त हृदयविदारी चित्र खींचा है। शक्तिशाली राजा के अभाव में नगरियों की असंख्य अट्टालिकायें भग्न, जीर्ण और पतित हो चुकी थीं, उनके प्राचीर गिर चुके थे, दिनान्तकालीन प्रचण्ड आँधी से छिन्न-भिन्न मेघपटल की भाँति वे श्रीहीन हो गये थे। नागरिकों को जिन राजपथों पर घनी रात में भी निर्भय विचरण करने वाली अभिसारिकाओं के नूपुरशिंजन का स्वर सुनाई देता था, वे राजपथ शृगालों के विकट नाद से भयङ्कर हो उठे थे। जिन

पुष्करिणियों में जलक्रीड़ा-कालीन मृदङ्गों की मधुर ध्वनि उठा करती थी उनमें जंगली भैंसे लोटा करते थे और अपने शृङ्ग-प्रहार से उन्हें गँदला कर रहे थे। मृदङ्ग के ताल पर नाचने के अभ्यस्त सुवर्णयष्टि पर विश्राम करने वाले क्रीड़ा-मयूर अब जङ्गली हो चुके थे, उनके मुलायम बर्हभार दावाग्नि से दग्ध हो चुके थे। अट्टालिकाओं की जिन सीढ़ियों पर रमणियों के सराग पद संचरण करते थे उन पर व्याघ्रों के लहूलुहान पैर दौड़ा करते थे, बड़े-बड़े राजकीय हाथी जो पद्मवन में अवतीर्ण होकर मृणालनाओं द्वारा करेणुओं की सम्वर्धना किया करते थे, सिंहों से आक्रान्त हो रहे थे। सौधस्तम्भों पर लकड़ी की बनी स्त्री-मूर्तियों का रंग धूसर हो गया था और उन साँपों की लटकती हुई केंचुल ही उत्तरीय का कार्य कर रही थी। हर्म्यों में के अमल-धवल प्राचीर काले पड़ गये थे, दीवारों के फाँक में से तृणावलियाँ निकल पड़ी थीं, चन्द्र-किरणें भी उन्हें पूर्ववत् उद्भासित नहीं कर सकती थीं। जिन उद्यान लताओं से विलासिनियाँ अति सदय भाव से पुष्प चयन करती थीं उन्हीं को वानरों ने बुरी तरह से छिन्न-भिन्न कर डाला था; अट्टालिकाओं के गवाक्ष रात में न तो मांगल्य प्रदीप से और न दिन में गृहलक्ष्मियों की मुखकान्ति से ही उद्भासित हो रहे थे, मानों उनकी लज्जा ढकने के लिए ही मकड़ियों ने उन पर जाला तान दिया था! नदियों के सैकतों पर पूजन सामग्री नहीं पड़ती थी, स्थान की चहल-पहल जाती रही थी; उपान्त देश के वेतसलता-कुञ्ज सूने पड़ गये थे (रघुवंश १६-१२-२९)! ऐसे ही विध्वस्त भारतवर्ष को गुप्त सम्राटों ने नया जीवन दिया। कालिदास के शब्दों में कहा जाय तो सम्राट के नियुक्त शिल्पियों ने प्रचुर उपकरणों से उस दुर्दशाग्रस्त नगरी को इस प्रकार नई बना दिया जैसे निदाघ-ग्लपित धरित्री को प्रचुर जल वर्षण से मेघगण!'

तां शिल्पिसंघा प्रभुणा नियुक्तास्तथागतां संभृतसाधनात्वात्।
पुरी नवीचक्रुरपां विसगति मेघा निदाघग्लपितामिवोर्वीमू।

(रघुवंश १६-३८)

गुप्त सम्राटों के इस पराक्रम को भारतीय जनता ने भक्ति और प्रेम से देखा। शताब्दियों और सहस्राब्दक बीत गये पर आज भी भारतीय जीवन में गुप्त सम्राट् घुले हुए हैं। केवल इसलिए नहीं कि विक्रमादित्य और कालिदास की कहानियाँ भारतीय लोक-जीवन का अविच्छेद्य अंग बन गई हैं, बल्कि इसलिये कि आज के भारतीय धर्म, समाज, आचार, विचार, क्रिया, काण्ड आदि में सर्वत्र गुप्तकालीन साहित्य की अमिट छाप है। जो पुराण और स्मृतियाँ निस्संदिग्ध रूप में आज प्रमाण मानी जाती हैं वे अन्तिम तौर पर गुप्त-काल में रचित हुए थे, वे आज भी भारतवर्ष का चित्त हरण किये हुए हैं,जो शास्त्र उन दिनों प्रतिष्ठित हुए थे वे आज भी भारतीय चिन्तास्रोत को बहुत कुछ गति दे रहे हैं। आज गुप्त-काल के पूर्ववर्ती शास्त्र और साहित्य की भारतवर्ष केवल श्रद्धा और भक्ति से पूजा भर करता है, व्यवहार के लिए उसने इस काल के निर्धारित ग्रंथों को ही स्वीकार किया है। गुप्तयुग के बाद भारतीय मनीषा की मौलिकता भोथी हो गई। टीकाओं और निबन्धों का युग शुरू हो गया। टीकाओं की

टीका उसकी भी टीका, इस प्रकार मूलग्रन्थ की टीकाओं की छः-छः आठ-आठ पुस्तक तक चलती रही। आज जब हम किसी विषय की आलोचना करते समय 'हमारे यहाँ' के शास्त्रों की दुहाई देते हैं, तो अधिकतर इसी काल के बने ग्रंथों की ओर इशारा करते हैं। यद्यपि गुप्त सम्राटों का प्रबल पराक्रम छठी शताब्दी में ढीला पड़ा था पर साहित्य के क्षेत्र में उस युग के स्थापित आदर्शों का प्रभाव किसी-न-किसी रूप में ईसा की नवीं शताब्दी तक चलता रहा। मोटे तौर पर इस काल को हम गुप्त-काल ही कहे जायँगे।

सन् १८८३ ई० में मैक्समूलर ने अपना वह प्रसिद्ध मत उपस्थित किया था जिसमें कहा गया था कि यवनों, पार्थियनों और शकों आदि के द्वारा उत्तर-पश्चिम भारत पर बार-बार आक्रमण होते रहने के कारण कुछ काल के लिए संस्कृत में साहित्य बनना बन्द हो गया था। कालिदास के युग में नये सिरे से संस्कृत भाषा की पुनः प्रतिष्ठा हुई और उसमें एक अभिनव ऐहिकतापरक (सेक्यूलर) स्वर सुनाई देने लगा (इण्डिया १८८३, पृ० २८१)। यह मत बहुत दिनों तक विद्वन्मण्डली में समादृत रहा पर हाल ही में इसमें परिवर्तन हुआ। आजकल यद्यपि यह मूल रूप से नहीं माना जाता है कि उक्त पुनः प्रतिष्ठा के युग के पहले तक संस्कृत भाषा ऐहिकतापरक भावों के लिए बहुत कम प्रयुक्त होती थी। ऐसे भावों का प्रधान वाहक प्राकृत भाषा थी। प्राकृत की ही पुस्तकें बाद में चलकर ब्राह्मणों द्वारा संस्कृत में अनूदित हुईं (हिस्ट्री आफ संस्कृत लिटरेचर १८२८, पृ० ३९)। स्वयं कीथ साहब इस मत को नहीं मानते। उन्होंने वैदिक साहित्य के प्रमाणों से यह सिद्ध कर दिखाने का प्रयत्न किया है कि ऐहिकतापरक काव्य का बीज बहुत प्राचीन काल के संस्कृत साहित्य में भी वर्तमान था। राजाओं की प्रशंसा या स्तुति गाने वाले कवि उन दिनों भी थे और इन स्तुति संबंधी गानों को जो अधिकाधिक परिमार्जित रूप देने की चेष्टा की गयी होगी, इस कल्पना में बिल्कुल ही अतिरंजना नहीं है। परन्तु संस्कृत में ऐहिकतापरक रचना होती रही हो या नहीं निर्विवाद बात यह है कि सन् ईसवी के आसपास ऐहिकतापरक रचनाओं का बहुत प्राचुर्य हो गया था। इनका आरम्भ भी निश्चय ही प्राकृत से हुआ था। इस प्रकार की रचनाओं का सबसे प्राचीन और साथ ही सबसे प्रौढ़ संकलन हाल की सतसई में हुआ है। इस ग्रन्थ का काल कुछ लोग सन् ईसवी के आसपास मानते हैं और कुछ लोग चार-पाँच सौ वर्ष बाद। कुछ पंडितों का मत है कि हाल की सतसई में जो ऐतिहकतापरक रचनायें हैं उनके भावों का प्रवेश भारतीय साहित्य में किसी विजातीय मूल से हुआ है। वह मूल आभीरों या अहीरों की लोक गाथायें हैं। यहाँ इस विषय पर विस्तार पूर्वक विचार नहीं किया जा सकता क्योंकि यह हमारे वक्तव्य के बाहर चला जाता है। हमने अपनी नयी पुस्तक 'हिन्दी साहित्य की भूमिका' में इस प्रश्न पर कुछ ज्यादा विस्तार के साथ आलोचना की है। यहाँ प्रकृत इतना ही है कि सन् ईसवी के बाद लगभग तीन सौ वर्ष तक संस्कृत में एक जड़िमा की अवस्था आ गई है और इसके बाद गुप्त सम्राटों की छत्रछाया में उसमें

एकाएक नवीन अज्ञात स्फूर्ति का परिचय मिलता है। इतनी भूमिका के बाद हम अब मूल विषय पर आ सकते हैं।

यद्यपि वैदिक साहित्य में गद्य-पद्य में लिखी हुई कहानियों की कमी नहीं है पर जिसे हम अलंकृत गद्य काव्य कहते हैं, जिसका प्रधान उद्देश्य रससृष्टि है, निश्चित रूप से उसका प्रचार गुप्त सम्राटों की छत्रछाया में ही हुआ। यद्यपि यह निश्चित है कि जिस रूप में सुविकसित गद्य का प्रचार इस युग में दिखाई देता है उस रूप को प्राप्त होने में उसे कई शताब्दियाँ लग गई होंगी। सौभाग्यवश हमारे पास कुछ ऐसी प्रशस्तियाँ प्राप्त हैं जिन पर से अलंकृत गद्य के प्राचीन अस्तित्व में कोई सन्देह नहीं रह जाता। गिरनार के महाक्षत्रप रुद्रदामा (साधारणतः 'रुद्रदामन्' नाम से परिचित) का खुदवाया हुआ जो लेख मिला है उससे निस्संदिग्ध रूप से प्रमाणित होता है कि सन् १५० ई० के पूर्व संस्कृत में सुन्दर गद्य काव्य लिखे जाते थे। यह सारा लेख गद्य काव्य का एक नमूना है। इसमें महाक्षत्रप ने अपने को 'स्फुटलघु-मधुर-चित्र-कांत-शब्द-समयोदारालंकृत गद्य-पद्य' का मर्मज्ञ बताया है जिससे अलंकृत गद्यों के ही नहीं अलंकार शास्त्र के अस्तित्व का भी प्रमाण पाया जाता है। यह गद्य काव्य क्या थे, यह तो हमें नहीं मालूम, पर उनकी रचना प्रौढ़ और गुम्फ आकर्षण होते होंगे, इस विषय में संदेह की जगह नहीं है। सम्राट् समुद्रगुप्त ने प्रयाग के स्तम्भ पर हरिषेण कवि द्वारा रचित जो प्रशस्ति खुदवायी थी यह एक दूसरा सबूत है। हरिषेण ने इस प्रशस्ति को सम्भवतः सन् ५३० ई० में लिखा होगा। इसमें गद्य और पद्य दोनों का समावेश है और रचना में काव्य के सभी गुण उपस्थित हैं। सुबन्धु और बाण ने अपने रोमांसों के लिए जिस जाति का गद्य लिखा है, इस प्रशस्ति का गद्य उसी जाति का है। हरिषेण के इस काव्य से निश्चित रूप से प्रमाणित होता है कि इसके पहले भी गद्य-काव्य का अस्तित्व था।

यह गद्य-काव्य क्या है? संस्कृत के अलङ्कार ग्रंथों में इसके लक्षण बताए गए हैं। सबसे पहली बात तो यह है कि यह कहानी या उपन्यास जरूर है। क्योंकि जब तक कहानी नहीं है तब तक उसमें आलम्बन आदि विभाव हो ही नहीं सकते। फलतः रस-सृष्टि असम्भव हो जायेगी। क्योंकि आखिर रस विभाव-अनुभाव-संचारी आदि भावों से ही होता है। इसलिए सभी आलङ्कारिकों ने तो मान ही लिया है कि गद्य काव्य एक कहानी है। इसके बाद उसके भेद बताये गये हैं। यह दो प्रकार को होता है, कथा और आख्यायिका। कहा गया है कि एक का वक्ता स्वयं नायक होगा और दूसरी का वक्ता नायक भी हो सकता है, और कोई और भी हो सकता है। 'साहित्यदर्पण' में कहा गया है कि कथा में सरस वस्तु गद्य में कही जायेगी, उसमें कहीं आर्या छन्द भी होंगे कहीं वक्त्र और अपवक्त्र और भी होंगे शुरू में पद्यबद्ध नमस्कार होगा और फिर साधु-प्रशंसा और दुर्जन-निन्दा होगी।

दण्डी, किन्तु इस प्रकार के भेद को नहीं मानते। उन्होंने ठीक ही कहा है कि यह भेद व्यर्थ का है। क्योंकि कहानी नायक कहे या दूसरा कहे, इसमें क्या बन या बिगड़ गया? फिर वक्त्र या अपवक्त्र छंद हों या न हों, किसी में उच्छ्वास नाम देकर अध्याय

भेद किए गये हों और किसी में लम्भ नाम देकर तो इन बातों से कहानी का क्या-बनता-बिगड़ता है। ये तो नितांत ऊपरी बातें हैं। इसलिए वस्तुतः कथा और आख्यायिका ये दो नाम ही भर हैं, दोनों एक ही जाति की चीजें हैं।[१] दण्डी का कहना ठीक है। परन्तु आख्यायिका नाम से प्रचलित ग्रन्थों को देखकर विचार किया जाय तो ऐसा जान पड़ता है कि कथा की कहानी कल्पित हुआ करती थी और आख्यायिका की ऐतिहासिक। 'कादम्बरी' कथा है और 'हर्ष चरित' आख्यायिका। इन दो जाति के अतिरिक्त एक और तरह की रचनाएँ संस्कृत में पायी जाती हैं जो हमारे आलोच्य विषय के अन्तर्गत हैं। इन्हें चम्पू कहते हैं। 'चम्पू' शब्द का मूल क्या है, यह नहीं मालूम। इसमें गद्य और पद्य दोनों ही मिले होते हैं। प्रायः ऐसे स्थलों पर इनमें पद्य का प्रयोग होता है जहाँ कवि कोई आकर्षक दृश्य अङ्कित करना चाहता हो, या वक्ता के मुख से कोई मार्मिक उक्ति कहलवाना चाहता हो। चम्पुओं में कई ऐसे हैं जिन्हें हम 'रोमांस' कह सकते हैं।

कथा साहित्य की चर्चा करते समय बृहत्कथा को नहीं भूला जा सकता । रामायण, महाभारत और बृहत्कथा ये तीन ग्रन्थ समस्त संस्कृत काव्य, नाटक, कथा, आख्यायिका और चम्पू के मूल उत्स हैं। भारतवर्ष के तीनों बड़े-बड़े गद्य काव्यकार दण्डी, सुबन्धु और बाणभट्ट बृहत्कथा के ऋणी हैं। भारतवर्ष का यह दुर्भाग्य ही कहा जाना चाहिए कि यह अमूल्य निधि आज अपने मूल रूप में प्राप्त नहीं है। सन् ईसवी की आठवी-नवीं शताब्दी तक के भारतीय साहित्य में बृहत्कथा और उसके लेखक गुणाढ्य पंडित की चर्चा प्रायः ही आती रहती है। यहाँ तक कि लगभग ८७५ ई० में कम्बोडिया की एक संस्कृत प्रशस्ति में गुणाढ्य और उनकी बृहत्कथा की चर्चा आती है। परन्तु आज वह नहीं मिलती। यह ग्रन्थ संस्कृत में नहीं बल्कि प्राकृत में लिखा गया था और प्राकृत भी पैशाची प्राकृत। इसके निर्माण की कहानी बड़ी ही मनोरञ्जक है। गुणाढ्य

---

१. अपादः पादसन्तानो गद्यमाख्यायिका कथा।
इति तस्य प्रभेदौ द्वौ तमोमाख्यायिका किल।
नायकेनैव वाच्यान्या नायकेनतरेण वा।
स्वगुणाविष्क्रिया दोषो नात्र भूतार्थशंसिनः।
अपि त्वनियमो दृष्टस्तत्राप्यन्यैरुदीरणात्।
अन्यो वक्ता स्वयं वेति कीदृग्वा भेदलक्षणम्।
वक्त्रं कापरवक्त्रं च सोच्छ्वासं च भेदकम्।
चिह्नमाख्यायिका चेत् प्रसं न कथास्वापि।
आर्यादिवत्प्रदेशः किं न वक्त्रापरवक्त्रयोः?
भेदश्च दृष्टो लंभादिरुच्छ्वासोवास्तु किं ततः।
तत्कथाख्यायिकेत्येव जातिः संज्ञाद्वयांकिता।
अत्रैवाविर्भविष्यन्ति शेषाश्चाख्यानजातयः।

पण्डित महाराज सातवाहन के सभा पण्डित थे। एक बार राजा सातवाहन अपनी प्रियाओं के साथ जल-क्रीड़ा करते समय संस्कृत की कम जानकारी के कारण लज्जित हुए और यह प्रतिज्ञा कर बैठे कि जब तक संस्कृत धारावाहिक रूप से लिखने बोलने नहीं लगेंगे तब तक बाहर मुँह नहीं दिखायेंगे। राज-काज बन्द हो गया। गुणाढ्य पण्डित बुलाये गंए। उन्होंने ६ वर्ष में संस्कृत सिखा देने की प्रतिज्ञा की पर एक अन्य पण्डित ने ६ महीने में ही इस असाध्य साधन का संकल्प किया। गुणाढ्य ने इस पर प्रतिज्ञा की कि यदि कोई ६ महीने में संस्कृत्त सिखा देगा तो वे संस्कृत में लिखना-बोलना ही बन्द कर देंगे। ६ महीने बाद राजा तो सचमुच ही धारावाहिक रूप से संस्कृत बोलने लगे पर गुणाढ्य को मौन होकर नगर से बाहर पिशाचों में अध्युषित विन्ध्याटवी में मौन धारण करना पड़ा। उनके दो शिष्य उनके साथ हो लिये। वहीं किसी शापग्रस्त पिशाचयोनि प्राप्त गन्धर्व से कहानी सुनकर गुणाढ्य पण्डित ने इस विशाल ग्रन्थ को पैशाची भाषा में लिखा। कागज का काम सूखे चमड़ों से और स्याही का काम रक्त से लिया गया। पिशाचों की बस्ती में और मिल ही क्या सकता था। कथा सम्पूर्ण करके गुणाढ्य अपने शिष्यों सहित राजधानी को लौट आये। स्वयं नगर के उपान्त भाग में ठहरे और शिष्यों से ग्रन्थ राजा के पास स्वीकारार्थ भिजवा दिया। राजा ने अवहेलना पूर्वक इस मौनोन्मत्त लेखक द्वारा रक्त से चमड़े पर लिखे हुए पैशाची ग्रन्थ का तिरस्कार किया। राजा ने कहा कि भला ऐसे ग्रन्थ के वक्तव्य वस्तु में विचार योग्य हो ही क्या सकता है।

पैशाची वाग् मसी रक्तं मौनोन्मत्तश्च लेखकः।
इति राजाऽब्रवीत का वा वस्तुसारविचारणा॥

(बृहत्कथामंजरी १/८७)

शिष्यों से यह समाचार सुनकर गुणाढ्य बड़े व्यथित हुए। चिता में ग्रंथ को फेंकने ही जा रहे थे कि शिष्यों ने फिर एक बार सुनने का आग्रह किया। आग जला दी गयी, पण्डित आसन बाँधकर बैठ गये। एक-एक पन्ना पढ़कर सुनाया जाने लगा और समाप्त होते ही आग में डाल दिया जाने लगा। कथा इतनी मधुर और इतनी मनोरञ्जक थी कि पशु, पक्षी, मृग, व्याघ्र आदि सभी खाना-पीना छोड़कर तन्मय भाव से सुनने लगे। उसके मांस सूख गये। जब राजा की रंधनशाला में ऐसे ही पशुओं का मांस पहुँचा तो शुष्क मांस के भक्षण से राजा के पेट में दर्द हुआ। वैद्य ने नाड़ी देखकर रोग का निदान किया, कसाइयों से कैफियत तलब की गयी और इस प्रकार अज्ञात पण्डित के कथावाचक की मनोहारिता राजा के कानों तक पहुँची। आश्चर्य चकित होकर स्वयं उपस्थित हुए लेकिन तब तक ग्रंथ के सात भागों में से छः जल चुके थे। राजा पंडित के पैरों पर गिरकर सिर्फ एक ही भाग बचा सके। उस भाग की कथा हमारे पास मूल रूप में तो नही पर संस्कृत अनुवाद के रूप में अब भी उपलब्ध होती है।

बुद्धस्वामी के बृहत्कथाश्लोक संग्रह, क्षेमेन्द्र की बृहत्कथामंजरी और सोमदेव के कथासरित्सागर में बृहत्कथा (या वस्तुतः 'बड्डकहा', क्योंकि यही उसका मूल नाम

था) के उस अवशिष्ट अंग की कहानियाँ संग्रहीत है। इनमें पहला ग्रन्थ नेपाल और बाकी काश्मीर के पण्डितों की रचना है। पण्डितों में गुणाढ्य के विषय में और उनकी लिखी बृहत्कथा के विषय में कई प्रश्नों को लेकर काफी मतभेद रहा है। पहली बात है कि गुणाढ्य कहाँ के रहने वाले थे। काश्मीरी कथाओं के अनुसार वे प्रतिष्ठान में उत्पन्न हुए थे और नेपाली कथा के अनुसार कौशाम्बी में। फिर काल को लेकर मतभेद है। कुछ लोग सात वाहन को और उसके साथ ही गुणाढ्य को सन् ईसवी के पूर्व की पहली शताब्दी में रखते हैं और कुछ बहुत बाद में। दुर्भाग्यवश यह काल सम्बन्धी झगड़ा भारतवर्ष के सभी प्राचीन आचार्यों के साथ अविच्छेद्य रूप से सम्बद्ध है। हमारे साहित्यालोचकों का अधिकांश श्रम इन काल निर्णय सम्बन्धी कसरतों में ही चला जाता है। ग्रन्थ के मूल वक्तव्य तक पहुँचने के पहले सर्वत्र एक तर्क का दुस्तर फेनिल समुद्र पार करना पड़ता है। एक तीसरा प्रश्न भी बृहत्कथा के सम्बन्ध में उठता है। वह यह कि पैशाची किस देश की भाषा है। इधर ग्रियर्सन जैसे भाषा विशेषज्ञ ने अपना फैसला सुना दिया है पैशाची भारत वर्ष के उत्तर-पश्चिम सीमांस की बर्बर जातियों की भाषा थी। ये कच्चा मांस खाते थे इसीलिए इन्हें पिशाच कहा जाता था। गुणाढ्य की पुस्तकों के सभी संस्कृत संस्करण काश्मीर में (सिर्फ एक नेपाल में) पाये जाते हैं। इस पर से ग्रियर्सन का तर्क प्रबल ही होता है, क्योंकि काश्मीर इन सीमांत प्रदेशों से सटा हुआ है। परन्तु अन्यान्य प्रमाण ग्रियर्सन के विरुद्ध जाते हैं। पाली में पैशाची के बहुत से लक्षण मिल जाते हैं और दर्दिस्तान आदि की वर्तमान भाषाओं में वे विशेषताएँ कभी-कभी नहीं पायी जातीं जिन्हें प्राकृत वैयाकरणों ने पैशाची के लक्षण माना है। बहुत पहले होर्नेल ने इशारा किया कि पैशाची वस्तुतः किसी एक प्रदेश की भाषा नहीं थी। वह अनार्य जातियों द्वारा आर्य भाषा बोलने के प्रयत्न स्वरूप उत्पन्न एक विकृत आर्य भाषा थी। भिन्न-भिन्न स्थानों के अनार्य अपनी सुविधा के अनुसार उसे भिन्न ढाँचों में मोड़ लिया करते हैं। मुझे हार्नले का यह मत सही जान पड़ता है। क्योंकि इस मत को स्वीकार करने से पैशाची सम्बन्धी नाना प्रकार की पुरानी उक्तियों का समाधान हो जाता है।

एक और प्रश्न यह उठाया गया है कि गुणाढ्य ने मूल कहानी गद्य में लिखी थी या पद्य में। श्लोक-संग्रह से तो जान पड़ता है कि वह पद्य में ही लिखी गई होगी पर 'कथा' की परवर्ती परिभाषाओं को देखकर बहुतेरे पंडित उसे गद्य में लिखा ही बताते हैं। ये सभी विवाद तब तक चलते रहेंगे जब तक भारतवर्ष का सौभाग्य उस खोये हुए ग्रन्थ को फिर से न पा ले।

गुणाढ्य की कहानियों का जो रूप संस्कृत की उपर्युक्त पुस्तकों से प्राप्त है उस पर से स्पष्ट ही मालूम होता है कि उनमें भाषागत अलंकरण की ओर उतना ध्यान नहीं है जितना कहानी के वक्तव्य वस्तु की ओर। इन कहानियों में 'कहानीपन' इतना अधिक मात्रा में है कि किसी-किसी यूरोपियन पंडित को यह स्वीकार करने में हिचक हुई है कि इसी ग्रन्थ की शैली का उत्तरकालीन वितास सुबन्धु की वासवदत्ता और बाणभट्ट

की कादम्बरी है, जहाँ रूपक और उपमा पंक्तिबद्ध होकर चलते हैं, दीपक और उत्प्रेक्षा उतराये रहते और शब्दश्लेष और अर्थश्लेष हमेशा पाठक के चित्त को ले भागने के लिए आँख फाड़े बैठे रहते हैं; घटनाओं की योजना, पात्रों की कल्पना और रस का परिपाक इतने कौशल के साथ एक दूसरे से उपगूहित है कि एक को दूसरे से अलग करके देखना असम्भव है। यद्यपि काश्मीरी और नेपाली संस्करणों के देखने से स्पष्ट है कि मूल कहानी के संग्रहकारों ने अपनी रुचि-अरुचि के अनुसार बहुत-कुछ काट-छाँट और घटा-बढ़ाकर हमारे सामने रखा है फिर भी—इतने हाथों से कट-छँट जाने के बाद भी कहानियों के 'कहानी-रस' में कहीं भी शैथिल्य नहीं आया। केवल शब्द-परिवृत्ति-सहत्व ही कविता का एक बड़ा भारी गुण है, परन्तु अर्थ और गुण की शैली सब कुछ के परिवर्तन को सहकर भी जिस रचना का रस तिलमात्र भी खंडित नहीं हुआ उसको प्रशंसा के लिए क्या कहा जाय? कोई आश्चर्य नहीं कि यह ग्रन्थ दो हजार वर्षों तक भारतीय कल्पना को भी अभिभूत किये रहा है और इसमें कोई सन्देह नहीं कि वह उत्तरोत्तर और भी आदर और सम्मान प्राप्त करेगा। आज संसार में कई सभ्य भाषाओं में इस ग्रन्थ की कहानियों का अनुवाद हो चुका है और वह जर्मन, अंग्रेजी तथा अन्य साहित्यों के कहानी साहित्य को प्रभावित करने में समर्थ हुआ है।

यह तो पहले कहा जा चुका है कि प्राचीन आलंकारिक ग्रंथों में आख्यायिका और कथा के जो लक्षण दिये हुए हैं वे बाह्य हैं और उनसे कथा के वक्तव्य वस्तु से कोई सीधा सम्बन्ध नहीं है। परवर्ती गद्यकाव्यों में नाना भाँति से अलंकृत करके सुललित गद्यों में कहानी लिखना ही प्रधान हो उठा था। इन काव्यों में कवि को कहानी करने की जल्दी नहीं है। वह रूपक और दीपक और श्लेष आदि को अपना प्रधान कृतित्व मान लेता है। उसे कहना है कि विन्ध्याचल पहाड़ पर एक जंगल था और वह बड़े ठाट-बाट से शुरू करेगा—"पूर्व समुद्र के तट से पश्चिम सागर के तीर तक विस्तीर्ण, मध्यप्रदेश का अलंकार-स्वरूप, पृथ्वी के मेखला के समान विंध्याटवी नामक, एक वन है, जिसमें जंगली हाथियों के मदजल से सिक्त होकर संवर्द्धित और अत्यन्त ऊँचे होने के कारण मस्तक-संलग्न नक्षत्र-समूह के समान श्वेत कुसुमधारी नाना प्रकार के वृक्ष सुशोभित हैं; जिनमें कहीं मदमत्त कुरर पक्षी अपने चंचुओं से मरीच-पल्लव कुतर रहे हैं, कहीं गजशावकों के शुंड से तमाल वृक्ष के किसलय टूट रहे हैं और इसीलिए उसकी सुगन्धि से धारा वन आमोदित हो रहा है, मधुमद के कारण लाल हो गये हुए केरल-कामिनियों के कोमल कपोल की सी शोभा वाले लाल-लाल पल्लव-समूह विकसित हो रहे हैं, मानों वन-देवताओं के चरणों के अलक्तकरस या महावर से ही रंग कर लाल हो गये हों, जिसमें अनेकानेक ऐसे लतामंडप विराज रहे हैं जिनके तलदेश शुक पक्षियों के कुतरे हुए दाड़िम फल के रस से भीग गये हैं। जिसके भीतर चपल वानरों द्वारा कम्पित कम्पिल्ल या नारंगी के वृक्ष से फल और पल्लव गिरे हुए हैं, जो निरन्तर पुष्परेणु के झड़ते रहने से रेणुमय हो रहे हैं, जिनके भीतर पथिकों ने लवंग पल्लवों की शय्या बिछा रखी है, जिनके चारों ओर नारिकेल, केतकी और वकुल वृक्ष

घिरे हुए हैं, जिनकी शोभा ताम्बूली लता से वेष्ठित पूग वृक्षों के समूह बढ़ा रहे हैं—जो साक्षात् वन-देवताओं के ही मानों आवास-भवन हैं, कहीं मदमत्त हाथियों की गंडस्थल-क्षरित मदधारा से सिक्त होकर ही मानों इलाइची-लता का मदगन्धी बन घन भाव से वन भूमि को आच्छादन करके अन्धकार किये हुए है, कहीं शबर सेनापतिगण इस लोभ से सौ-सौ केशरियों का निपात कर रहे हैं कि उनके नखों में लग्न गजमुक्तायें पा सकेंगे, इत्यादि-इत्यादि और फिर भी उसे सन्तोष नहीं होगा। वह अब श्लेषों की झड़ी बाँध देगा, विरोधाभासों का ठाठ खड़ा कर देगा, श्लेषपरिपुष्ट उपमाओं का जंगल लगा देगा, तब जाकर कहेगा कि वह विंध्याटवी है। वह किसी भी ऐसे अवसर की उपेक्षा नहीं करेगा जहाँ उसे एक उत्प्रेक्षा या दीपक या रूपक या विरोधाभास या श्लेष करने का अवसर मिल जाय। सुबन्धु ने तो ग्रन्थ के आरम्भ में प्रतिज्ञा ही कर ली थी कि आदि से अन्त तक श्लेष का निर्वाह करेंगे। इन कथाकारों में सबसे श्रेष्ठ बाणभट्ट हैं। इन्होंने कथा की प्रशंसा करते हुए मानों अपनी ही रचना के लिये कहा था कि सुस्पष्ट मधुरालाप से और भाव से नितान्त मनोहरा तथा अनुरागवश स्वयंमेव शय्या पर उपस्थित अभिनवा वधू के समान सुगम कला विद्या सम्बन्धी वाक्यविन्यास के कारण सुश्रव्य और रस के अनुकरण के कारण बिना प्रयास शब्द गुम्फ करने वाली कथा किसके हृदय में कौतुक-युक्त प्रेम नहीं उत्पन्न करती? सहजबोध दीपक और उपमा अलङ्कार से सम्पन्न अपूर्व पदार्थ के समावेश से विरचित और अनवरत श्लेषालंकार से किञ्चिद, दुर्बोध्य कथा-काव्य, उज्ज्वल प्रदीप के समान उपादेय चम्पक-पुष्प की कली से गूँथे हुए और बीच-बीच में चमेली के पुष्पों से अलंकृत घनसन्निविष्ट मोहन माला की भाँति किसे आकृष्ट नहीं करता—

स्फुरत्कलालापविलासकोमला करोति रागं हृदि कौतुकाधिकम्
रसेन शय्यां स्वयमभ्युपागता कथा जनस्याभिनवा वधूरिव।
हरंति के नोज्ज्वलदीपकोपमैर्नवैः; पदार्थैरुपपादिता कथा।
निरन्तरश्लेषघना सुजातयो महास्त्रजश्चंपककुड्मलैरिव॥

(कादम्बरी)

सच पूछा जाय तो बाण भट्ट ने इन पंक्तियों में कथा-काव्य का ठीक-ठीक लक्षण दिया है। कथा कलालाप-विलास से कोमल होगी, कृत्रिम पद-संघट्टना और अलंकारप्रियता के कारण नहीं बल्कि बिना प्रयास के रस के अनुकूल-गुम्फ वाली होगी, उज्ज्वल दीपक और उपमाओं से सुसज्जित रहेगी और निरन्तर श्लेष अलंकार के आते रहने के कारण जरा दुर्बोध्य भी होगी—परन्तु सारी बातें रस की अनुवर्तिनी होंगी। अर्थात् संस्कृत के आलंकारिक जिस रस को काव्य की आत्मा कहते हैं, जो अंगी है, वही कथा और आख्यायिका का भी प्राण है। काव्य में कहानी गौण है, अलंकार योजना गौण है, पद-संघट्टना भी गौण है मुख्य है केवल 'रस'। यह रस अभिव्यक्त नहीं किया जा सकता, शब्द से वह अप्रकाश्य है। उसे केवल व्यंग या ध्वनित किया जा सकता है। इस बात में **काव्य और कथा-आख्यायिका समान है। विशेषता यह है कि कथा-**

आख्यायिका में इस रस के अनुकूल कहानी, अलंकार-योजना और पदसंघट्टना सभी महत्त्वपूर्ण हैं, किसी की उपेक्षा नहीं की जा सकती, एक पद्य के बन्धन से मुक्त होने के कारण ही गद्य-कवि की जवाबदेही बढ़ जाती है। वह अलंकारों की पद संघट्टना की उपेक्षा नहीं कर सकता। कहानी तो उसका प्रधान वक्तव्य ही है। कहानी के रस को अनुकूल रखकर इन शर्तों का पालन करना सचमुच कठिन है और इसलिए संस्कृत के आलोचक ने गद्य को कवित्व की कसौटी कहा है—'गद्यं कवीना निकषं बदन्ति'।

अब प्रश्न हो सकता है कि यदि रस सचमुच ही इन कथा-आख्यायिकाओं की आत्मा है तो अलंकारों की इतनी योजना क्यों जरूरी समझी गई। आज के युग में यह बात समझ में नहीं आ सकती। जिन दिनों ये काव्य लिखे गये थे उन दिनों भारतवर्ष की समृद्धि अतुलनीय थी। उन दिनों के समाज की अवस्था और सहृदय की मनोवृत्ति जाने बिना इसका ठीक-ठीक समझना असंभव है। उन दिनों के सहृदयों की शिक्षा आज से बहुत भिन्न थी। उनके मनोविनोदों में काव्यचर्चा का महत्त्वपूर्ण स्थान था। उन दिनों जो राजसभा और सहृदय गोष्ठियों में प्रवेश करता था उसे अपनी विविध कला-मर्मज्ञता प्रमाणित करनी होती थी। कादम्बरी वैशम्पायन नामक तोते को लेकर जब चाण्डाल-कन्या राजा शूद्रक के पास गये तो उसके साथी ने तोते के उन सभी गुणों का उल्लेख किया जो राजसभा के सदस्य होने की योग्यता प्रमाणित करते थे। उसने कहा कि यह तोता सभी शास्त्रार्थों को जानता है, राजनीति प्रयोग में कुशल है; पुराण-इतिहास का जानकार है; संगीत, काव्य, नाटक, आख्यानक इत्यादि अनेकानेक सुभाषितों का पाठक और कर्त्ता है, परिहासालाप में चतुर है, वीणा, वेणु, मुरज आदि का अतुलनीय श्रोता है,नृत्य-प्रयोग और चित्र-कर्म में प्रवीण है, द्यूतव्यापार से प्रगल्भ है, प्रणयकलह में प्रकोप की हुई मानिनी प्रिया को प्रसन्न करने में निपुण है, और हाथी, घोड़ा, पुरुष और स्त्री के लक्षणों का जानकार है। वात्स्यायन ने 'कामसूत्र' में जिन ६४ कलाओं के नाम गिनाये हैं उनमें काव्य, नाटक, आख्यान, आख्यायिका, कथा आदि तो है ही, अक्षरच्युतक, मात्राच्युतक' प्रहेलिका आदि और इन्हीं की जाति के अन्यान्य अलङ्कारों को भी कलाओं में ही गिना जाता था। उन दिनों सरस्वती-भवन, या कामदेव-भवन में नियमित समय पर काव्य-समाज बैठा करते थे; और गणिकाओं या नागरिकों के गृह पर काव्य-गोष्ठियाँ बैठा करती थीं जिनमें नागरिकगण भिन्न-भिन्न काव्यों के पाठ और काव्यगत अलङ्कारों में नैपुण्य दिखाकर मनोविनोद किया करते थे। वात्स्यायन की गवाही से हम यह भी जान सकते हैं कि उन दिनों नगरों की जो उद्यान-मात्रायें या पिकनिक पार्टियाँ हुआ करती थीं उनमें काव्य प्रहेलिकाओं का विशिष्ट स्थान होता था। निश्चित तिथि को सूर्योदय होते ही नागरिकजन स्नानादि से निवृत्त हो घोड़ों पर सवार होकर निश्चित उद्यान या नगर के उपान्तवर्ती बन के लिये रवाना हो जाते थे। साधारणतः उद्यान ऐसे चुने जाते थे जहाँ से एक दिन के भीतर लौट आया जा सके। नागरिकों के साथ पाल्कियों में या बहलियों में गणिकायें रहा करती थीं जो उन दिनों

अपनी शिक्षा, कवित्व और दक्षता के कारण समाज में काफी सम्मान की दृष्टि से देखी जाती थीं। नगर के बाहर निश्चित स्थान पर पहुँचने पर काफी धूम मच जाती थी। भेड़ों-मुर्गों और तित्तिरों की लड़ाई होती थी, झूले लग जाते थे और काव्य सम्बन्धी बहुविध क्रीड़ाएँ आरम्भ होती थीं (कामसूत्र प्रथमाधिकरण) इन क्रीड़ाओं में कई बड़ी मजेदार होती थीं। कमल के फूल दिये जाते थे और उनमें मात्रायें (इकार उकार आदि) लगा दी जाती थीं और सहृदय नागरिकों से पूरा श्लोक उद्धार कराने का प्रयत्न कराया जाता था। कभी-कभी केवल मात्रायें और अनुस्वार विभर्ग सुना दिये जाते थे और सुनने वाले को अपनी बुद्धि से व्यञ्जन बैठा कर सार्थक श्लोक तैयार कर लेने पड़ते थे। और ऐसी ही और भी बहुतेरी काव्य क्रीड़ाएँ की जाती थीं, जिनका विस्तृत विवरण मैंने अन्यत्र दिया है। इस प्रकार की उद्यान-यात्रायें अन्त: पुरिकाओं की भी होती थीं और विशेष करके अविवाहिता कन्याओं को इन कलाओं से पारदर्शिता प्राप्त करनी होती थी। इस बात के पर्याप्त प्रमाण मौजूद हैं कि अन्त: पुरों में से कलायें और भी अधिक पोषित होती थीं। वहाँ अन्त:पुरिकायें सब प्रकार की बाहरी चिन्ताओं से मुक्त थीं और नाना प्रकार के कला-विलासों में पुरुषों की अपेक्षा कहीं अधिक चतुरा होती थीं। संस्कृत नाटिकाओं में और आख्यायिकाओं में प्राय: ही राजाओं के राजमहिषियों के निकट कला-विलास में पराजित होने की कथा पाई जाती है। परन्तु कामसूत्र की गवाही से स्पष्ट है कि रमणियों की उद्यान-यात्रायें सब समय निरापद नहीं हुआ करती थीं। गुण्डे आये दिन उद्यान-गोष्ठियों पर छापा मारा करते थे और कुमारिकाओं का हरण कर ले जाया करते थे। ऐसे कलामय और काव्यमय वातावरण की कल्पना करने के बाद कादंबरी-आदि कथाओं को पढ़िये तो आपको इसमें कुछ भी अद्‌भुत नहीं जँचेगा। आज विदेशी शिक्षा के प्रभाव से जो बात हमें दुरूह जान पड़ती है वह उन दिनों नितान्त स्वाभाविक थी। परन्तु फिर भी मैं आपको बता देना चाहता हूँ कि हमारी इन बातों का अर्थ आप यह न लगावें कि इन महान् काव्यों में ही बात प्रधान हैं। कथा में, यह ठीक है कि, अलंकार-योजना और पदसंघट्टना काफी महत्वपूर्ण स्थान के अधिकारी हैं पर उनमें रस सर्वत्र प्रधान है। प्रत्येक उपमा और प्रत्येक रूपक रस को अधिक परिपुष्ट और अलंकृत करने के उद्देश्य से व्यवहृत हुए हैं। यह जरूर है कि ग्रंथकार कभी सफल और कभी असफल भी हुआ। इनमें सबसे सफल कथा-काव्य कादंबरी है। इसके विषय में कविवर रवीन्द्रनाथ ठाकुर ने ठीक ही कहा है कि "एक काल का मधुलोभी यदि अन्य काल से मधुसंग्रह करने की चाह रखता हो तो वह अपने युग के आँगन में बैठकर उसे नहीं पायेगा, उसे भी उसी काल में प्रवेश करना पड़ेगा। जो सहृदय कादम्बरी का रसास्वादन करना चाहते हैं उन्हें भूल जाना होगा कि दफ्तर जाने का समय हो गया है, उन्हें समझ लेना होगा कि वे काव्य-रस-विलासी कोई राजेश्वर हैं और राज सभा में बैठे हुए हैं और 'समान-विद्या-वयोऽलंकारै: अखिलकला-कलापालोचन-कठोरमतिभि: अति-प्रगल्भै: आग्राम्य-परिहास कुशलै, काव्य-नाटकाख्यायिका लेख्य-व्याख्यानादि-क्रिया-निपुणै:, विनय-व्यवहारिभि, आत्मन: प्रतिबिम्बैरिव राजकुमारै: सह रममाण' हैं। इस प्रकार की रस चर्चा में रसिक-परिवृत्त होकर हम

प्रति दिन के सुख दुख से व्याकुल-धर्मसिक्त, कर्मनिरत युध्यमान संसार से विच्छिन्न हो जाते हैं।

एक तरफ जहाँ वृहत्कथा की सन्तान ये अलंकृत गद्यकाव्य हैं वहाँ दूसरी तरफ बेतालपञ्चविंशति, सिंहासनद्वात्रिशतिका, शुकसप्तति आदि रोमांटिक कहानियाँ हैं जिसमें अलंकरण की अपेक्षा कहानीपन की ओर ही ज्यादा ध्यान दिया गया है। ये कहानियाँ बहुत ही मनोरञ्जक और आकर्षक हैं। नीति और उपदेश सम्बन्धी कहानियों की चर्चा न करने का तो हमने पहले ही संकल्प कर लिया है। इसलिये यहीं हम इस चर्चा को बन्द करते हैं।

सज्जनों, बड़ी देर तक मैंने आपको प्राचीन युग के खँडहरों में भटका रखा। मुझे अफसोस है कि मैं आपको प्राचीन साहित्य के रस लोक में नहीं ले जा सका, जहाँ-कहीं सूर्योदय होते ही अभिसारिकाओं की जल्दबाजी से गिरे हुए केशों के मंदार-पुष्पों, कान के स्वर्णकमलों और पत्रच्छेदों और वक्ष:स्थल-विराजित हार के मोतियों के रमण-मार्ग का पता आसानी से लग जाता था—

गत्युत्त्कम्पादलकपतितैर्यत्र मंदादपुष्पैः
पत्रच्छेदैः कनककमलैः कर्णविभ्रंशिभिश्च।
मुक्ताजालैः स्तन परिचितच्छिन्नसूत्रैश्च हारैः
नैशो मार्गः मवितुरु दये सूच्यते कामिनीनाम्॥

कहीं, जल-क्रीड़ा के समय पानी के भीतर से बजता हुआ मृदङ्ग—जो तीर पर चक्कर काटने वाले उत्कलाप मयूरों की [illegible]का से अभिनंदित होता रहता था विलासिनियों के श्रवण और कपोल दोनों को [illegible]कर देता था—

तीरस्यलीभिर्वहिरुत्कलापैः प्र[illegible]कैरभिनंद्यमानम्।
श्रोत्रेषु संमूर्च्छति रक्तमासां गीत[illegible] वारिमृदंगवाद्यम्॥

कहीं, कंदुक-क्रीड़ा के समय अन्त:पुरिकाओं के चरणों में अमन्द मणि-नूपुर क्वणित होते रहते थे, मेखला से झनझनाती रहती हार के तार टूट जाते थे। और सोने की चूड़ियाँ चंचल होकर वाचाल हो उठती थीं—

अमन्दमणिनूपुरक्वणनचारुचारिक्रमं
झणज्झणितमेखलास्खलितनारहारच्छटम्
इद् तरलकंकणावलिशेषवाचालितं
मनोहरति सुभ्रुवः किमपि कंदुकक्रीडनम्

और कहीं, प्रभात होते ही पद्म-मधु से रंगे हुए वृद्ध कलहंस की भाँति चन्द्रमा आकाश गंगा के पुलिन से उदास होकर पश्चिम जलधि के तट पर उतर आते थे; दिङ्मण्डल वृद्ध रंकु मृग की रोमराजि के समान पाण्डुर हो उठता था, हाथी के रक्त से रञ्जित सिंह के सटाभार के समान या लोहित वर्ण लाक्षारस के सूत्र के समान सूर्य की किरणें आकाश

रूपी वन भूमि से नक्षत्रों के फूलों को इस प्रकार झाड़ देती थीं मानों वे पद्मराग मणि की शलाकाओं की बनी हुई झाड़ू हों, उत्तर ओर अवस्थित सप्तर्षि मंडल सन्ध्योपासन के लिए मानसरोवर के तट पर उतर जाते थे, पश्चिमी समुद्र के तीर पर सीपियों के उन्मुक्त मुख से बिखरे हुए मुक्तापटल ऐसे लगते थे, मोर जाग पड़ते थे, सिंह जमुहाई लेने लगते थे, करेणुबालाएँ मदस्रावी प्रियतम गजों को जगाने लगती थीं, वृक्षगण पल्लवांजलि से भगवान् सूर्य को शिशिरसिक्त कुसुमांजलि समर्पण करने लगते थे, वन-देवताओं की अट्टालिकाओं और उन्नत वृक्षों की चोटी पर गर्दभ लोम धूसर अग्निहोत्र का धूप इस प्रकार सट जाता था मानों कर्बुर वर्ण कपोतों की पंक्ति हो; शिशिर बिंदु को वहन करके, पद्म वन को प्रकंपित करके परिश्रान्त शबर-रमणियों के धर्म बिन्दु को विलुप्त करके अन्य महिष के फेनबिंदु से सिंच के, कम्पित पल्लव और लतासमूह को नृत्य की शिक्षा दे करके, प्रस्फूटित पद्मों का मधु बरसा के पुष्पसौरभ के भ्रमरों को सन्तुष्ट करके मन्द-मन्द संचारी प्रभात वायु बहने लगती थीं; कमल वन के मत्त गज के गंडस्थलीय मद के लोभ से स्तुति पाठक भ्रमर रूपी वैतालिक गुंजार करने लगते थे, ऊषर में शयन करने के कारण वन्य-मृगों के निचले रोम धूसर वर्ण हो उठते थे और जब प्राभातिक वायु उनका शरीर स्पर्श करती थी तो उनकी उनींदी आँखों की ताराएँ ढुलमुला जाती थीं और बरौनियाँ इस प्रकार सटी होती थीं मानों उत्तम जतुरस से सटा दी गई हों, वनचर पशु इतस्तत: विचरण करने लगते थे, [illegible]त्र में कलहंसों का श्रुति मधुर कोलाहल सुनाई देने लगता था, मयूर गण नाच उ[illegible]र सारी वनस्थली एक अपूर्व महिमा से उद्भासित हो उठती थी (कादम्ब[illegible]वर्णन से)। मैं उस जादू भरे रसलोक में आपको नहीं ले गया जहाँ प्रिया के [illegible] से अशोक पुष्पित हो जाता है, क्रीड़ा-पर्वत पर की चूड़ियों की झनकार से म[illegible] है, प्रथम आषाढ़ के मेघ गर्जन से हंस उत्कंठित हो जाता है, कपोल देश [illegible]आँकते समय प्रियतम के हाथ काँप जाते हैं, चूत मंजरी के स्वाद से कष[illegible]कोकिल अकारण ही हृदय कुरेद देते हैं, क्रौंच-निनाद से वनस्थली की [illegible] अचानक कम्पायमान हो उठती है और मलयानिल के झोंके अनिर्वचन[illegible]लोक को जगा देते हैं। इस मनोहर लोक की बात छोड़कर मैंने शुष्क वाग्जाल में आपको फँसा रखने का अपराध किया है। मैं उसका प्रायश्चित करने का मौका नहीं पा सकूँगा, परन्तु मित्रो, वह दुनिया कितनी भी रमणीय क्यों न रही हो, कितनी भी आकर्षक क्यों न रही हो उसे हमें छोड़ना ही पड़ेगा। आज न समुद्रगुप्त का साम्राज्य है और न कालिदास का वाग्वैदग्ध्य। यन्त्रों के नितान्त गद्यात्मक युग में हम वास कर रहे हैं। यहाँ कल्पना पद-पद पर वास्तविकता से टकरा कर भोथी हो जाती है। दुनिया बदल गई है, दुनिया का विश्वास बदल गया है। यन्त्रों के आविष्कार ने हमारे अन्दर नई आशा और नई आशंकाएँ पैदा कर दी हैं। यह बेकार की बात है कि हम इस बहस में पड़े रहें कि उस मनोहर युग में हम फिर से लौट कर जा सकते हैं या नहीं। जमाने की अनिवार्य तरंगों ने हमें जिस किनारे ला पटका है वहीं से हमें यात्रा शुरू करनी होगी। पीछे लौट जाने से प्रयत्न में बहादुरी और उद्भटता जितनी भी हो बुद्धिमानी बिल्कुल नहीं है। आज जब हमारे सामने नई समस्यायें

उपस्थित हैं तो पुरानी कलाओं के लिए हाय-हाय करना बेकार है। नये युग को अत्यन्त संक्षेप में बताना हो तो कहेंगे कि यह युग मानवता का युग है। पुराने काल में लोगों का विश्वास एक अदृश्य नियन्ता शक्ति के ऊपर था। मनुष्य ने आज अपने आपको ही अपने भाग्य का नियन्ता मान लिया है। उसने शास्त्रों और महापुरुषों के उपदेशों को नमस्कार कर दिया है और ईश्वर के हाथ से जगत् की व्यवस्था का चार्ज ले लिया है। उसके अन्दर दोष हैं, गुण हैं, शक्ति है, कमजोरी है। उसने सबको स्वीकार कर लिया है। अपनी इसी पूँजी पर उसने व्यापार शुरू किया है। उसने समस्त गुण-दोषों को शिरसा स्वीकार करके अपने लिए नई दुनिया बनाने की ठानी है। उसके सभी प्रयत्न धीरे-धीरे इसी दिशा की ओर नियोजित हो रहे हैं। साहित्य और कला सम्बन्धी प्रयत्नों का उस तरह न जानना ही आश्चर्य होता है। इसीलिये आज यह काव्य और कथा के क्षेत्र में भी—उसी ओर अग्रसर हुआ है। मैं इन प्रयत्नों के सम्बन्ध में आलोचना करने का प्रयास नहीं करूँगा। परन्तु हमारा आज का वक्तव्य बिलकुल अधूरा रह जायेगा यदि यन्त्रों के प्रवेश से जो परिवर्तन हुए हैं उनकी ओर संक्षेप में इशारा न कर दूं।

नये यंत्र युग ने जिन गुण-दोषों को उत्पन्न किया है उन सबको लेकर उपन्यास और कहानियाँ अवतीर्ण हुई हैं। छापे के कल ने ही उनकी माँग बढ़ाई है और छापे के कल ने ही उनकी पूर्ति का साधन बनाया है। गलत धारणा है कि उपन्यास और कहानियाँ संस्कृत की कथा और आख्यायिकाओं की सीधी सन्तान हैं। एक युग गया है जब कादम्बरी और दशकुमार चरित की रीति पर सभी प्रान्तीय भाषाओं में उपन्यास लिखे गये थे। कहीं-कहीं तो उपन्यास का और हृदयेश की कहानियाँ उसी रीति पर अर्थात् शब्दों में झंकार देकर गद्य काव्य बनाने का उद्देश्य लेकर लिखी गयी थीं। पर शीघ्र ही सर्वत्र भ्रम टूट गया। झंकार कविता का प्राण हो सकता है पर वह उपन्यास का प्राण नहीं हो सकता, क्योंकि वह विशुद्ध गद्य युग की उपज है और उसकी प्रकृति में गद्य का सहज स्वाभाविक प्रवाह है। इस नवीन साहित्यांग का कथा-आख्यायिका आदि से जो मौलिक अन्तर है वह आदर्श गत है। यन्त्र युग की विशेष देन वैयक्तिक स्वाधीनता उपन्यास का आदर्श है और काव्य काल का पूर्व निर्धारित और परंपरा समर्थित सदाचार कथा आख्यायिका का आदर्श है। उपन्यास में दुनिया जैसी है वैसे चित्रित करने का प्रयास रहता है। कुछ थोड़े से ऐतिहासिक और जासूसी आदि श्रेणियों के उपन्यास समाज की वर्तमान अवस्था से दूर हट जाते हैं सही, परन्तु वे भी इतिहास और जासूसी की वर्तमान पहुँच के आधार पर ही अपनी कल्पना दौड़ाया करते हैं। काव्य और आख्यायिका में कवि कल्पना के बल पर अपनी वास्तविक दुनिया से भिन्न एक दम नई दुनिया बना सकता है। उपन्यास और काव्य में यह मौलिक अन्तर है कि उपन्यास मौजूदा को भुलाकर भविष्य की कल्पना नहीं कर सकता जबकि काव्य वर्तमान परिस्थिति की सम्पूर्णत: उपेक्षा करके अपने आदर्श गढ़ सकता है। यही कारण है कि उपन्यासकार वर्तमान पर जमा रहता है; वह कवि की भाँति जमाने के आगे रहने

का दावा नहीं करता फिर उपन्यासकार का सबसे महत्वपूर्ण कार्य भी यह है कि वह समाज की स्थिति और गति को ठीक-ठीक चित्रित करता है। प्रेमचन्द्र को पढ़ने का अर्थ है भारतवर्ष के गाँवों को सच्चे रूप में देखना।

फिर भी उपन्यास एक स्थायी साहित्य है, यंत्रयुग की प्रधान साहित्यिक देन। समाचारपत्रों की तरह घण्टे भर में बासी होने वाला साहित्य नहीं तथापि इतना निश्चित रूप से कहा जा सकता है कि अधिकांश छपे हुए उपन्यासों का मूल्य किसी बासी दैनिक पत्र से किसी प्रकार से कम नहीं है। यह विचित्र बात है कि उपन्यासों का वह गुण जो उनके बारे में बार-बार दुहराया जाता है—अर्थात् समाज को ठीक-ठीक उपस्थापित करना—बड़ी आसानी से दैनिक पत्रों से भी सिद्ध हो जाता है। एक अमेरिकन लेखक ने लिखा है कि अगर अमेरिका को ठीक-ठीक समझना चाहते हो तो किसी लोकप्रिय दैनिक के किसी अंक को देख लो, अमेरिका अपने सब गुण-दोषों के साथ सामने खड़ा हो जायेगा। उसके स्त्री, पुरुष क्या खाते हैं, क्या पहनते हैं, कैसी बातों में रूचि रखते हैं, किन रोगों के शिकार हैं, आदि कोई भी बात अप्रकट नहीं रह जायेगी। यह ठीक है। हिन्दी में जो विज्ञापन छपा करते हैं वे उनमें छपी हुई काम-काजी बातों से अधिक नहीं होते हैं। क्योंकि लेखक और सम्पादक लोग जो काम-काज की बातें छापते रहते हैं उनमें उनका कुछ खर्च नहीं होता, परन्तु विज्ञापनदाता जो बातें छापते हैं उसके लिये उन्हें काफी पैसे खर्च करने होते हैं। इसीलिये उनके अध्ययन से समाज को बड़ी आसानी से समझा जा सकता है। अच्छी साहित्यिक पुस्तकों के विज्ञापनों की अपेक्षा शास्त्र-विशेष की पुस्तकों के विज्ञापन न जाने क्यों हिन्दी पत्रों में अधिक छपा करते हैं। तो फिर स्वभावत: ही प्रश्न होता है कि उपन्यास का कार्य यदि समाज को सही ढंग से पाठक के सामने उपस्थित करना है तो दैनिक पत्र क्या बुरे हैं। प्रश्न ठीक है पर उत्तर भी बहुत कठिन नहीं है।

उपन्यास इसलिये स्थायी साहित्य नहीं है कि वह उपन्यास है। बल्कि इसलिये कि उसके लेखक का अपना जबर्दस्त मत है जिसकी सचाई के विषय में उसे पूरा विश्वास है। वैयक्तिक स्वाधीनता का यह सर्वोत्तम रूप है। घासलेटी उपन्यास के लेखक का कोई अपना मत नहीं जो एक ही साथ उसका अपना भी हो और जिस पर उसका अखण्ड विश्वास भी हो। इसीलिये घासलेटी लेखक ललकारे जाने पर या तो भाग खड़ा होता है या विक्षुब्ध होकर गाली-गलौज पर उतर आता है। वह भीड़ के आदमियों को अपनी नजरों के सामने रख कर लिखता है। अपने प्रचारित मत पर उसे खुद विश्वास नहीं होता। प्रेमचन्द का अपना मत है कि जिस पर वे पहाड़ के समान अविचलित खड़े हैं। इस एक महागुण के कारण ही हिन्दी में अनेकानेक विरोधों के होते हुए भी जैनेन्द्र ने अपना स्थान बना लिया है। जैसा कि शुरू में ही कहा गया है, उपन्यास यंत्रयुग के समस्त गुण-दोषों को साथ ही लेकर उत्पन्न हुआ है। वैयक्तिक स्वाधीनता की जैसी अधोगति इस क्षेत्र में हुई है वैसी कहीं नहीं हुई और साथ ही उसकी जैसी सुन्दर परिणति इस क्षेत्र में हुई है वैसी अन्यत्र नहीं हो सकी।

उपन्यासकार है ही नहीं यदि उसमें वैयक्तिक दृष्टिकोण न हो और अपनी विशेष दृष्टि पर उसे पूरा विश्वास न हो। और सभी चीजें उसके लिये गौण हैं।

उपन्यास ने मनोरंजन के लिये लिखी जाने वाली कविताओं की ही नहीं; नाटकों की भी कमर तोड़ दी है। क्योंकि पाँच मील दौड़ कर रंगशाला में जाने की अपेक्षा ५ सौ मील से किताब मँगा लेना आज के जमाने में अधिक सहज है। साथ ही उपन्यास ने उन सब टंटों को हटा दिया है जो नाटक के लिये रंगमंच सजाने में होते हैं। किसी ने ठीक ही कहा है कि इस युग में उपन्यास एक ही साथ शिष्टाचार सम्प्रदाय,बहस का विषय, इतिहास का चित्र और पाकेट का थियेटर हो गया है। इसने कल्पना-प्रसूत साहित्य को अन्य किसी भी साहित्यांग की अपेक्षा अधिक नजदीक ला दिया है। इस साहित्यांग में मशीन की विजय-ध्वजा है।

नाटक निश्चय ही उपन्यास से प्राचीन वस्तु है। बहुत प्राचीन युग में यह अभिनय प्रधान था। पर साहित्य में घुसते ही यह साहित्य का एक महत्त्वपूर्ण अंग हो गया। ऐसे नाटक भी संस्कृत में लिखे गये जो कभी खेले नहीं गये। हिन्दी साहित्य के आधुनिक अभ्युत्थान का आरम्भ नाटकों से होता है। ये नाटक अधिकतर संस्कृत से अनुवादित थे। प्रधान मार्गदर्शक बाबू हरिश्चन्द्र थे। ये आधुनिकता से परिचित जरूर थे पर नख से शिख तक हिन्दुस्तानी थे। इन्होंने उपन्यास लिखने का प्रयत्न नहीं के बराबर किया।

शायद वे उपन्यासों की अभारतीय प्रकृति को पहचान गये थे। जो हो, भारतेन्दु ने नाटकों से ही हिन्दी साहित्य का आरम्भ किया पर यह विडंबना ही है कि हिन्दी भाषा जिसके आधुनिक युग का आरम्भ ही नाटकों से होता है—अन्यान्य गिनी जाने योग्य भारतीय भाषाओं की तुलना में आज भी नाटक-निर्माण के क्षेत्र में पिछड़ी हुई है। इसका कारण क्या है? आये दिन नाटकीय अभाव के कारण उद्विग्न साहित्यिक प्राय: ही इस प्रश्न पर विचार करते रहते हैं, पर इन विचारों का कोई अच्छा परिणाम नहीं निकलता। कभी-कभी अखिल भारतीय सम्मेलनों के मौके पर उत्साहशील साहित्यिक जो नाटकाभिनय का उपहासास्पद अभिनय किया करते हैं वह निश्चय ही बहुत आशाजनक नहीं है।

असल में जिन दिनों हिन्दी में मौलिक साहित्य उत्पन्न करने की प्रेरणा आने लगी थी उन दिनों मशीन ने नाटक के विभाग पर अपना पूरा अधिकार जमा लिया था। बिजली बत्ती के आविष्कार ने नाटक के सब टेकनिक बदल डाले थे। पात्रों के प्रवेश और प्रस्थान की विधि में बहुत परिवर्तन हो गया था। पर यह सब हो ही रहा था कि कैमरे का इस क्षेत्र में प्रवेश हुआ। किताबों के लिये जो काम छापे की मशीन ने किया वही काम नाटकों के लिये कैमरे ने किया। इसने नाटकों का प्रचार ही नहीं किया उनकी माँग भी बढ़ा दी। आकाश, पाताल, समुद्र, जंगल कोई ऐसी जगह नहीं बच रही जहाँ से कैमरा दृश्य न ले आ दे सके। नतीजा यह हुआ कि नाटकों की पुरानी रूढ़ियाँ तड़ातड़ टूट गयीं। अमुक दृश्य रंगमंच पर दिखाया जाय और अमुक न दिखाया जाय

इस प्रकार की पुरानी रूढ़ियों में कोई दम नहीं रह गया। सूत्रधार और नटी के संवाद, विष्कंभक और प्रवेशकों की कल्पना सभी भोथी सिद्ध हुईं। चलती हुई तस्वीरें सब कुछ करने लगीं। पर अभी तक भी उसमें भाषागत माधुर्य नहीं दिया जा सका था। ऐसी हालत में अगर अपने साहित्य में रंगशाला की स्थापना का उद्योग होता तो कुछ आशा थी पर हम तब भी सोते रहे। अचानक विज्ञान ने एक और भी अध्याय जोड़ दिया और नाटक को विशुद्ध साहित्य की गोद से एकदम छीन लिया। चलती हुई तस्वीरें बोलने लगीं। जहाँ एक तरफ उसने मशीन को प्राधान्य दे दिया वहाँ सुष्ठुभाषी मनुष्य की सहायता भी उसके लिये आवश्यक हो गयी। अब निश्चित है कि हिन्दी नाटकों की प्राण-प्रतिष्ठा का एक मात्र मार्ग बड़ी पूँजी लगा कर मशीन को अपने वश में करना है। उपन्यासों की भाँति सवाक् चित्रपटों ने भी भीड़ की रुचि को समाने रखा पर साहित्यिक सहायता की उसे जरूरत थी। ऐसा नहीं होने से प्रचार नहीं हो पाता। इस तरह यद्यपि नाटक मशीन के घर चला गया तथा समालोचना नामधारी साहित्यांग ने उसकी नकेल एकदम छोड़ नहीं दी है। अब जब कि मशीन ने नाटक पर कब्जा जमा लिया है, विशुद्ध नाटक और उपन्यास की प्रतिद्वन्द्विता भी कम हो गयी है। धीरे-धीरे उपन्यास भी मशीन की गोद में जा रहा है। यद्यपि उसकी अपनी कुछ ऐसी विशेषता है जो उसे अन्त तक अभिभूत नहीं होने देगी।
